KB129500

불평등 이데올로기

불평등 이데올로기

초판 1쇄 발행 2024년 6월 27일
초판 2쇄 발행 2024년 9월 30일

지은이 조돈문
펴낸이 이상훈
편집2팀 최진우 원아연
마케팅 김한성 조재성 박신영 김효진 김애린 오민정

펴낸곳 ㈜한겨레엔 www.hanibook.co.kr
등록 2006년 1월 4일 제313-2006-00003호
주소 서울시 마포구 창전로 70(신수동) 화수목빌딩 5층
전화 02-6383-1602~3 팩스 02-6383-1610
대표메일 book@hanien.co.kr

ISBN 979-11-7213-073-2 03330

수저 계급
사회에 던지는
20가지 질문

불평등 이데올로기

조돈문 지음

나의 스승, 나의 동지.

라이트 교수님과 노회찬 대표님께

이 책을 드립니다.

추천의 글

한국은 두 개의 기록 보유 국가다. 하나는 밝은 성공 기록이다. 한국은 압축 경제 성장과 민주화 이행으로 지난 70여 년 동안 개도국에서 선진국으로 올라간 유일한 나라다. 또 다른 하나는 어두운 실패 기록이다. 압축 성공 기록 보유자인 이 나라는 동시에 대표적 불평등 선진국인 미국에 근접하는 심각한 불평등의 나라다. 세계 사회 경제 발전사에서 가히 충격적인 사건이다.

이번에 조돈문 교수가 각고의 노력 끝에 내놓은 이 책은 이데올로기 문제에 집중해 압축 불평등 사회 한국의 복합적 문제군을 낱낱이 파헤치고 있다. 불평등 이데올로기는 낯선 문제가 아니다. 사람들은 《21세기 자본》의 저자 피케티의 후속 저서가 《자본과 이데올로기》임을 알고 있을 것이다. 아무리 심각한 불평등 사회라도 이데올로기 체제에 따라 대중은 상황에 묵종할 수도 분노할 수도 있다. 평등하고 공정한 사회로 가는 길도 상당 부분 불평등 이데올로기와의 투쟁 여하에 달려 있다. "억울하면 부모 잘 만나라. 돈도 실력이다."(정유라)라는 발언은 한국이 이미 세습 자본주의 또는 '수저 계급 사회'로 들어섰음을 상기시킨다. 이 발언은 동시에 우리 사회 불평등 현실과 함께 불평등 이데올로기, 그 투쟁의 중요성을 상징적으로 알려준다.

이 책 《불평등 이데올로기》는 수저 계급 사회로 떨어진 한국에 20가지 질문을 던지고 있다. 저자는 한국에서 불평등 지배 이데올로기가 절반만 성공했다고 진단한다. 분명 상당한 영향력을 행사하고 있지만 피지배 계급의 평등 이데올로기를 압도하지는 못해 한국 불평등 체제는 불안정하다는 것이다. 수저 계급 사회의 부조리에 분노하는 깨어 있는 시민이라면 20가지 질문으로 한국 불평등 연구의 새 장을 연 이 책을 읽지 않고는 배기지 못할 것이다.

이병천(강원대 명예교수, 지식인선언네트워크 공동대표)

한국 사회 여론의 양극화는 갈수록 심해지고 있지만, 그중에도 드물게 의견이 일치하는 분야가 있다. '한국 자본주의의 눈부신 성공의 출발점이 어디인가?' 하는 것이다. 토지 개혁이다. 땅을 고루 나눠 가진 토지 개혁은 말 그대로 한국 자본주의의 맹아가 됐다. 최소한의 '시장'이 형성됐고, 가난한 집안에서 하나쯤(대개 맏아들)은 고등 교육을 시킬 수 있게 됐다. 공장에 간 누이와 동생들 덕분에 고등 교육을 마친 아들은 도회지로 나가 '산업의 역군' 노릇을 하며 집안의 기둥이 됐다.

2014년 IMF와 OECD는 제각기 '불평등이 경제 성장의 가장 큰 걸림돌'이라는 조사 결과를 발표한다. 단일 변수로는 경제 성장에 가장 큰 영향을 미치는 게 불평등이라는 것, 사회가 평등해질수록 경제 성장이 더 가팔라지고 더 오래가더라는 것이다.

한국 사회의 불평등은 갈수록 심해져 선진 자본주의국들 가운데 가장 불평등한 미국에 근접하고 있다. 한국인의 89.5%는 한국 사회의 소득 격차가 너무 크다는 데 동의한다. 한국 경제의 잠재 성장률은 나날이 떨어져 가고, 지친 젊은이들은 더 이상 아이를 낳지 않는다. 한국 사회는 자신의 성공 이유를 잊어버린 졸부와 같다.

2024년 한국 사회가 짊어진 가장 큰 숙제는 불평등이다. 꿈처럼 다가왔던 '눈 떠보니 선진국'의 지위를 유지할 수 있을지, 한때의 꿈으로 미끄러져 내릴지가 향후 몇 년에 달려 있다. 남은 시간이 길지 않다. 불평등 문제에 천착해온 조돈문 교수의 이번 책이 몹시 반가운 이유가 여기 있다. 한국 사회의 불평등을 고민하는 사람들에게 대단히 훌륭한 출발점이자, 빠트려서는 안 될 귀한 자료다. 일독을 강추한다!

박태웅(녹서포럼 의장, 《눈 떠보니 선진국》《박태웅의 AI 강의》 저자)

다산 정약용이 유배지에서 쓴《목민심서》처럼 자상하면서 의롭다. 브리태니커 백과사전을 보는 것처럼 재밌고 새롭고 정밀하다. 신나게 줄 긋고 사진 찍기 바쁜 사회과학 도서라니, 이래도 되나 싶지만 즐겁다. 한 장 한 장 읽어갈수록 미궁과 진창이 되어 어지럽고 복잡하며 혼탁한 세상의 실상이 밝아지고 명료해진다. 목마른 영혼을 번쩍 깨우는 시원한 물줄기 같아 읽는 게 아니라 꿀꺽꿀꺽 들이켜게 되는 경이로운 책이다.

'부모를 잘못 만난 흙수저 계급' 등으로 함부로 호명당하며 만연한 불공정과 불평등에 치를 떠는 N포 세대 청년들에게 주는 희망의 전언, 한국 근현대 정치 · 경제 · 역사뿐 아니라 전 세계 국가·자본·노동이 각축하며 걸어온 모든 길이 꽉 들어찬 참다운 지성의 곳간, 최대 다수의 최대 행복을 위해 '불평등 이데올로기'의 허위를 밝히고 우리가 함께 나아가야 할 다른 세계에 대한 드넓은 지평을 열어준 명저다. 조돈문 선생 같은 전광석화, 사통팔달, 종횡무진의 세계적 석학이 한국 사회에 건재한 것이 얼마나 큰 행운인지 이 책을 열어본 이들 모두가 크게 고개를 끄떡이지 않을까.

송경동(시인, 《내일 다시 쓰겠습니다》 저자)

차례

5부 불평등 체제의 불안정성

머리말 불평등 이데올로기와 숫자의 반란

피케티가 보여준 자본주의 사회 불평등

세계불평등데이터베이스World Inequality Database, WID의 국가별 소득 분포 자료를 보면, 자본주의 사회에서 제 몫보다 더 벌어가는 사람은 10% 정도인데 제 몫보다 덜 버는 사람은 70%나 된다. 소득 상위 10% 집단은 대체로 자기 몫의 3~4배 정도를 버는데, 미국에서는 자기 몫의 5배를 벌며 국민소득의 절반을 가져간다.

불평등 문제에 세계적으로 관심이 커진 계기는 경제학자 피케티Thomas Piketty의 책《21세기 자본Capital in the Twenty-First Century》(2014)의 출판이었다. 그는 자본주의 사회는 불평등을 피할 수 없고 오히려 악화시키는데, 소득보다 자산 쪽 불평등이 심하다고 주장했다. 선진 자본주의 사회들부터 저성장 단계로 진입하면서 소득 격차로 자산 불평등이 심해지고, 불평등이 대물림되는 세습 자본주의 단계로 접어들었다는 것이다.

피케티 책은 출간 1년 만에 30여 개 국가에서 번역되어 210만 권 이상 팔렸는데, 800쪽(영어판 기준)에 달하는 전문 학술 서적이 이처럼 많이 팔릴 것이라고는 출판사도 번역자도 예상하지 못했다. 경제학자가 연예인 못지않은 대중적 인기를 누리는 '피케티 신드롬'을 전 세계가 목격했다.

피케티의 책이 많이 읽히고 지대한 영향력을 행사할 수 있었던 데는 적어도 세 가지 요인이 있다.

첫째, 피케티는 마르크스주의 경제학자가 아니라 신고전파 경제학을 공부한 주류 경제학파 출신이었다는 점이다. 피케티가 발견한 자본주의 사회의 불평등 심화 메커니즘은 마르크스주의자들이 줄곧 주장해온 내용이지만, 주류 경제학 출신이 보수 경제학 연구 방법을 이용하여 도달한 결론이었다는 점에 세상이 놀란 것이다.

둘째, 수치와 통계로 축약된 지식·정보의 위력이다. 피케티는 자본주의 사회의 불평등 수준과 그 결정 요인들이 자본주의 국가들에서 수 세기 동안 어떻게 변해왔는지를 통계 수치와 도표로 명료하게 보여주며 인과 관계를 밝혀주었다.

셋째, 시민들은 자본주의 사회 불평등 문제의 심각성을 체험하며 충분하게 인지하고 있었기에 피케티 책의 결론에 쉽게 공감할 수 있었다. 피케티는 주로 미국, 프랑스, 영국을 중심으로 분석했지만, 그가 발견한 내용은 자본주의 국가들에 보편적으로 적용된다. 물론, 한국도 예외가 아니다.

인류 역사는 "이데올로기 투쟁의 역사"

그렇다면 왜, 어떻게 소수만 혜택을 누리고 다수를 피해자로 만드는 불평등한 사회가 유지될 수 있을까? 피케티가 찾은 해답은 '이데올로기'였다. 피케티가 《21세기 자본》의 후속 작업으로 《자본과 이데올로기Capital and Ideology》(2020)를 집필한 이유가 거기에 있다.

이데올로기는 사람들이 세상과 자신의 위치를 해석하는 믿음, 관념, 상징의 결합체로서 특정 집단의 사람들을 결속하며 그들의 행동에 영향을 미친다(Calhoun 2002; Buchanan 2018). 이데올로기는 주로 마르크스주의 영향을 받은 연구자들 중심으로 분석되었다. 그들은 이데올로기가 특정 집단의 이해관계를 대변하고 특정 집단에 의해 형성·유포되는 경향성이 큰데, 그 중심에 자본계급이 있다고 판단하기 때문이다.

피케티(2020: 1086-7)는 《자본과 이데올로기》의 결론 부분에서 마르크스Marx & Engels 1848가 〈공산당 선언〉에서 했던 "지금까지 존재한 모든 사회의 역사는 계급 투쟁의 역사"라는 주장은 여전히 타당한 역사 인식이라는 점을 인정한다. 피케티는 이를 "오늘날까지 모든 사회의 역사는 이데올로기 투쟁과 정의 추구의 역사(history as a struggle of ideologies and quest for justice)"로 고쳐 쓰며 역사에서 관념과 이데올로기(ideas & ideologies)가 중요하다고 역설했다.

마르크스의 '계급 투쟁의 역사'에서는 계급 투쟁에서 승리한 계급, 즉 자본계급이 사회 경제 질서를 결정하면서 자본주의 사회가 형성·유지된다. 한편 피케티의 '이데올로기 투쟁의 역사'에서는 계급 간 투쟁이 이데올로기 투쟁으로 전개되며 투쟁에서 승리한 이데올로기가 사회 경제 질서를 형성한다. 불평등 체제를 놓고, '불평등 이데올로기'와 '평등 이데올로기'가 투쟁하는데, 전자는 자본계급을 중심으로 한 지배 세력의 이데올로기인 반면 후자는 노동계급을 중심으로 한 피지배 세력의 이데올로기다. 자본주의 사회들도 이데올로기 투쟁의 결과에 따라 더 불평등해질 수도 있고, 더 평등해질 수도 있다. 그것이 보수 경제학 출신의 피케티가 역설하는 '이데올로기 투쟁의 역사' 관점이다.

계급 투쟁의 결과로 형성·유지되는 자본주의도 국가 간 성격 차이가 있지만, 이데올로기 투쟁의 결과로 형성·유지되는 사회·경제적 불평등 수준은 그 편차가 훨씬 더 크다. 자본계급이 계급 투쟁에서 승리했기 때문에 사유 재산제에 기초한 시장경제가 유지되며 소득·자산의 불평등 체제가 지속된다. 한편, 불평등 이데올로기가 평등 이데올로기와의 투쟁에서 승리한다는 것은 노동자들을 포함한 불평등 체제의 피해자들도 체제의 정당성을 인정하고 내면화하며 저항을 포기한다는 의미다. 그 결과로 불평등 체제가 안정적으로 유지될 수 있는데, 불평등 이데올로기의 관철 정도는 국가 간 편차가 있다.

한국의 불평등-평등 이데올로기 투쟁

박근혜 탄핵이 있기 전 '국정 농단'의 주인공 최순실의 딸 정유라가 페이스북에 남긴 말 "억울하면 부모 잘 만나라. 돈도 실력이다"에 시민들은 분노했다. 이를 두고 당시 국회의원이던 노회찬

(2018: 36-39)은 시민들이 분노한 것은 정유라의 말이 사실이기 때문이었고, 그래서 시민들은 "이게 나라냐"를 외치며 촛불 항쟁에 나섰다고 분석했다.

정유라가 상기시켜준 것은 우리 사회도 이미 세습 자본주의의 한복판에 들어서 있다는 사실이었다. 시민들은 이미 우리 사회를 '금수저-흙수저'의 '수저 계급 사회'로 부르고 있었다. 우리는 그런 사회에 태어났고, 그렇게 살고 있고, 그런 사회를 물려주게 될 것이다. 이는 누구도 부인할 수 없는 엄연한 현실이다. 하지만, 국정 농단 사건에 연루되어 국민적 지탄을 받는 인물조차 뇌물로 받은 돈도 실력이라고 당당하게 말할 수 있었던 것은 우리 사회 이데올로기 투쟁에서 불평등 이데올로기가 우세함을 의미한다.

한편 2022년 4월 전국 초등학교 4~6학년 어린이들에게 "대통령이 된다면 우리나라를 위해 무슨 일을 하고 싶냐"고 물었을 때, "차별 없는 나라를 만들고 싶다"는 응답이 가장 많이 나왔다고 한다(교육플러스 2022.5.4). 이는 불평등 이데올로기가 일방적으로 우위에 있지 않으며 이데올로기 투쟁의 결과를 예단할 수 없음을 알려준다.

실제 촛불 항쟁은 우리 사회의 누적된 불평등에 대한 불만과 국정 농단 사건으로 야기된 불공정에 대한 불만이 분출한 것이다(노회찬 2017; 이정전 2017; Byanima 2017). 불평등 이데올로기와 평등 이데올로기가 각축을 벌이는 가운데, 이데올로기 투쟁은 상당한 역동성을 지니며 전개되고 있다.

문재인 정부는 '촛불 정부'를 자임하고 "평등, 공정, 정의"를 최고의 가치로 선언하며 출범했다. 하지만 시민들은 문재인 정부의 사회·경제 개혁 실패에 실망하여, 5년 뒤 2022년 3월 9일 대통령 선거에서 유력 후보들 가운데 가장 무능하고 평등 이데올로기보다 불평등 이데올로기에 훨씬 더 친화적인 후보를 대통령으로 선출했다. 어른들의 선택은 초등학생들 눈에 얼마나 한심해 보였을까? 전 국민의 집단적 인지 부조화 증상인가? 아니면 1%도 안 되는 초박빙의 득표율 차이만큼 불평등 이데올로기와 평등 이데올로기가 초접전 투쟁을 벌이고 있는 것인가?

시장경제 모델로 불평등 체제 비교 분석하기

"한국 사회는 불평등한 사회인가?" "불평등 이데올로기가 지배하고 있는가?"

이는 특정 기준에 따라 답변할 수 있는 질문이 아니다. 그런 절대적 기준은 없다. 다만, 한국 사회의 불평등 정도와 불평등 이데올로기의 지배력을 다른 자본주의 사회와 비교하는 상대적 평가는 가능하다. 그렇다면 어떤 자본주의 사회들과 비교 평가해야 하는가?

자본주의는 초기의 약탈적 자본주의 형태에서 상업 자본주의, 산업 자본주의, 금융 자본주의, 디지털 자본주의 단계를 거치며 진화하고 있다. 보다 발전된 자본주의 단계에서도 국가 간 차이는 있다. 양상이 서로 비슷한 국가들도 있고 그렇지 않은 경우도 있다.

'자본주의 다양성론diversity of capitalism'은 자본주의가 발전하면서 수렴하는 시장경제 모델을 유형화한다. 시장과 자본의 지배력이 가장 강한 모델은 영미형 자유시장경제 모델이다. 조정 시장경제 모델에선 시장과 자본이 상대적으로 더 엄격한 사회적 규제를 받고 있는데 그중에서도 규제가 가장 강한 모델은 스칸디나비아형 사회민주주의 모델이고 그다음이 대륙형 조정 시장경제 모델이며, 지중해형 조정 시장경제 모델이 가장 약하다. 국가가 주도하는 개발 독재형 모델 단계에서 한국은 조정 시장경제 모델과 유사한 속성들을 보여주었지만 현재 급격하게 영미형 자유시장경제 모델로 이행하고 있다.

불평등 측면에서 보면 영미형이 가장 불평등한 반면 스칸디나비아형이 가장 평등하다. 이데올로기 투쟁 측면에서 보면 지배 세력의 불평등 이데올로기가 영미형에서 영향력이 가장 큰 반면, 스칸디나비아형에서 가장 약하고 대륙형과 지중해형은 그 사이에 있다. 이 책에서는 오늘날 자본주의 시장경제를 스칸디나비아형, 대륙형, 지중해형, 영미형의 네 가지 모델로 나누어 이들 모델을 대표하는 나라인 스웨덴, 독일, 스페인, 미국과 한국 사회를 비교했다. 이를 통해 유사성과 차별성을 검토하면서 한국 사회의 불평등 현상을 객관적으로 분석하고자 한다.

비교 사회 분석은 비과학적 분석으로 범할 수 있는 판단의 오류를 피할 수 있게 한다. 불평등이 심화되더라도 경제 성장을 이루면 '좋은 불평등'이라는 평가는 자본주의 사회에서 경제 성장을 이룰 때는 항상 불평등이 심화된다는 일반적 경향성을 전제하고 있다. 하지만 제2차 세계 대전 이후 30년 기간, 소위 자본주의 황금기golden age of capitalism, glorious years of capitalism 동안 서구 자본주의 국가들은 포드주의[1] 계급 타협에 기초하여 고도 경제 성장, 안정적 이윤율과 지속적인 실질임금 인상을 기록했다. 자본주의는 경제 성장을 이루면서 완전 고용과 생활 수준 및 삶의 질 향상을 통해 불평등을 완화하며 사회 구성원 모두 행복하게 했다.

제2차 세계 대전 이후 자본주의 황금기는 '인간의 얼굴을 한 자본주의capitalism with human face'로 불린다. 자본주의는 늘 야수의 얼굴을 하고 있는데, 유독 이때만 인간의 얼굴을 했다는 의미다. 그것은 노동계급과 자본계급의 계급 타협으로 자본계급에겐 사유 재산권과 사적 이윤 확보를 보장하는 한편, 노동자들에겐 노동 기본권을 보장하고 노동계급의 정치 세력화를 허용하며 자본-노동 소득 분배에서 노동소득 분배율을 높여주었다. 이때 자본소득 분배율은 하락하지만, 노동-자본 계급의 상생·협력으로 생산성 자체가 향상되어 자본 측에 돌아가는 이윤의 크기는 커질 수 있었다. 일방적 계급 지배 방식에서는 노동의 몫이 커지는 만큼 자본의 몫이 작아지지만, 계급 타협 상황에서는 노동과 자본의 이익이 동시에 커지는 국면이 형성된다. 이를 일반화하여 이론화한 것이 라이트(Wright 2000)의 '계급 이익 곡선'이다.

"역사에는 가정법이 없다"고 한다. 한번 지나간 역사는 돌이킬 수 없기 때문이다. 하지만 역사를 되돌릴 수 없기에 가정법을 과학적으로 활용할 필요가 있다. 그것이 '반사실적 실험counter-factual experiment'이다. 반사실적 실험이란 특정 사건·현상이 없었다면 역사가 어떻게 전개되었을까를 분석하여 그 사건·현상의 의미를 평가하는 연구 방법이다. 제2차 세계 대전 이후 30년 동안 선진 자

1 이 시기는 포드주의 대량 생산체제에 기초하여 노동자들의 실질임금이 지속적으로 인상되었다. 노동자들의 구매력은 증대되었고, 그 결과 대량 생산된 생산품들이 대량 소비되어 자본은 안정적으로 이윤을 확보할 수 있었다. 포드가 자동차 조립 공정에 컨베이어벨트를 도입하여 생산성을 크게 올리며 노동자들에게도 인근 지역 회사들에 비해 월등히 더 높은 임금을 주었는데, 그러한 기업 경영 방식이 확산되어 풍요를 이루게 되었다는 점에서 조절 이론은 이 시기의 특징을 '포드주의'로 지적한다.

본주의 국가들에 계급 타협이 없었다면 19세기 말부터 1차 세계대전이 터지기 전의 벨 에포크 시기나 계급 타협 시기 이후의 신자유주의 시기처럼 자본계급이 노동계급을 일방적으로 지배하며 노동 기본권을 억압하고 임금 인상을 억제했을 것이다. 그렇게 되면 자본-노동 소득 분배에서 자본소득 분배율이 높아지며 소득 분배는 불평등하게 되고, 국가 재정은 위축되며 적극적인 복지국가 정책을 통한 소득 재분배 효과를 기대하기 어렵게 된다. 결국 소득 불평등은 더 심화되었을 것이다.

위와 같은 반사실적 실험을 한국 사회에도 적용할 수 있다. 자본계급이 노동계급에 대한 일방적 지배를 포기하고 선진 자본주의 국가들처럼 타협했다면 어떻게 되었을까? 우리 사회는 경제 성장을 이루면서 소득 불평등을 완화할 수도 있었을 것이다. 그것이 이윤 주도 성장에 대비되는 소득 주도 성장 전략이다.

문재인 정부는 소득 주도 성장 전략을 선언하며 출범했지만 1년도 채 되기 전에 폐기했다. 한편, 스웨덴 사회민주당은 1920년대 경제 위기와 고용 위기의 타개책으로 소득 주도 성장 전략을 주창하고 1932년 집권하면서 도입·집행하여 경제 성장과 소득 격차 축소를 동시에 실현했다.

이러한 전략의 성공은 사회민주당이 1976년까지 44년간 단 한 번의 실권도 없이 장기 집권할 수 있게 했다. 사회민주당의 소득 주도 성장 전략은 거시 재정 경제 정책 패러다임 '렌-마이드너 모델'로 체계화되며 현재의 스웨덴 사회를 만드는 기초가 되었는데, 그것이 스칸디나비아형 사회민주주의 모델의 핵심이다. 20세기 초 스웨덴은 미국보다 불평등했지만, 현재 월등히 평등한 사회가 되어 있다. 이는 사회민주당과 렌-마이드너 모델의 소득 주도 성장 전략이 가져온 효과라 할 수 있다.

과학을 무시하면 극적 서사가 가능하며 과감하고 자극적인 서술 방식으로 저술의 상품성을 극대화할 수 있다. 하지만 과학적인 비교 사회 분석에는 반사실적 실험 같은 연구 방법들을 활용하여 해석의 편향과 과잉은 물론 인과적 설명의 오류를 피할 수 있다는 강점이 있다.

숫자의 반란: 스탈린 vs 피케티

체코 프라하의 공산주의 박물관에 가면 스탈린 관련 유품과 기록물을 모아놓은 방이 있다. 그 입구엔 '스탈린I.V. Stalin' 이름과 함께 그가 말한 "한 명의 죽음은 비극, 백만 명의 죽음은 통계치(One death is a tragedy, one million deaths is a statistic)"란 소름끼치는 경구가 붙어 있다.

한 명의 죽음은 누군가의 부모이거나 자식이며 연인이거나 친구로서 어떻게 살다가 얼마나 억울하게 죽었는지를 생각하게 하고, 그를 떠나보낸 사람들에게 안타깝고 비통한 마음을 남겨준다. 하지만 죽음의 수가 백만에 이르면 개개인의 삶은 묻혀버리고 숫자만 남게 된다. 목숨을 잃은 억울하고 비통한 사람들을 한명 한명 기억하고 애도할 여지가 사라지고 감정은 탈각된 채 숫자로만 인지될 수 있다. 대학살을 주도했던 스탈린이 이를 꿰뚫어 본 것이다. 죽음이 그러할진대, 가난이나 불평등이라고 다를 수 있을까?

피케티는 수백만 명, 수천만 명의 소득과 자산의 정보를 수집하고 수치와 도표로 보여주었다. 한 명의 가난과 차별 처우는 피해자 개인으로서는 비극이지만, 당사자의 능력과 자격 요건, 게으름과 노력 부족, 불운 혹은 실수의 결과로 설명될 수도 있다. 하지만 수백만 명, 수천만 명이 가난과 불평등을 겪고 있다면, 그것은 더 이상 개인의 문제가 아니라 대량의 피해자를 발생시킨 사회 구조의 문제다.

사회 구성원들이 아무리 능력이 뛰어나고 열심히 노력하더라도 전체 사회의 70%는 제 몫을 받을 수 없고 불평등 체제의 피해자가 되어야 한다면, 인구의 절대다수를 피해자로 만드는 사회에 책임을 물어야 한다. 한 명의 피해자는 밀가루 나눠주고 가정 방문하고 상담·치료해주면 해결될 수 있을지 몰라도, 전체 사회의 70%가 피해자라면 원인은 물론 해결책도 사회적 과제가 된다.

피케티는 자본주의 사회가 불평등을 만들어내고 심화시키는 구조적 특성과 그 역사적 변화 추세를 통계치로 보여주었다. 피케티의 숫자는 한 명이 아니라 백만 명을 넘어 수천만 명에 가닿으며 위력을 발휘했다. 그동안 불평등 문제의 심각성을 역설한 수만 권의 책과 수십만 명의 서사에 세상은 주목하지 않았지만, 숫자와 통계치로 가득 찬 피케티의 책 한 권은 세상을 깜짝 놀라게 했다. 방대한 지식과 정보를 축약한 숫자와 통계치의 위력이다. 가히 '숫자의 반란'이라 할 수 있다.

이데올로기는 직관이 아니라 과학의 영역이다

불평등 이데올로기와 평등 이데올로기의 상대적 영향력과 이데올로기 투쟁의 승패 및 판세를 판단하기 위해서는 시민들의 의식과 태도를 분석해야 한다. 하지만 인간은 다면적 존재라서 이질적인 입장과 태도, 정반대 논리들이 혼재하는 모순적 존재이기도 하다. 그래서 불평등에 대한 불만으로 촛불을 들고 정권을 퇴진시켰다가, 마음이 돌아서서 불평등 이데올로기 신봉자를 대통령으로 선출하는 집단적 인지 부조화 현상도 나타날 수 있는 것이다.

속담에 "열 길 물속은 알아도 한 길 사람 속은 모른다"고 한다. 사람 마음의 실체를 파악하기가 '눈 감고 코끼리 만지기'만큼이나 오류를 범하기 쉽다는 얘기다. 그래서 심층 면접을 통해 시민들의 의식과 태도를 연구할 때 소수 사례에 기초한 발견은 일반화하기 어렵다는 한계가 있다. 설문조사는 다수의 응답자를 대상으로 표준화된 설문 문항을 이용하는 면접 조사 방법이라 할 수 있는데, 신뢰도를 높이기 위해 정교화된 과학적 표본 추출 방법을 사용한다.

집단적 인지 부조화 증상을 보이는 한국인들에 대해, 한쪽에서는 불평등에 과도하게 민감하다고 주장하는 반면, 다른 쪽에서는 불평등에는 관대하지만 불공정에는 민감하다고 주장한다(송호근 2006; 박권일 2021). 이러한 주장들은 각기 설득력 있는 논리와 함께 관련 사례와 인터뷰를 경험적 근거로 제시하고 있는데, 그 경험적 타당성은 별도의 기준으로 평가되어야 한다. 이데올로기와 국민 여론은 직관적 간파가 아니라 과학적 분석의 대상이다.

한국인이 불평등에 대해 불만이 크다는 주장이나 불공정에 대해 불만이 크다는 주장은 절대적 기준에 비춰 진위를 가릴 수 있는 것이 아니라 다른 사회들과 비교하여 상대적 경향성으로 평가할 수 있다. 피케티와 동료들이 이끄는 세계불평등데이터베이스WID가 불평등 실태를 보여주는 객관적 통계 자료들을 동일한 기준으로 측정·수집하여 축적해 두었듯이, 불평등 등 사회 경제 문제들에 대한 시민 의식과 태도를 측정한 신뢰할 만하고, 국제 비교가 가능한 설문조사 결과들도 축적되고 있다.

ISSP(국제사회조사프로그램, International Social Survey Programme)의 경우 수십 개 국가를 대상으로 사회 불평등, 정부 역할, 보건 의료, 시민권 등 다양한 주제를 선정하여 10년 주기로 설문조사를 실시해오고 있다. 한국도 ISSP의 주제별 설문조사에 전부는 아니지만 비교적 여러 차례 참여한 터라 국제 비교가 가능한 설문조사 자료들이 상당 정도 축적되어 있다. 이 책에서는 ISSP 사회불평등조사를 중심으로 다양한 국제 비교 조사 자료들을 활용하는 한편, 한국인의 인식 변화를 추적하기 위해서는 〈한겨레〉, KBS, 통계청, 한국종합사회조사KGSS, 갤럽, 노회찬재단·한국비정규노동센터 등이 실시한 설문조사 자료들을 분석한다.

또한 한국은 물론 시장경제 모델 유형별 전형으로 지칭되는 스웨덴, 독일, 스페인, 미국이 포함된 자료들을 이용하여 불평등 관련 시민 인식과 이데올로기의 영향력을 비교 분석한다. 예컨대 ISSP의 2009년 사회 불평등Social Inequality 설문조사에는 5개국 모두 참여했는데, 분석에 사용된 유효 사례는 전체 7000명 정도 된다. 이들은 각국의 성인 남녀 분포를 대표할 수 있도록 표본 추출되었기 때문에, 5개국 국민 합계인 5억 명의 생각을 대변한다고 할 수 있다. 또한 이들이 속한 시장경제 모델에 해당하는 나라의 국민을 생각한다면 그 수는 10억 명을 훌쩍 넘는다.

이 책은 불평등 현상을 명료하게 설명하고 독자들의 이해를 돕기 위해 도표와 그래프를 적극적으로 활용한다. 7000명의 의식과 태도를 측정하여 얻은 정보를 집적하여 축약한 도표에서 5억 명, 나아가 십수 억 명의 내면을 들여다볼 수 있다. 도표와 그래프를 분석·설명하여 한국인의 불평등 관련 의식을 네 개 시장경제 모델 전형 국가들과 비교하며 한국인의 특성과 한국 사회의 차별성, 그리고 이데올로기 투쟁의 실상을 보여주고자 한다.

책의 구성

이 책은 필자가 기획한 불평등 시리즈 두 권 가운데 그 첫 번째 책으로서 우리 사회가 왜 불평등을 벗어나지 못하는지, 벗어날 여지는 없는지를 이데올로기를 중심으로 분석한다. 두 번째 책은 불평등한 현실 속에서 어떻게 평등한 사회를 만들어갈 수 있는지를 논의하는데, 평등 사회 대안과 이행 전략을 다루기 때문에 필자의 주관이 더 많이 투영되고 논리 전개도 더 논쟁적일 수 있다.

이 책은 5부로 구성되어 있다.

제1부는 자본주의 사회의 불평등 실태와 함께 불평등이 어떻게 심화되는지를 설명한다. 자본주의 사회는 불평등을 피할 수 없는 구조적 특성이 있는데, 어떤 사회는 다른 사회보다, 어떤 시기는 다른 시기보다 덜 불평등하다. 자본주의 사회의 불평등 심화 메커니즘을 분석하면 자본주의 내 시기별, 국가별 불평등 수준의 편차도 설명할 수 있다. 피케티는 자본주의 사회의 시장에서 소득·자산 불평등이 어떻게 만들어지는지를 잘 보여주었는데, 그러

한 시장의 불평등 배분 구조의 형성·유지야말로 계급 역학관계와 이데올로기의 역할이다.

제2부는 불평등 이데올로기가 한국 사회를 얼마나 성공적으로 지배하는지를 검증한다. 불평등 체제가 안정적으로 지속되려면 지배 세력의 이해관계를 대변하는 불평등 이데올로기가 한국 사회의 지배 이데올로기로 되어야 한다. 지배계급의 불평등 이데올로기는 세 개의 기본 명제로 구성되어 있다: "불평등은 없다." "불평등이 있다 하더라도, 불평등은 정당하다." "불평등이 정당화될 수 없다 하더라도, 대안적 평등 사회는 실현 불가능하다." 시민들이 불평등 이데올로기를 수용하는지, 거부하는지를 세 개의 기본 명제와 여덟 개의 하위 명제를 대상으로 검증하면, 한국 사회는 현재 제2명제 '불평등 정당성', 구체적으로는 '상승 이동 가능성 보장' 하위 명제 단계에서 각축 중인 것으로 확인된다.

제3부는 한국 사회의 공정성 담론을 불평등 사회의 공정성 원칙과 함께 분석한다. 지배계급 이데올로기는 불평등을 공정성으로 정당화하고 있어 불평등 체제의 이데올로기 공방은 공정성 담론 형태로 전개되고 있다. 서로 각축 중인 상반된 이데올로기가 상이한 공정성 개념을 동원하면서 공정성 담론의 혼란은 가중되고 있다. 이에 공정성 문제를 연구해온 도덕 철학의 대표적인 두 흐름, 즉 결과 중시 상대적 기준의 공리주의 공정성 원칙과 과정 중시 절대적 기준의 존 롤스 공정성 원칙을 검토한다. 공정성 담론을 평가할 수 있는 이러한 원칙들, 특히 기회균등 원칙과 차등의 원칙이 한국 사회에서 제대로 실현되고 있는지를 분석하며 불평등 현상의 공정성 여부를 평가한다.

제4부는 한국 사회에서 전개되고 있는 불평등과 불공정 관련

담론의 쟁점 네 가지를 선별하여 분석한다. 14장은 한국인의 불평등 불만과 불공정 불만은 분리 가능한 별개의 현상이 아니라 인과 관계로 연결되어 있음을 보여준다. 15장은 분배의 공정성 관련하여 "한국 사회 실력주의" "한국인 실력주의자" 주장을 검증하며 기여 상응 보상의 형평 원칙에 더하여 노력을 중시하는 한국인의 차별성을 보여준다. 16장은 '인국공'(인천국제공항공사) 사태를 중심으로 국가의 공동선 실현 과제와 반대 담론을 분석하며 공정성 가치를 동원한 반대 담론의 이데올로기적 성격을 해부한다. 17장은 한국 사회가 최소 수혜자가 아니라 최대 수혜자 재벌을 보호하며 공정성 원칙에 역행하는 현상을 삼성 재벌 사례를 중심으로 분석하여 재벌의 상호적 공정성 원칙 위반 현상을 설명한다.

제5부는 한국 사회의 불평등 체제가 구조적으로 불안정함을 촛불 항쟁 사례로 설명하고 향후 변화 가능성을 논의한다. 18장은 촛불 항쟁과 촛불 이후 시기를 분석하며 촛불 민중이 상호적 공정성 원칙에 따라 사적 이해관계를 희생하며 촛불 항쟁에 참여했고 평등하고 공정한 사회 건설을 위한 책임감을 보여줬지만 사회·경제 개혁을 포기한 정부에 실망하며 지지를 철회하는 현상을 설명한다. 19장은 평등 사회 대안 관련한 시민들의 모순적 태도를 분석하고 불평등 체제를 벗어나서 평등 사회로 이행하기 위한 방안으로 비개혁주의적 개혁 전략을 제시한다. 20장은 책 전체 논의를 정리하며 왜 우리 사회의 불평등 체제가 불안정성을 피할 수 없는지를 설명하고 불안정한 지배를 이어가는 최상위 1%에게 질문을 던지며 마무리한다.

각 장은 독자들과 함께 생각해볼 질문을 던지며 해답을 찾는다. 각 장의 질문과 소제목들을 보면 논의 주제와 이야기 흐름을 파악할 수 있다. 각 장이 던지는 질문은 본문을 읽는 데 길잡이 역할을 해준다. 이 책이 불평등한 세상을 향해 던진 20가지 질문으로 기억될 수 있으면 좋겠다.

통계치 도표는 불평등 실태나 시민 여론 분포를 숫자로 축약하여 보여준다. 도표는 본문에 정리된 내용을 이해하는 데 도움을 주고, 본문의 논의 수준을 넘어 생각해볼 문제도 담고 있다. 도표가 도움이 되면 도표 중심으로 읽어도 되고, 그렇지 않으면 도표를 무시하고 본문만 읽어도 무방하다. 또한 불평등과 공정성을 논의하기 위해 2장과 11장에서 피케티와 롤스의 이론을 핵심적 주장과 함께 논리적 과정을 소개하는데, 이론적 논의에 익숙하지 않은 독자들은 관련 부분을 건너뛰고 피케티의 불평등 형성 메커니즘과 롤스의 공정성 원칙의 얼개만 파악해도 된다.

나의 스승, 나의 동지, 에릭 올린 라이트 교수와 노회찬 대표께

에릭 올린 라이트Erik Olin Wright 교수와 노회찬 대표. 두 사람은 동시대를 살았지만 서로 마주친 적은 없다. 두 사람 모두 내게 특별하듯이, 뭇사람들로부터 각별한 존경과 사랑을 받는 분들이다. 두 사람 모두 좌파로서 불평등하고 불공정한 세상에 치를 떨었고, 평등하고 공정한 세상을 만들기 위해 학술 연구 혹은 진보 정치로 분투했던 분들이다.

라이트 교수는 분석적 마르크스주의의 핵심 이론가로서 《진짜 유토피아들Real Utopias》(Wright 2010) 프로젝트를 주관하며 생애 마지막 날까지 평등 사회 대안을 향한 실천적 전략들을 모색하는 저술 활동을 이어갔다. 필자는 라이트 교수의 '계급 구조·계급의식의 국제 비교 연구 프로젝트(International Project of Class Structure and Class Consciousness)'의 연구 조교로 일하며 강의실보다 프로젝트 연구실에서 더 많은 배움을 얻었다. 그는 박사 학위 논문 지도 교수로서 논문 초고마다 깨알 같은 논평으로 지적 자극을 주며 논문의 완성도를 높여주었다. 그리고, 그가 배려해준 1년의 유급 연구 휴가 덕분에 나는 무사히 학위를 마칠 수 있었다.

노회찬 대표는 '학출(대학생 출신)' 노동자로서, 혁명적 노동운동 활동가로서, 비합법 노동계급 정치 운동가로서, 대표적인 대중적 진보 정치인으로서 치열하게 살았다. 노회찬은 과거 당 대표 수락 연설에서 말한 우리 시대의 사회적 약자인 '6411번 버스의 투명 인간들'이 행복한, 평등하고 공정한 세상을 실현하는 꿈을 남겨놓은 채 세상을 떠났다. 그리고 그는 우리에게 멈추지 말라고 했다. 평등하고 공정한 세상을 만들자는 그의 바람을 담아 '평등하고 공정한 나라 노회찬재단'이 설립되었다.

노회찬재단의 첫 공식 행사는 재단의 출범을 세상에 알리는 출범 기념 문화 행사였다. 우리는 무겁지 않게 밝고 즐거운 마음으로 행사를 치르기로 다짐했다. 그렇게 2019년 1월 24일이 시작되었다.

날이 밝기도 전에 잠을 깨운 것은 미국으로부터 날아온 부음이었다. 에릭 올린 라이트 교수가 세상을 떠났다는 소식이었다. 나는 추모 사이트에 글을 올리고, 지인들에게 그의 타계 소식을 알리며 스승에 대한 추모의 마음을 나누었다. 그렇게 반나절을 보내고 행사장에 갔다.

노회찬재단 이사장으로서 재단의 출범을 알리는 인사말을 하러 단상에 올랐을 때, 가슴은 무너져 내렸고, 참석자들의 젖은 시선을 마주하는 것은 무척이나 고통스러웠다. 세상은 하나도 변하지 않았는데, 좋은 세상을 만들자고 분투하던 아름다운 영혼들은 하늘이 모두 거두어 간 것이다.

먼저 떠난 분들께 빚을 진 느낌. 이 책을 쓰는 동안 나는 줄곧 두 분과 함께했던 것 같다. 평등한 세상을 향한 바람을 담아, 이 책을 두 분 영전에 올린다.

나의 스승, 나의 동지. 라이트 교수님, 노회찬 대표님. 이제 편히 쉬소서.

감사의 말씀

세상에는 두 부류의 사람들이 있다. 불평등 체제로부터 혜택을 받는 사람과 피해를 입는 사람, 자신의 몫보다 더 많이 누리는 사람과 덜 누리는 사람, 남의 몫을 빼앗아 가는 사람과 자신의 몫을 빼앗기는 사람. 전자는 불평등 체제의 지배 세력이고 후자는 피지배 세력이다.

글을 쓰는 사람들은 다 이유가 있다. 하고 싶은 얘기가 있기 때문이다. 그 책이 불평등 관련 책이라면, 지은이들 또한 불평등 이데올로기를 유포하려는 사람들과 평등 이데올로기를 유포하려는 사람들로 나뉠 수 있다. 이정전, 이정우, 박권일, 장은주, 김동춘, 신광영, 정태석 등의 저술들은 불평등 이데올로기에 맞서 평등 이데올로기를 강화하고 우리 사회를 보다 더 평등한 사회로 만들기 위해 쓰인 글들이다.

필자 또한 마찬가지다. 우리는 모두 불평등한 사회를 평등 사회로 바꾸기 위한 러커토시(Lakatos 1978)의 '과학적 연구 프로그램scientific research programme'에 매진하는 사람들이다. 그런 점에서 이 책은 불평등한 세상을 못 견뎌 하는 사람들에 대한 말 걸기, 번개 제안이다. 물론, 이 책의 문제의식은 평등하고 공정한 사회를 지향하는 가치 관련성에서 비롯되었지만, 분석 과정과 판단은 가치 중립적으로 진행되었다.

이 책은 많은 분의 도움으로 완성될 수 있었다. 조선희 작가는 전문 학술 연구 논문풍의 원고를 일반인들도 편하게 읽을 수 있도록 논리 전개와 어투에 이르기까지 꼼꼼하게 문제점을 지적해줘서 책이 이 정도나마 대중성을 갖추며 완성도를 높일 수 있게 해주었다. 목동 브라운백의 조민하와 김미숙은 편안한 분위기에서 자유롭게 의견을 주고받으며 필자가 평정심을 잃지 않고 관점의 균형을 유지하며 생각을 다듬고 집필을 마칠 수 있게 했다.

책의 원고를 읽고 필자가 논지를 다듬고 오류를 피하며 설명력을 높일 수 있도록 도와준 이광호, 이병천, 신희주, 신광영, 장승옥 님, 시도 때도 없이 불러 나와 의견을 나누고 자료도 찾아주고 많은 깨우침을 준 한국비정규노동센터의 황선웅, 남우근, 정흥준, 이남신, 기호운, 문종찬, 강인수 님, 진보정치와 노회찬재단의 조현연, 신유정, 박창규, 박갑주, 김형탁, 이강준, 조동진, 조승수, 박규님 님, 사회과학계의 전강수, 류동민, 박상인, 전성인, 정세은, 정준호, 이후빈, 김낙년, 송원근, 정원호, 서복경, 이승협, 지주형, 이종선, 김형용, 김진석, 김서중, 배성인 님, 노동계와 시민사회의 한계희, 김직수, 김성희, 김철, 이종란, 배진경, 한인임, 박점규, 김종진, 신철, 문설희, 이창근, 이주호, 박용석, 정경윤, 오건호, 이상민 님, 가톨릭대 중앙도서관의 김희전 님, 〈한겨레〉의 이창곤, 한귀영, 이재명, 황예랑 기자님, 그리고 좋은 책을 만들어주신 한겨레출판의 정진항 이사님, 김지호 편집자님께 감사를 드린다.

2024년 6월 조돈문

1부

통계로 보는 한국의 불평등

1장. 한국 사회 불평등, 견딜 만한가?

한국 경제는 국가 주도 산업화를 통해 초고속 성장하며 후진국에서 선진국으로 진입하는 데 성공했다. 하지만, 선진국이 되었다고 불평등한 사회가 평등한 사회로 바뀌는 건 아니다. 후진국이건 선진국이건, 불평등을 벗어난 자본주의 사회는 없다. 한국 사회도 예외가 아니다.

한국 사회가 불평등하다면 얼마나 불평등한가, 견딜 만한가? 다른 나라들보다 더 불평등한가, 덜 불평등한가? 불평등 정도는 심화되고 있는가, 아니면 완화되고 있는가?

한국 사회 불평등의 현주소-미국과 스웨덴 사이

1970년대 후반 한국의 1인당 국내총생산GDP이 1000달러를 넘어서며 국민은 보릿고개에 시달리는 절대 빈곤 국가에서 벗어나

살 만하게 됐다고 안도했다. 2010년대 후반, 한국은 마침내 3만 달러 시대로 진입하며 서구 선진 자본주의 국가들과 어깨를 나란히 하게 되었다(한국은행 경제통계시스템: https://ecos.bok.or.kr/). 유엔무역개발회의UNCTAD는 2021년 7월 한국을 무역과 기술 개발의 지원 대상인 개발 도상국에서 지원 주체인 선진국으로 지위를 격상했고, 외교부는 이를 "우리나라가 국제 사회에서 직접 증명해온 무역과 투자를 통한 성장의 모범적인 사례임을 확인하는 의미"라고 높게 평가했다(대한민국 정책 브리핑 2022.1.19).

정부와 국제기구들의 찬사는 이어졌지만, 국민소득 1000달러 시대를 맞이하던 때의 국민적 감격이 3만 달러 시대에는 재현되지 않았다. 모두가 가난했던 시절의 국민소득 1000달러는 전 국민의 빈곤 탈출이었지만, 국민소득 3만 달러는 국민적 공감을 불러오지 못했다. 반세기 동안의 고속 경제 성장을 통해 1인당 GDP가 미국 달러 명목 가치 기준 30배나 상승했지만 생활 수준이 그만큼 상승했다고 실감하는 국민은 많지 않다. 국민소득 총액은 크게 팽창했지만, 소득 분배가 불평등하다면, 경제적 풍요의 혜택은 일부 고소득층에 집중되기 때문이다.

불평등은 주관적 판단이 아니라 객관적 실태의 문제다. 불평등 정도의 심각성 여부를 판단하는 절대적 기준은 없고, 국가 간 혹은 시기별 비교를 통해 상대적으로 평가할 따름이다. 자본주의 사회는 사적 소유권 보장을 절대적 원칙으로 삼기 때문에 자산과 소득의 불평등을 피할 수 없다. 생산적 자산은 자본으로 이윤을 창출하고, 비생산적 자산도 지대, 이자와 배당 등 수익을 가져다준다. 자산이 없으면 임금 노동자가 되어 노동의 대가로 임금을 받아 생활해야 하는데, 임금 수준은 대기업인가 중소기업인가, 정규직인가 비정규직인가에 따라 차이가 크다.

자본주의도 국가 간, 시기별로 불평등 정도와 유형에서 큰 차이를 보이기 때문에 비교 분석이 요구된다. 피케티와 공동 연구자들이 구축한 WID(세계불평등데이터베이스)의 통계 자료는 전 세계 여러 나라들에서 동일 기준으로 수집·정리되었다. 해당 자료는 국제 비교가 가능한 다른 불평등 통계 자료들보다 대상 국가가 더 많고 기간도 더 길어서 국가 간 비교와 시기별 변화를 분석하기에 매우 유용하다. 이 자료를 이용하면 적어도 1980~2021년 기간은 한국을 시장경제 모델의 네 가지 유형을 대표하는 나라인 스웨덴, 독일, 스페인, 미국과 비교 분석할 수 있다. WID 통계치들은 불평등 지표의 새로운 표준standard을 형성하고 있으며, 각종 지표와 측정 방법이 꾸준히 정교화되며 개선되고 있어 구체적 수치는 게시된 시점에 따라 조금씩 다를 수 있다.[2]

자본주의 사회들의 소득 집단별 점유율을 WID의 2021년 세전 총소득 기준으로 정리하면 〈표 1.1〉과 같다. 서구 선진 자본주의 국가들 가운데, 상위 10%의 점유율은 미국이 45.5%로 가장 크고 스웨덴은 30.8%로 가장 작은데. 하위 50%의 점유율은 그 반대다.

한국의 상위 10% 소득 집단은 전체 국민소득의 46.5%를 점유하여 자신의 몫의 5배 가깝게 버는 반면, 하위 50%는 전체 국민소득의 16.0%를 점유하며 자신의 몫의 1/3도 못 번다.

각국의 소득 집단별 국민소득 점유율을 보면, 중위 40% 소득 집단은 대체로 자신의 몫 정도를 벌고 있다. 따라서 각국의 불평등 수준은 상위 10% 소득 집단과 하위 50% 소득 집단 사이의 상대적 점유율을 비교하여 평가할 수 있다. 따라서 하위 50% 대비 상위 10%의 평균 소득의 배율은 단일 지표로 각국의 불평등 수준

〈표 1.1〉 소득 집단별 세전 국민소득 점유율(2021년)

	소득 집단별 국민소득 점유율				소득 배수 (상위 10%/ 하위 50%)
	상위 10%	중위 40%	하위 50%	최상위 1%	
스웨덴	30.8%	45.4%	23.8%	10.5%	6.47배
독일	37.1%	43.9%	19.0%	12.8%	9.74배
스페인	34.5%	44.4%	21.1%	12.4%	8.18배
미국	45.5%	41.2%	13.3%	18.8%	17.02배
한국	46.5%	37.5%	16.0%	14.7%	14.45배

자료: WID(2022).

을 비교하는 데 유용하다(표 1.1).

상·하위 집단 소득 배수를 보면, 서구 선진 자본주의 국가들

2 WID는 소득 분포를 포착하기 위해 역사적으로 오랜 기간 축적되어온 조세 자료를 활용해왔다. 조세 자료는 상위층의 소득을 정확하게 산출하고 장기간의 소득 분포 변화를 포착할 수 있는 장점을 지니고 있지만, 각 국가마다 과세 대상 범위와 면세 구간이 다르기 때문에 국가 간 비교에 한계가 있고, 무엇보다도 상위 10% 이외의 소득 계층들에 대해 정확한 소득을 산정하기 어렵다. 그 해결책이 분배국민계정(distributional national accounts, DINA) 방식인데 조세 자료 외 다양한 설문조사 자료들도 활용하여 중하위 소득 계층의 소득까지 산정하는 방법론이다(Blanchet et al 2021, 2024).

하지만 소득 관련 통계 자료의 질적 수준이 국가별로 편차가 커서 분배국민계정의 방법론을 충실하게 시행할 수 있는 나라는 서구 몇 개국에 불과하다. 한국은 가계동향조사 자료를 중심으로 농가경제조사와 어가경제조사 자료를 활용하고 있으나 조세 자료와 차이가 매우 크다. 설문조사 자료들은 기업 유보 이윤이나 자가 거주자의 주택 가상 소득을 개인 소득으로 분해하지 못하고, 고소득자일수록 표집되지 않거나 표집되더라도 응답을 거부하거나 소득을 과소 보고하는 반면 저소득자일수록 소득을 과대 보고하는 경향이 있다. 이러한 측정 오류로 인해 불평등 정도가 실제보다 과소평가될 수 있다.

WID는 소득 통계치 산정 방식을 꾸준히 개선하며 재산정하고 있는데, 한국 등 아시아 국가들은 산정 기준의 표준화와 자료의 정확도 한계로 서구 국가들만큼 신뢰할 수 있는 소득 통계치를 제시하려면 상당 기간이 소요될 것으로 예상된다. 따라서 분배국민계정 방식이 완전히 정착되기까지 추정 통계치들의 값은 계속 바뀔 수 있다(김낙년 2020, 2023; Bharti et al 2023; Hong & Mo 2022).

WID가 2022년 말 발표한 《World Inequality Report 2022》는 분배국민계정 방식의 과도기적 통계치 대신 기존 방식으로 산정된 값들을 사용했는데, 이 책도 한국 불평등 통계치는 이 2022년 보고서 기준으로 산정된 값들을 사용한다. 따라서 이후 게시되는 한국 불평등 통계치 값들과는 다를 수 있다.

가운데 스웨덴이 6.47배로 가장 평등한 반면 미국이 17.02배로 가장 불평등하고, 한국은 14.45배로 그 중간에 위치하는데 미국에 매우 가깝다. WID의 2022년 세계불평등보고서(WID 2022: 219)도 한국은 1인당 국민소득 수준이 부유한 서유럽 국가들에 근접하지만, "불평등 수준은 서유럽보다 더 높고 미국 수준에 가깝다"고 보고했다.

심각한 소득 격차-상위 10%와 하위 50%

1980년과 2021년 사이 집단별 소득 점유율 변화를 보면, 상위 10%의 점유율은 32.8%에서 46.5%로 크게 상승했지만 하위 50%의 점유율은 23.1%에서 16.0%로 크게 하락하며, 소득 불평등이 심화되었다. 소득 양극화는 1990년대 후반부터 급격히 심화되기 시작하여 2000년대 말까지 지속된 다음 2010년대에는 정체하고 있다.

소득 집단별 국민소득 점유율을 10년 단위로 평균값을 구해보면,[3] 하위 50%의 점유율은 1970년대 23.1%에서 2010년대 15.9%로 7.2% 포인트 하락했다. 같은 기간 중위 40%의 점유율도 46.7%에서 37.6%로 9.1% 포인트 하락했다(표 1.2 참조). 반면 상위 10%의 점유율은 같은 기간 30.2%에서 꾸준히 상승하여 2010년대

3 특정 연도의 통계치를 국가 간 비교하면 각 국가는 해당 연도에 단기적 경기 순환 곡선에서 서로 다른 국면에 있거나, 천재지변 같은 일시적·우발적 사건 발생, 예외적인 정치적 사건이나 사회 갈등 발발 등 국가별로 서로 다른 요인들의 영향을 크게 받을 수 있다. 반면, 10년 단위로 비교하면 단기 순환 곡선이나 우발적 상황과 비일상적 사건의 영향이 통제되어 국가 간 구조적 특성이나 장기적 추세의 차이점을 포착하기에 유리하다.

〈그림 1.1〉 한국 상위 10% 및 하위 50% 소득 집단의 세전 국민소득 점유율(1980-2021년)

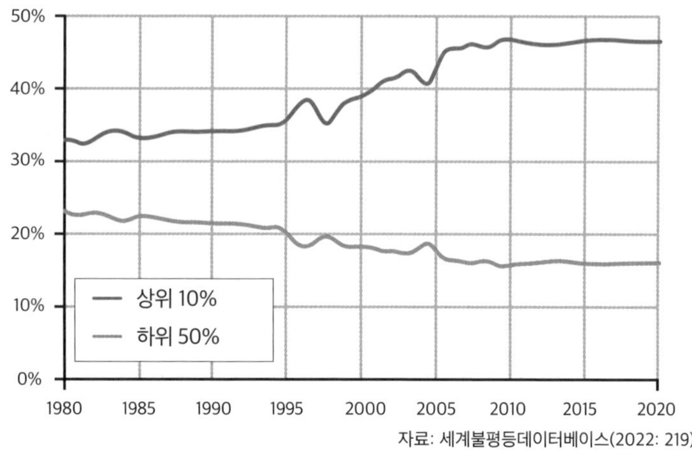

자료: 세계불평등데이터베이스(2022: 219).

46.4%로 16.2% 포인트나 상승했다. 특히 최상위 1%의 점유율은 1997년 IMF 외환 위기 이후 가파르게 증가하여 2010년대 14.8%로 크게 상승했다. 최상위 1%의 점유율이 하위 50%의 점유율과 맞먹는 수준으로 커진 것이다.

〈표 1.2〉 한국 소득 집단별 국민소득 점유율 변화 추세(1970-2010년대)

	상위 10% (p90~100)	중위 40% (p50~90)	하위 50% (p0~p50)	최상위 1% (p99~p100)	소득배율: 상위 10%/ 하위 50%
1970년대	0.302	0.467	0.231	0.089	1.31
1980년대	0.335	0.444	0.222	0.095	1.51
1990년대	0.355	0.443	0.202	0.092	1.76
2000년대	0.426	0.401	0.173	0.123	2.46
2010년대	0.464	0.376	0.159	0.148	2.92
1970-2010년대 증감	0.162	-0.091	-0.072	0.059	1.61

자료: WID(https://wid.world/)에서 필자 산정.

서구 선진 자본주의 국가들의 상위 10%의 점유율 변화를 봐도, 불평등 심화 추세는 세계적 현상임을 확인할 수 있다(그림 1.2 참조). 선진 자본주의 국가들은 1950년대부터 1970년대까지 불평등이 다소 완화되는 경향을 보였으나, 1980년대부터 대부분 불평등이 심화되는 추세를 보여준다. 한국도 같은 기간 상위 10%의 점유율이 가파르게 상승하며 불평등이 서구 국가들보다 더 빠른 속도로 심화되고 있다.

한국 사회는 상위 10%의 점유율이 1970년대에는 서유럽 국가들 수준이었으나 이후 급격한 불평등 심화로 2010년대에는 미국까지 추월하며 선진 자본주의 국가들 가운데 가장 불평등한 국가군으로 편입되었다. 한국은 중장기적으로 불평등이 심화하는 추세를 지속하다가 2010년대 들어 불평등 수준은 정체되는 양상을 보여주고 있다. 이러한 정체 현상이 일시적인지, 앞으로 이 수준

〈그림 1.2〉 소득 상위 10% 집단의 국민소득에서 차지하는 몫 국제 비교(세전 소득 기준)

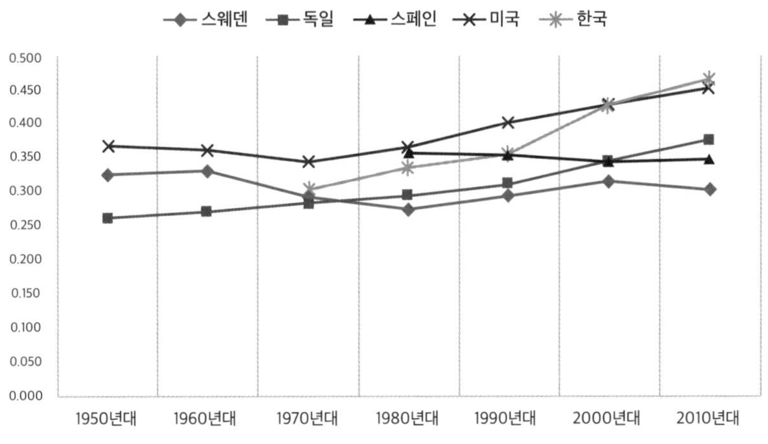

자료: WID(https://wid.world/)에서 필자 산출.

에서 안정화될 것인지는 예단하기 어렵다. 이를 가늠하기 위해서는 자본주의 사회에서 불평등이 발생하고 심화하는 구조적 메커니즘에 대한 과학적 분석이 필요하다.

2장. 왜 우리는 불평등한가?

쿠즈네츠Simon Kuznets는 자본주의 국가들을 대상으로 방대한 국민소득 통계 자료를 수집·분석하여 경제 성장 초기에는 소득 불평등이 심화하는데 일정 시기를 지나면 완화된다는 규칙성을 발견했다. 이것이 경제 성장과 불평등의 관계를 보여주는 쿠즈네츠의 '역유U자 곡선'이다.

쿠즈네츠의 예측과는 달리 한국 사회는 고속 경제 성장 시기부터 현재까지 불평등이 심화했을 뿐, 일시적으로 정체된 적은 있어도 불평등이 완화된 시기는 없었다.

불평등 심화는 한국에서만 발견되는 특이한 현상이 아니라 전 세계 자본주의 사회들에서 보편적으로 확인되고 있다. 토마 피케티Thomas Piketty는 "왜 자본주의 사회는 불평등한가?" "왜 자본주의 사회는 불평등을 벗어나지 못하는가?"라는 질문의 답을 찾아 나섰고 자본주의 사회가 불평등을 재생산하는 구조적 메커니즘을 밝혀냈다.

피케티의 발견: 불평등은 자본주의 구조적 현상

1〉 자본주의 '자산 수익률 〉 국민소득 증가율' 경향성

피케티의 《21세기 자본》(Piketty 2014)은 자본주의 사회에서 불평등이 악화되며 지속되는 원인과 메커니즘을 밝혀준다. 피케티가 자본주의 국가들의 역사적 변화를 분석하며 발견한 불평등 심화 메커니즘은 r 〉 g 경향성이었다. 여기에서 r은 자산 보유자들이 이윤, 배당금, 이자, 임대료 등 자산[4]에서 얻는 수익의 총액을 보유한 자산 총액으로 나눈 비율, 즉 연평균 자산 수익률return on asset을 의미한다. g는 경제 성장률로서 국민소득 증가율을 의미하는데 전체 국민의 연평균 소득 증가율income growth rate을 나타낸다.

자산을 보유한 사람들의 연평균 자산 수익률 r이 자산을 보유하지 않은 사람들의 연평균 소득 증가율 g보다 크다면 소득 불평등은 심화된다. 피케티는 r 〉 g 경향성이 앞으로도 지속될 것으로 전망했다.

글로벌 자산 수익률은 세전pre-tax 기준으로 보면 대체로 5% 수준에서 안정을 유지했는데, 항상 경제 성장률보다 높았다(그림 2.1 참조). 경제 성장률은 1세기부터 20세기 중반까지 2% 미만의 낮은 성장률을 기록했었는데, 20세기 후반 들어 3%가 넘는 높은 성장률을 기록했지만 이후 점차 성장률이 둔화되며 선진 자본주의

4 마르크스주의를 포함한 사회과학에서 자본(capital) 개념은 공장과 기계 같은 생산적 자산을 지칭하는 용어로 사용된다. 하지만 피케티와 WID는 자본 개념을 생산적 자산뿐만 아니라 주거용 주택, 토지, 금, 저축, 주식 같은 비생산적 자산까지 포괄하는 용어로 사용하고 있다. 이 책은 혼란을 피하기 위해서 생산적 자산에만 한정된 자본 개념과 생산적 자산뿐만 아니라 비생산적 자산까지 포함하는 자산(asset) 개념을 구분하여 사용한다. 따라서 자산 개념은 일상 용어에서 재산(property)이나 부(wealth)가 지칭하는 바와 같다.

〈그림 2.1〉 글로벌 세전·세후 자산 수익률(r) 및 생산 성장률(g), 0~2100년.

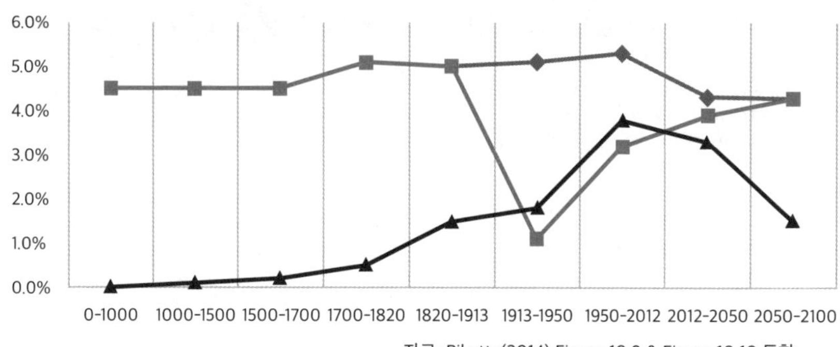

자료: Piketty(2014) Figure 10.9 & Figure 10.10 통합.

국가들부터 저성장 단계로 진입하게 되었다. 자본주의 사회가 예외적으로 높은 경제 성장률을 기록했던 2차 대전 이후 30년, 소위 '자본주의 황금기'에도 세전 자산 수익률이 경제 성장률을 상회하는 경향성은 유지되었다.

자산 수익률은 세후post-tax 기준으로도 19세기 말까지 비과세 혹은 극도로 낮은 세율로 인해 세전 자산 수익률과 같은 수준을 유지하다가 20세기 초부터 세전 자산 수익률과 격차를 보이기 시작했다. 그래서 세전 기준으로 보면 r 〉 g 부등식은 역사적으로 항상 성립했고, 세후 기준으로 봐도 거의 항상 성립했지만, 20세기 초부터 후반에 이르는 시기는 세후 자산 수익률이 경제 성장률을 밑도는 예외적 시기라 할 수 있다.

20세기 전반부는 제1·2차 세계 대전과 대공황으로 생산적·비생산적 자산의 가치가 많이 파괴되었고 정부는 전쟁 경비를 충당하고 경제 공황을 극복하기 위한 재정 지출 증대로 고율의 세금을 부과하게 되었다. 그 결과 자산 수익률이 급락하며 경제 성장률을 밑돌게 되었다. 20세기 후반부는 서구 자본주의 황금기 30년 동안 포드주의 계급 타협에 기초하여 생산성 향상률에 연동된 실질임금 인상률, 복지국가 재정 확대로 인한 높은 조세 부담률, 그리고 예외적으로 높은 경제 성장률을 기록하며 자산 수익률이 경제 성장률 아래로 떨어진 시기였다.

자본주의 황금기 이후 서구 선진 자본주의 국가들은 무한 경쟁의 세계화 추세 속에서 세율 인하와 임금 억제 등 신자유주의 경제 정책을 추진하며 세전은 물론 세후 기준에서도 자산 수익률이 회복되어 다시 경제 성장률을 상회하기 시작했다. 이렇게 복원된 r 〉 g 부등식은 20세기 말 선진 자본주의 국가들부터 저성장 단계로 접어들면서 세전은 물론 세후 기준으로도 보편적인 추세로 자리 잡게 되었다.

2〉 소득·자산 불평등 심화의 악순환

자산 수익률이 경제 성장률, 즉 국민소득 증가율을 웃돌면 자산이 많은 부유층일수록 근로소득에만 의존하는 중하층보다 소득 증가율이 더 높아진다. 그래서 자산을 가진 부유층과 자산이 없는 저소득층 사이의 소득 격차는 커지고, 유자산 부유층이 증가된 소득을 자산으로 전환하면 자산 불평등도 심화된다. 이렇게 소득 불평등이 심화되면 자산 불평등은 더 급격하게 악화되어 전체 사회 수준에서 총소득 대비 총자산의 상대적 비중이 더 커지게 된다. 이것이 피케티가 경험적으로 확인한 자산/소득 배율wealth-income ratio '베타(β)'의 상승 추세다(그림 2.2 참조).

세계의 자산/소득 배율은 19세기에 꾸준히 상승하여 1910년 5배에 달했다가 전쟁과 경제 공황으로 급락하여 1950년에는 2.6배

〈그림 2.2〉 세계의 자산/소득 배율: 국민소득 대비 민간 자본 가치 백분율(%), 1870~2090년.

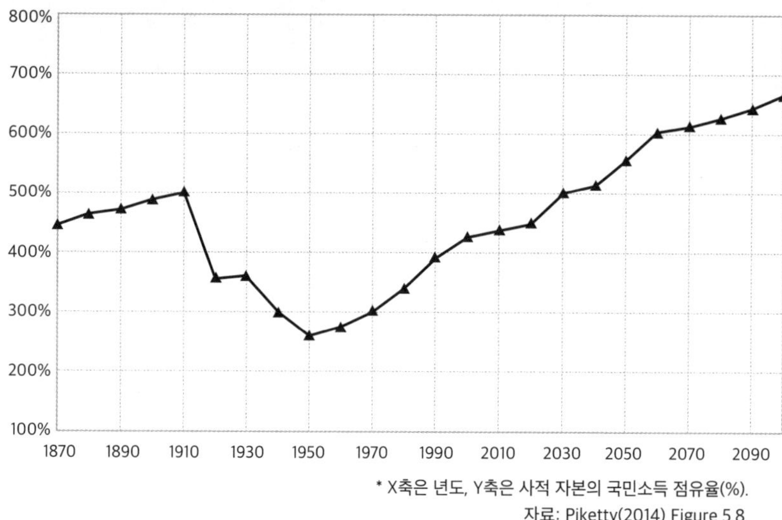

* X축은 년도, Y축은 사적 자본의 국민소득 점유율(%).
자료: Piketty(2014) Figure 5.8.

로 최저치를 기록했다. 이후 꾸준한 상승세를 지속하여 2010년에는 전 세계 기준으로 4.4배, 유럽은 5~6배까지 상승했다. 피케티는 자산/소득 배율이 향후에도 상승 추세가 지속되며, 21세기 말에는 전 세계 기준으로도 6~7배 수준에 달할 것으로 전망한다.

자산/소득 배율 β는 20세기 전반 전쟁·경제 공황으로 인해 하락한 시기를 제외하면 꾸준한 상승 추세를 보여주었는데, 피케티는 이를 자본주의 제2 기본 법칙으로 설명하고 있다: β = s / g 〔β 자산/소득 배율; s 저축 성향; g 소득 증가율(경제 성장률)〕.

높은 자산 수익률로 자산 보유자 중심 총저축액이 높은 수준을 유지하는 가운데 경제 성장률이 하락하며 저성장 시대로 진입하게 될수록 자산/소득 배율은 상승세를 지속하게 된다.

서구 4개국을 봐도 자산/소득 배율의 상승세는 1950년대 이후 꾸준히 확대되고 있는데, 포드주의 시기도 예외가 아니다(그림 2.3

참조). 하지만 신자유주의 세계화가 시작되면서 자산/소득 배율이 포드주의 시기의 완만한 상승세를 벗어나 급격한 상승세로 바뀌었다. 이는 국유자산 민영화와 금융 규제 완화로 자산 불평등이 소득 불평등보다 훨씬 더 빠르게 악화되고 있음을 의미한다. 한국도 1990년대 이래 신자유주의 추세 속에서 자산/소득 배율이 서구 국가들보다 더 높은 수준을 유지하는 가운데 증가 추세를 보여주고 있다.

이처럼 자본주의 사회의 구조적 특성에서 비롯된 r 〉 g 부등식 경향성으로 인해 '소득 불평등 심화 → 자산 불평등 심화 → 소득 불평등 심화'의 악순환으로 소득 불평등은 갈수록 더 악화된다.

3〉 자산소득 분배율의 U자형 변화

국민소득은 자산소득과 노동소득으로 구성되어 있다. 피케티는 국민소득 가운데 자산소득이 차지하는 비율인 자산소득 분배

〈그림 2.3〉 자본주의 국가들 자산/소득 배율*(1950~2010년대)

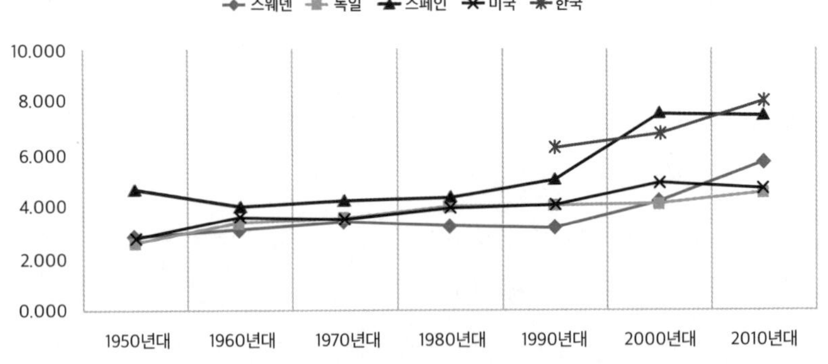

* 자산/소득 배율은 국민소득 대비 민간 자본 가치의 백분율(%).
자료: 세계불평등데이터베이스(https://wid.world/)에서 필자 산정.

율capital's share of national income 알파(α)는 자산 수익률(r)과 자산/소득 배율(β)에 의해 결정된다고 설명한다. 피케티는 이를 자본주의 제1 기본 법칙이라 부른다: $\alpha = r \times \beta$.

자산 수익률이 안정적으로 4~5% 수준을 유지하기 때문에 자산소득 분배율은 변동하는 자산/소득 배율에 의해 결정된다. 그래서 자산소득 분배율 α는 자산/소득 배율 β와 같은 U자형 변화 추세를 보여준다.

피케티는 자산소득 분배율 추정 근거 자료가 20세기는 물론 19세기에도 확보 가능한 영국과 프랑스를 분석하여 자산소득 분배율 α의 장기적 변화에서 U자형 변화 추세를 확인했다. WID가 선진 자본주의 국가들을 대상으로 집계한 자산소득 분배율의 최근 변화 추세를 봐도 U자형 변화 추세는 확연하다(그림 2.4 참조).

선진 자본주의 국가들의 자산소득 분배율은 1950년대부터 급격하게 하락하여 1970년대 중반 최저점을 기록한 다음, 상승 추세로 바뀌었다. 2차 대전 이후 자본주의 황금기에 자산소득 분배율이 하락했지만, 신자유주의 시기 다시 상승 추세를 시작한 것이다. 자산소득 분배율은 상승 추세를 지속하고 있지만, 1990년대부터 상승 속도가 둔화되기 시작하여 점차 상승폭이 작아지고 있다. 자산소득 분배율은 상승률이 둔화되기는 했지만 상승세를 지속하여 2010년대에는 1950년대 수준까지 따라잡았다. 2010년대 선진 자본주의 국가들의 자산소득 분배율은 25~26% 수준을 보이고 있으며 국가 간 편차는 거의 없는 것으로 나타난다.

〈그림 2.4〉 선진 자본주의 국가들의 자산소득 분배율(1950년대~2010년대)

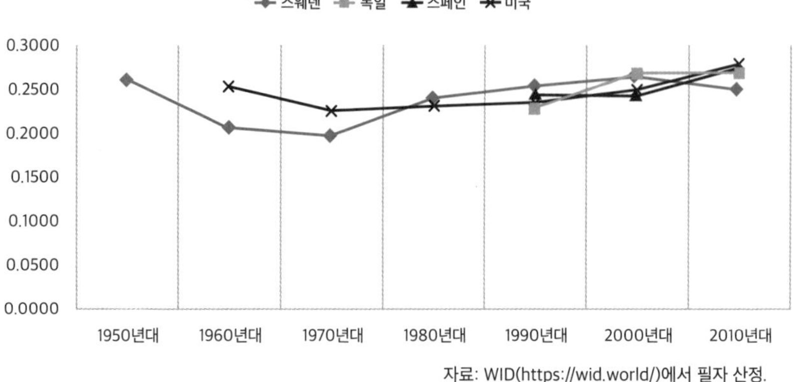

자료: WID(https://wid.world/)에서 필자 산정.

불평등 심화 추세: 자산이 많을수록 유리하다

자산소득 분배율이 소득 불평등 수준의 변화 추세를 결정한다. 소득 점유율의 추계가 상대적으로 용이한 상위 10%의 점유율 변화를 보면 소득 불평등 수준의 변화 추세를 확인할 수 있다. 유럽과 미국의 소득 상위 10%의 점유율 변화 추세는 U자형이다. 이는 자산소득 분배율의 U자형 변화 추세를 반영하는데, 자산/소득 배율의 U자형 변화 추세에서 비롯된 것이다(그림 2.5 참조).

유럽과 미국에서 소득 불평등 수준은 20세기 초부터 1970년대까지 꾸준히 하락했는데, 두 시기로 나눠진다. 20세기 전반부에 고소득 부유층은 전쟁과 대공황으로 자산 파괴 피해가 컸고, 저소득층의 피해는 상대적으로 더 작았다. 한편 2차 대전 이후 자본주의 황금기는 포드주의 계급 타협으로 높은 경제 성장률의 성과를 자본과 노동, 고소득 부유층과 저소득층이 나눠 가졌다.

〈그림 2.5〉 소득 상위 10%가 총소득에서 차지하는 비중: 유럽 & 미국(1900~2010년)

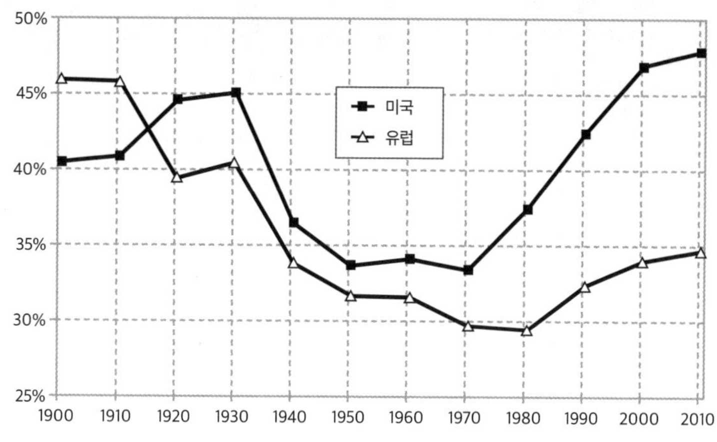

* X축은 연도, Y축은 소득 상위 10% 집단의 국민소득 점유율(%).
자료: Piketty(2014) Figure 9.8.

피케티가 선진 자본주의 국가들의 역사적 분석을 통해 확인한 자본주의 불평등 심화 메커니즘은 r 〉g 부등식 현상이 자산/소득 배율 β를 상승시키고, 그 결과 자산소득 분배율 α가 증대되어 소득 불평등이 심화되는 과정이다. 소득 불평등이 자산 불평등으로 이어지고 이는 다시 소득 불평등을 심화하는 악순환이 반복된다. 자본주의가 성숙하여 저성장 단계로 접어들면서 이런 현상은 계속될 것으로 전망된다.

한국도 예외는 아니다

피케티는 자본주의 사회의 불평등 심화 추세가 지속될 것이라 경고했는데, 한국도 예외가 아니다. r 〉g 부등식을 보면, 한국은 서구 국가들보다 상대적으로 더 높은 자산 수익률과 GDP 성장률을 기록하며 1980년대부터 r-g 격차를 줄곧 6% 안팎의 수준으로 유지해왔다. 이는 서구 4개국의 평균 4% 수준보다 2% 정도 더 높은 수치다(표 2.1 참조). 서구 선진 자본주의 국가들은 이미 상당 기간 저성장 단계를 지속하고 있어 r-g 값은 큰 변화 없이 현 수준을 유지할 것으로 예상된다. 반면, 한국은 이제 막 저성장 단계에 진입하여 경제 성장률이 좀 더 하락한 뒤에 정체할 것이라서 r-g 격차가 소폭 확대된 상태에서 안정화될 것으로 전망된다.

한국의 자산/소득 배율을 WID의 통계치 추정이 가능한 1990년대부터 살펴보면 서구 선진 자본주의 국가들처럼 상승 추세를 보여준다. 2010년대 한국의 자산/소득 배율은 8배 정도로서 서구 국가들보다 평균 2.4배 정도 더 크다. 한국은 완만한 상승세의 서구 국가들에 비해 급격한 상승 추세를 보여주고 있어(그림 2.3 참조) 한국과 서구 국가들의 자산/소득 배율 격차는 더 커질 것으로 전망된다.

펜월드테이블Penn World Table, PWT은 미국 펜실베이니아 대학의 경제학자들이 세계은행과 협력하여 개발한 국가 간 경제 지표 비교 자료다. WID가 한국의 자산 수익률과 자산소득 분배율 통계치를 제시하지 않지만 PWT의 자료를 부분적으로 활용하여 국제 비교를 할 수 있다. 피케티나 WID가 자본 개념을 확장해서 생산적 자산은 물론 비생산적 자산까지 포함하여 자산소득 분배율을 산정하지만, PWT는 마르크스처럼 자본을 생산적 자산으로 한정하여 자본소득 분배율을 산정한다.

PWT의 자본소득 분배율 자료에 따르면, 한국은 2010년대 자본소득 분배율이 평균 48.7%로서 서구 4개국의 평균치 41.6%

〈표 2.1〉 2010년대 연평균 피케티 지수 국가 간 비교

2010년대	서구 선진 자본주의 4개국					한국
	스웨덴	독일	스페인	미국	평균	
r-g (WID)	2.5%	2.0%	1.1%	2.3%	2.4%	-
r(PWT)-g(WID)*	3.4%	3.6%	6.0%	6.1%	4.8%	6.5%
자산소득 배율 (WID)	5.67배	4.52배	7.43배	4.66배	5.57배	7.96배
자산소득 분배율 (WID)	25.1%	27.0%	27.6 %	27.9%	26.9%	
자본소득 분배율 (PWT)*	45.1%	37.1%	43.6%	40.6%	41.6%	48.7%
상위 10% 소득 점유율(WID)	30.2%	37.4%	34.7%	45.2%	36.9%	46.4%

* 도표 값은 주로 세계불평등데이터베이스(WID)를 활용하되,
한국 통계치가 없는 경우 펜월드테이블 자료로 보완함.
자료: 세계불평등데이터베이스 및 펜월드테이블 자료에서 필자 산정.

보다 7% 이상 더 높다. 한국의 자본소득 분배율은 PWT 통계치가 산정된 1970년대부터 꾸준하게 상승한 다음 2000~2010년대 49% 수준에서 정체하고 있는데, 자산소득 분배율을 봐도 비슷한 추세를 보일 것으로 추정된다.[5]

2010년대 상위 10%의 국민소득 점유율을 보면, 한국은 46.4%로서, 선진 자본주의 국가들 가운데 가장 불평등한 미국의 45.2%와 비슷한 수준을 보여준다. 한국은 2010년대 들어 불평등 심화 추세가 진정되며 소득 집단 간 상대적 점유율이 다소 안정화되는 현상을 보여주는 것은 사실이다(그림 1.1 참조). 그러나, 한국도

5 한국은행의 국민소득 관련 자료를 분석한 결과를 보면, 1975년 이래 자본 생산성이 꾸준히 하락한 반면, PWT 방식으로 산정된 자본소득 분배율이나 WID처럼 산정된 자산소득 분배율 모두 비슷한 상승 추세를 보여주는 것으로 나타났다(류동민·주상영 2014; 주상영·류동민 2014).

저성장 단계에 진입하며 실질 경제 성장률이 둔화되기 시작하여, r-g 격차가 좀 더 커지며 소득 불평등이 심화될 여지는 남아 있다.

향후 불평등 심화 가능성에 있어 소득 불평등보다 더 우려되는 것은 자산 불평등이다. 한국의 자산/소득 배율은 서구 자본주의 국가들보다 더 클 뿐만 아니라 급격한 상승 추세를 보여준다.

자산/소득 배율이 높고 자산 불평등 정도가 심하다는 것은 저자산·저소득층이 열심히 일해도 근로소득을 통해 소득 불평등 벽을 넘어 상승 이동하기 어렵다는 의미다. 금수저로 태어나면 계속 금수저지만 흙수저로 태어나면 아무리 '노오력' 해도 금수저가 되기 어렵다. 이처럼 한국 사회는 부의 대물림이 구조화된 '수저 계급 사회'가 되었다.

자산 불평등이 심할수록 소득 불평등 변화 추세가 더욱더 중요해진다. 그것은 소득 불평등이 완화되어야 자산 불평등도 개선될 수 있고, 소득 불평등이 심화되면 자산 불평등이 더 악화될 수 있기 때문이다.

3장. 자본주의 불평등, 피할 수 없는가?

피케티는 자본주의 사회가 어떻게 불평등을 재생산하는지, 그 구조적 메커니즘을 잘 보여주었다. 그렇다면, 자본주의 사회는 불평등을 피할 수 없는가? 자본주의 사회는 어느 시기건 예외 없이 불평등을 심화시켜 왔는가? 다른 나라들에 비해 좀 덜 불평등한 나라는 없는가?

자본주의 황금기와 〈모던 타임스〉

피케티는 자본주의는 불평등을 심화시켜 왔는데, 역사상 불평등이 완화되었던 유일한 시기는 20세기에 있었다고 한다. 19세기 말과 20세기 초 불평등은 극대화되었다. 이 시기는 '벨 에포크belle epoche, 아름다운 시대'라 불리는데, 사회적 부가 소수의 부유층에 집중되며 유럽 국가들이 예술의 전성시대를 구가했기 때문이다. 이후

제1차 세계 대전 발발에서 제2차 세계 대전 종료까지 30여 년 기간은 두 차례에 걸친 세계 대전과 세계 대공황으로 자산 가치가 많이 파괴되고 전쟁 비용과 경제 재건 경비를 확보하기 위해 고율의 세금이 부과되었던 시기다. 이 기간 고소득 집단은 저소득 집단에 비해 상대적으로 더 큰 손실을 입으면서 소득 불평등이 완화되었다.

자본주의 사회에서 자산 가치 파괴의 대재앙 시기가 아니라 일상 상황에서도 불평등 완화가 가능함을 보여준 것은 제2차 세계 대전 이후 30년, 소위 자본주의 황금기다. 이 시기는 예외적으로 높은 경제 성장률, 즉 국민소득 증가율을 보여주었으며(그림 3.1 참조), 자본은 안정적 이윤 확보로 자본 축적 증가율이 급상승했고, 노동 생산성과 함께 노동자들의 실질임금 인상률도 크게 상승했다(Glyn et al. 1990: 41-64). 이 시기를 자본주의 황금기라고 부르는 것은 이처럼 자본의 안정적 이윤율, 노동의 높아진 실질임금 인상률, 높은 경제 성장률에 기초한 복지국가 형성으로 노사정 행위 주체들이 경제 성장의 과실을 공유하며 모두가 행복했던 윈윈의 시기였기 때문이다.

노동자의 실질임금 인상률이 과거에는 줄곧 노동 생산성 향상률보다 훨씬 더 낮았으나 이 시기에는 크게 상승하여 노동 생산성 향상률에 매우 근접했다. 노동자 실질임금 인상률을 물가 상승률과 노동 생산성 향상률을 합산한 수준에 맞추기로 노사 간 타협이 이루어졌기 때문이다. 자본 축적 증가율이 급상승하여 자본 측도 실질임금을 인상할 재정적 여유를 확보하고 있었다. 자본은 노동의 조직화와 정치 세력화를 수용하고 노동과 자본이 상호 존중하며 상생하는 방안을 선택하는 변화를 보여주었다. 그래서 임금 인

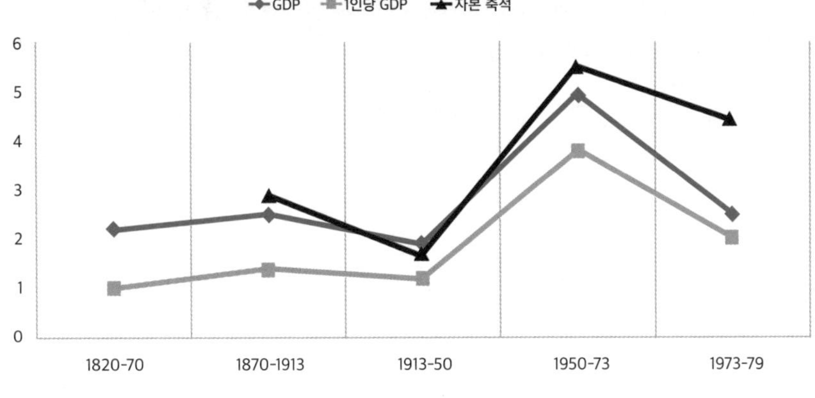

〈그림 3.1〉 선진 자본주의 16국 연평균 상승률(1820~1979년)

자료: Glyn et al.(1990: 42).

상률 타협은 노동과 자본의 포괄적 계급 타협, 즉 포드주의 계급 타협의 일환으로 진행되었다고 할 수 있다.

고율의 경제 성장과 높은 세율에 기초한 복지국가 발달, 그리고 포드주의 계급 타협에 기초한 실질임금 인상률 보장으로 저소득층은 노동자들을 중심으로 과거에 비해 소득 분배·재분배의 혜택을 더 많이 받게 되었다. 과거 경제 성장의 과실을 자본가 중심 고소득층이 독차지했다면, 이 시기엔 사회적 잉여를 노동과 자본이 좀더 균등하게 공유함으로써 저소득층이 고소득층에 비해 상대적으로 더 많은 혜택을 보게 된 것이다. 이전 시기보다 더 균등한 소득 분배로 포드주의 시기 서구 선진 자본주의 국가들에서 불평등 수준이 크게 완화되었는데, 이는 상위 10%의 국민소득 점유율이 하락했다는 사실에서도 확인된다(그림 1.2 참조).

자본주의 황금기 30년은 '인간의 얼굴을 한 자본주의capitalism with human face'라고 불리는데, 야수의 얼굴 대신 인간의 얼굴을 지녔던 것은 포드주의 계급 타협이 있었기 때문이다. 계급 타협이 없었을 경우를 가정하여 비교하는 '반사실적 실험'을 통해 그 의미를 확인할 수 있다.

찰리 채플린의 영화 〈모던 타임스〉(1936)는 시사하는 바가 크다. 영화는 20세기 초 서구 선진 자본주의 국가들의 사회상을 잘 보여준다. 생산 현장은 거대한 톱니바퀴로 움직이는 컨베이어벨트로 상징되며, 전달받은 동력으로 컨베이어벨트를 작동하고, 노동자들은 컨베이어벨트 속도에 맞추어 짧은 시간 내에 잘게 나누어진 단순 작업을 반복적으로 수행한다. 기계화와 분업의 고도화로 생산성은 크게 향상되었지만 자본이 노동자 임금을 인상하지 않고 생산성 상승으로 확대된 잉여 가치를 독차지하려 했다.

백화점엔 대량 생산된 제품들이 진열되며 풍요로운 〈모던 타임스〉를 구가할 것처럼 보였지만, 저임금의 노동자들은 이들 대량 생산 제품을 구매할 여력이 없었다. 대량 생산 제품이 팔리지 않으니 자본이 기대했던 높은 자본 수익률의 막대한 이윤은 실현될 수 없었다. 결국 팔리지 않은 생산품 재고가 쌓이며 생산이 중단되자 노동자들은 실업자가 되었고 거리엔 거지와 도둑들이 들끓게 되었다.

포드주의 계급 타협이 없었다면 어떻게 되었을까? 서구 자본주의 국가들은 〈모던 타임스〉 시대를 벗어나지 못했을 것이다. 공장 폐쇄와 노동자 대량 해고 사태가 빈발하고 노동자들이 파업 투쟁으로 맞서는 악순환 과정을 거치며 세계 대공황 같은 참극을 다시 불러왔을 수 있다. 그랬다면 자본주의 사회는 벨 에포크 시대보다 더 불평등한 상황을 경험했을 것이다. 높은 생산성으로 이윤이 크게 늘면서 전체 파이의 크기가 커졌음에도 자본의 몫만 늘려

결국 자본소득 분배율이 크게 상승했을 것이기 때문이다.

하지만 자본의 선택은 〈모던 타임스〉와는 달랐다. 자본은 계급 타협을 선택했다. 그 결과 제2차 세계 대전 이후 30년 기간은 높은 경제 성장률을 기록하며 사회적 잉여를 급격하게 확대하면서 노동과 자본이 나누어 가질 수 있었다.

자본주의 황금기는 오래가지 못하고 30년 정도로 끝났다. 1970년대 말부터 영국의 대처와 미국의 레이건에 의해 시작된 신자유주의 경제 정책은 실질임금-노동 생산성 연계는 물론 노동3권 보장 등 계급 타협의 제도적 장치들을 와해시켰다. 이렇게 신자유주의 세계화 속에서 노동자 실질임금은 억압되고 자본소득 분배율이 급격하게 상승하기 시작했다. 결국 자본주의는 다시 야수의 얼굴로 돌아갔고 자본주의 국가들은 더욱더 불평등한 사회로 바뀌기 시작했다. 그나마 과거보다 덜 극단적이었던 이유는 낮은 경제 성장률이었다.

시장경제 모델과 불평등 양상

자본주의 사회는 시장과 사유 재산제로 인해 불평등할 수밖에 없지만, 역사적으로 볼 때 시기별로 편차가 있다. 19세기 말 벨 에포크 시기와 1980년대 이후 신자유주의 시기 자본주의는 불평등 수준이 높았지만, 2차 대전 이후 자본주의 황금기에는 상대적으로 낮았다.

그렇다면, 시기별로만 차이가 있는가? 아니면 같은 시기에도 국가 간 유의미한 차이가 있는가? 실제로는 신자유주의 시기에도 전반적 불평등 심화 추세 속에서 어떤 국가는 다른 국가보다 불평등 수준이 더 높고 불평등 심화 추세도 더 가파르다. 그 점에서 자본주의 시장경제 모델들 사이 경제·사회제도의 차별성을 설명하는 자본주의 다양성론diversity of capitalism에 주목할 필요가 있다.

2010년대 시장경제 모델 전형 4개국의 불평등 수준을 비교하면 시장경제 모델 간 편차는 확연하다(표 3.1 참조). 소득 중위 40%의 세전 국민소득 점유율은 44% 안팎으로 비슷하다. 상위 10%와 하위 50%의 점유율 격차는 스웨덴이 6.2%로 가장 작은 반면, 미국은 32.1%로 스웨덴의 5배 정도로 가장 크고, 독일과 스페인은 그 사이에 위치한다.

자본주의 황금기가 끝나고 신자유주의 시기가 시작되면서 불평등은 완화 추세를 멈추고 심화되기 시작했다. 상위 10%의 점유율은 선진 자본주의 국가들에서 1980년대부터 확대되기 시작했는데, 국가별로 차이가 있다. 미국에서 가장 가파르게 증가한 반

〈표 3.1〉 2010년대 연평균 소득 분위별 세전 국민소득 점유율

2010년대	서구 선진 자본주의 4개국					한국
	스웨덴	독일	스페인	미국	평균	
상위 10%(p90~p100)	30.2%	37.4%	34.7%	45.2%	36.9%	46.4%
중위 40%(p50~p90)	45.9%	43.9%	44.6%	41.7%	44.0%	37.6%
하위 50%(p0~p50)	24.0%	18.7%	20.7%	13.1%	19.1%	15.9%
최상위 1%(p99~p100)	9.9%	13.0%	12.2%	18.7%	13.5%	14.8%
격차: 상위 10%-하위 50%	6.2%	18.7%	14.0%	32.1%	17.8%	30.5%
배율(상위 10%/하위 50%)	1.26	2.00	1.68	3.45	1.93	2.92

자료: WID(https://wid.world/)

면, 스웨덴에서 가장 완만하게 증가했는데 거의 정체 수준이었다(그림 1.2 참조).

종합하면, 선진 자본주의 4개국 가운데 미국이 가장 불평등하면서 가장 급격하게 악화되는 반면, 스웨덴은 가장 덜 불평등하면서 매우 완만하게 진행되고 있다. 결국, 미국과 스웨덴의 불평등 수준 격차는 더욱더 확대될 것으로 전망된다.

그렇다면, 왜 이런 차이를 보일까? 답을 찾으려면 시장경제 모델별 특성과 작동 방식을 알아보고 이들이 불평등 관련 성적표에서 어떤 차이를 낳는지 살펴볼 필요가 있다.

자본주의 다양성: 영미형과 스칸디나비아형

자본주의 사회들은 모두 사유 재산제와 시장의 자원 배분 방식에 의존하지만, 시장의 사회적 규제 정도, 노동과 자본 등 행위 주체들의 전략적 선택에 따라 법 제도와 정책들이 달라진다. 시장경제 모델은 스웨덴 등 스칸디나비아형 사민주의 모델, 독일 등 대륙형 조정 시장경제 모델, 스페인 등 지중해형 조정 시장경제 모델, 미국 등 영미형 자유시장경제 모델로 대별된다(표 3.2).

영미형 자유시장경제 모델은 자본을 소유한 주주가 사업체와 시장을 지배하는 주주 자본주의인 반면 유럽형 조정 시장경제 모델은 주주뿐만 아니라 노동, 은행, 지역 사회 등 다양한 이해 당사자들이 지배력을 분점하는 이해 당사자 자본주의다. 사회복지 제도에서도 영미형 자유시장경제 모델은 개인이 자산과 소득을 이용하여 의료, 보육 등 복지 서비스를 시장에서 구입하는 반면, 스

〈표 3.2〉 자본주의 다양성: 시장경제 모델 범주화

시장경제 모델	스칸디나비아형 사민주의 모델	대륙형 조정 시장경제 모델	지중해형 조정 시장경제 모델	영미형 자유시장 경제 모델
전형 국가	스웨덴	독일	스페인	미국
시장경제 모델 범주				
자본주의 유형	조정 시장경제 모델(이해 당사자 자본주의)			자유시장경제 모델 (주주 자본주의)
복지국가 범주	보편주의·북구형 사민주의	보수주의·조합주의(코포라티즘) 대륙형		자유주의 시장경제 모델
복지 서비스 책임	국가 책임	조합주의 (코포라티즘)	가족 활용	시장 매입
생산 현장의 노동과 자본				
노동조합 조직 형태	강력한 산별 노조 (계급 조직)	강력한 산별 노조	산별 노조	기업별 노조 (순수 이익 집단)
단체 교섭 방식	중앙 조정 산별 교섭	산별 교섭	산별 교섭	기업별 교섭
노동조합 조직률	높음	중간/하락	중간/하락	낮음
단체 협약 적용률	높음	중간	높음	낮음

칸디나비아형 모델에서는 국가가 모든 시민들에게 복지 서비스를 보편적으로 제공하는 사회민주주의 복지국가 형태를 취하고 있다. 대륙형과 지중해형 조정 시장경제 모델은 스칸디나비아형에 비해 국가의 역할은 상대적으로 축소되고 소속 집단의 역할이 더 강조된다.

생산 현장에서는 자유시장경제 모델의 경우 자본의 일방적 지배로 노동조합은 순수 이익 집단 성격의 기업별 노조 형태로 존재하며 노동조합 조직률이 낮지만, 스칸디나비아형 모델의 경우 노동조합은 계급 조직 성격이 강한 산별 노조 형태를 취하며 노동조합 조직률이 높다. 단체 교섭은 자유시장경제 모델의 경우 사업체 단위 기업별 교섭으로 진행되고 단체 협약은 노동조합 구성원에게만 적용되어 단체 협약 적용률이 낮은 반면, 스칸디나비아형의 경우 산별 교섭 형태로 진행되고 단체 협약은 동일 산업의 미조직 노동자들에게도 적용되어 단체 협약 적용률이 높다.

소득 불평등은 시장의 경제 주체 간 소득 분배 영역과 정부의 조세·재정 정책을 통한 소득 재분배 영역으로 나누어 볼 수 있다. 소득 분배는 일차적으로 전체 국민소득이 시장에서 자본과 노동 사이에 분배된 다음 노동소득이 임금 노동자들 사이에 배분된다. 이때 자본과 노동 사이의 소득 분배는 시장과 자본의 지배력이 강한 자유시장경제 모델에 비해 시장과 자본에 대한 사회적 규제가 강하고 노동조합 조직률이 높은 스칸디나비아형에서 노동소득 분배율이 더 높다. 임금 노동자들 사이의 노동소득 분배는 자유시장경제 모델의 경우 사업체 수준 단체 교섭 체계에서 노동 시장의 노동력 수요-공급 상황과 사업체의 지불 능력에 의해 결정된다. 반면, 스칸디나비아형의 경우 초기업 수준 단체 교섭 체계에서 산별 노조가 '동일 가치 노동 동일 임금' 원칙의 연대 임금 정책을 실천하고 단체 협약이 해당 노동조합의 범위를 넘어 확장 적용되기 때문에 상대적으로 노동자들 사이의 임금 격차가 작다.

한편 소득 재분배는 정부의 조세·재정 정책을 통해 이루어지는데, 자유시장경제 모델의 경우 복지국가가 발달하지 않아서 상대적으로 낮은 조세 부담률에 기초한 제한된 정부의 재정 지출로 소득 재분배 효과가 작다. 반면, 스칸디나비아 모델의 경우 상대적으로 높은 조세 부담률로 확보된 충분한 재원으로 정부가 적극적 복지 정책을 실시하여 소득 재분배 효과가 크다.

영미형 자유시장경제 모델과 스칸디나비아형 사민주의 모델은 소득 분배와 재분배에서 양극단을 이루고 있고, 대륙형과 지중해형은 그 사이에 위치한다. 영미형 자유시장경제 모델의 경우 소득 불평등 수준이 높은 것은 시장소득의 불평등 분배와 미미한 소득 재분배 효과 때문이다. 반면, 스칸디나비아 모델은 자본과 노동의 소득 분배와 임금 노동자 사이의 억제된 임금 격차로 시장소득의 불평등 분배 수준이 낮을 뿐만 아니라 보편적 복지제도에 의한 높은 소득 재분배 효과가 추가되기 때문에 영미형 자유시장경제 모델에 비해 소득 불평등 수준이 훨씬 더 낮다.

4장. 왜 어떤 자본주의는 덜 불평등한가?

왜 어떤 나라는 다른 나라보다 덜 불평등하고, 왜 어떤 나라는 불평등이 심화되는데 다른 나라는 불평등이 완화되는가?

20세기 초만 하더라도 스웨덴은 미국보다 더 불평등했는데, 현재는 미국보다 훨씬 더 평등한 사회가 되었다. 이러한 변화를 만들어낸 원인과 인과적 메커니즘은 무엇인가?

시장경제 모델과 계급 역학관계

시장경제 모델들은 불평등 정도에서 차이를 보이고 있는데, 가장 불평등한 모습을 보이는 모델은 영미형 자유시장경제 모델인 반면, 상대적으로 가장 평등한 모델은 스칸디나비아형 사민주의 모델이다. 두 모델의 전형을 이루는 미국과 스웨덴을 보면, 벨 에포크 시대엔 스웨덴이 미국보다 더 불평등했다.

〈그림 4.1〉 소득 상위 10% 집단과 하위 50% 집단의 소득 점유율: 미국 vs 스웨덴

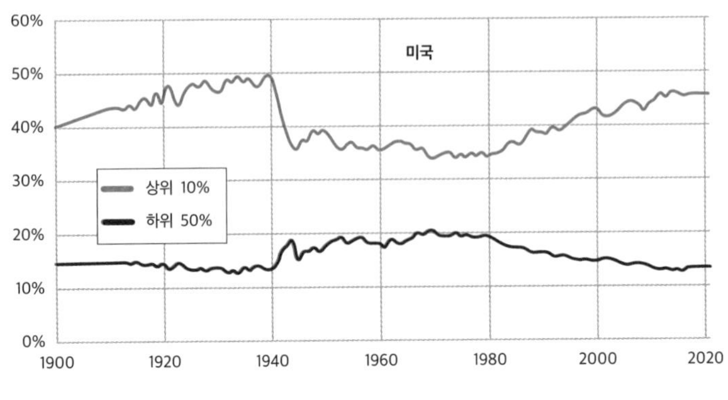

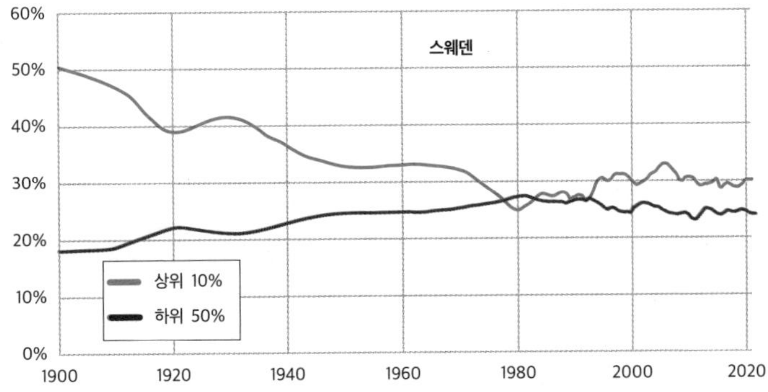

자료: WID(2022): Country Appendix.

소득 수준 상위 10%와 하위 50%의 소득 점유율을 보면, 1900년 미국은 39.8% 대 14.5%로 두 집단의 격차는 25.3%였는데, 스웨덴은 50.6% 대 18.7%로, 그 격차(31.9%)가 미국보다 더 컸다(그림 4.1). 하지만, 2021년 상위 10%와 하위 50%의 점유율을 보면, 미국은 45.5% 대 13.3%로 두 집단의 격차는 32.2%로 커진 반면, 스웨덴은 30.8% 대 23.8%로 격차가 7.0%로 크게 줄었다.

그렇다면, 어떻게 더 평등했던 미국이 심각한 불평등 국가로

변하고 더 불평등했던 스웨덴이 훨씬 더 평등한 국가로 바뀌게 되었을까? 이를 설명하기 위해서는 시장경제 모델의 계급 역학관계를 검토해야 한다.

스칸디나비아형 모델 스웨덴의 경우 생산 현장에서 노동조합의 영향력이 강력하고 사회민주당이 노동계급 정당으로 조직되어 국가 권력을 장기간 지배하는 반면, 자유시장경제 모델 미국의 경우 노동조합의 영향력은 미약하고 노동계급 정당도 존재하지 않거나 취약하다(표 4.1). 결국 자유시장경제 모델의 경우 경제적 효

〈표 4.1〉 자본주의 다양성: 시장경제 모델과 계급 역학관계

시장경제 모델	스칸디나비아형 사민주의 모델	대륙형 조정 시장경제 모델	지중해형 조정 시장경제 모델	영미형 자유시장 경제 모델
계급 관계				
노동계급 형성	성공	진전	부진	실패
자본계급 지배 양식	공존 상생	포용 & 지배	비제도화	억압 & 지배
시장경제 모델 형성 주체	노동계급	국가 권력	국가, 시장, 노동	시장 & 자본
노동계급 정치				
노동계급 정치 세력화	노동계급 정당 장기 집권	노동계급 정당 간헐 집권	노동계급 정당 간헐 집권	노동계급 정당 부재
노동계급 정당 영향력	사회민주 노동당 장기 집권	사회민주당 간헐 집권	사회당 간헐 집권	없음
계급 정치의 결과				
경제적 효율성	효율성	중간	비효율성	효율성
사회 통합 (평등)	평등	평등한 편	불평등한 편	불평등

율성을 위해 사회 통합이 희생되고 노동을 중심으로 한 사회적 약자들이 제대로 보호받지 못하며 불평등이 심화되는 반면, 스칸디나비아형 모델의 경우 노동과 다양한 사회적 약자들이 강력한 노동조합과 사회민주당을 중심으로 정치 세력화되어 사회 통합을 유지하며 경제적 효율성을 실현함으로써 불평등을 완화할 수 있었다.

신자유주의 시기에도 스웨덴 등 스칸디나비아형 모델 국가들은 노동조합과 노동계급 정당의 영향력으로 자본 편향적 이윤-임금 배분을 막고 복지국가의 탈상품화된 복지 서비스를 꾸준하게 제공했다. 그 결과 노동자를 포함한 사회적 약자들의 삶의 질이 별로 악화되지 않았고 불평등 수준도 낮게 유지될 수 있었다. 반면, 미국 등 자유시장경제 모델 국가들의 경우 노동계급 정당 부재 속에서 노동조합 영향력마저 취약하여 신자유주의 시기 시장의 자원 배분이 더 자본 편향적으로 바뀌고 복지 서비스의 상품화로 인해 저소득층일수록 삶의 질 악화를 심각하게 겪게 되었고 불평등은 더 심화되었다.

이처럼 시장경제 모델들이 보이는 불평등 수준의 차이는 계급 역학관계에 의해 좌우되는데, 그 핵심은 노동조합의 조직력 수준과 노동계급의 정치 세력화 성공 정도라 할 수 있다.

권력 자원론과 사회 민주주의 모델

스웨덴 사회학자 코르피(Korpi 1978, 2006) 등이 제시한 권력 자원론power resource theory은 시장경제 모델과 국민소득의 분배·재분배 구조의 국가 간 차이를 체계적으로 설명하고 있다. 그 인과적 분석의 핵심은 계급 역학관계다. 자본주의 사회는 자본계급이 시장 권력을 이용하여 노동계급을 일방적으로 지배하는 계급 관계가 구조화되어 있다. 따라서 자본계급의 일방적 지배 방식이 지속되는 한 국민소득은 자본에 유리하고 노동에 불리한 방식으로 배분되어 불평등은 완화될 수 없다. 이러한 현상은 자본주의 시기별로 보면 19세기 말, 20세기 초의 벨 에포크 시기나 1970년대 말 이후의 신자유주의 시기에 잘 드러났고, 자본주의 시장경제 모델별로 보면 미국 등 영미형 자유시장경제 모델에서 그대로 나타나고 있다.

노동계급을 포함한 사회적 약자들은 사회적 시민권을 주창하며 자원과 소득의 보다 평등한 배분을 요구하는데, 이들의 이해관계를 대변하는 대표적인 주창자protagonist가 바로 노동조합과 노동계급 정당이다. 노동계급은 자본계급에 비해 불리한 역학관계에 처해 있으나, 노동조합 조직화를 통해 계급 형성[6]을 진전시키고 계급 정당을 설립하여 정치 세력화를 추진하면서 자본계급과 기득권 세력의 지배 질서에 도전하게 된다. 국민소득의 평등한 배분을 거부하는 자본계급 중심 지배 세력의 힘과 거기에 도전하는 노동계급 중심 피지배 세력의 힘의 역학관계가 시장의 소득 분배와 국가를 통한 소득 재분배의 내용을 결정한다고 권력 자원론은 설명한다.

6 노동계급의 계급 형성은 "구조적으로 정의된 노동계급이 계급 이익을 실현하는 하나의 집합적 행위자로 형성되는 과정 혹은 그 결과"로 정의된다(조돈문 2004). 계급 형성 수준은 노동자들이 조직화되는 정도와 계급 이익에 대한 이데올로기적 헌신 정도로 측정될 수 있다. 따라서 노동자들이 노동조합으로 조직화되고 계급의식이 상승할수록 계급 형성이 진전된다고 할 수 있다.

권력 자원론에 따르면, 스웨덴 등 스칸디나비아 국가들에서는 상대적으로 강력한 노동조합과 국가 권력 장악에 성공한 사회민주당에 의해 노동계급 등 상대적 저소득 집단들의 이해관계가 대변되며 보다 평등한 소득의 분배·재분배가 이루어질 수 있었다. 스웨덴의 경우 1930년대부터 노동계급에 불리한 역학관계가 유의미하게 완화되기 시작했는데, 그 결정적 계기가 1932년 노동계급 정당인 사회민주당의 집권과 1938년 살트셰바덴 협약Saltsjöbadsavtalet이라는 노동-자본 계급 타협이다. 사회민주당은 1932년 이래 현재에 이르는 전체 기간 가운데 70여 년을 장기 집권해 왔고, 실권한 시기에도 원내 제1당의 지위를 빼앗긴 적은 단 한 번도 없었다.

이렇게 스웨덴에서는 자원과 소득의 분배·재분배가 강력한 노동조합과 장기 집권한 사회민주당에 의해 노동계급 등 저소득 집단들에게 유리한 방식으로 이루어졌다. 결국 자본계급 등 지배 세력도 일방적 지배 방식을 포기하고 계급 타협을 수용하며 노동계급과 공존·상생하는 사회민주주의 모델에 적응하게 되었다.

라이트의 계급 이익 곡선과 한국 사회

계급 역학관계가 자본계급과 노동계급 사이의 사회적 잉여 배분을 결정하는 메커니즘을 이론적으로 정교화한 것이 라이트(Wright 2000)의 계급 이익 곡선이다(그림 4.2).

노동계급이 조직화되지 않으면 계급 역학관계는 자본계급의 일방적 지배가 관철되어 노동계급 이익은 철저히 억압되고 자본계급 이익은 극대화된다. 노동계급이 노동조합으로 조직화되며 계급 형성을 진전시키고 더 나아가 정치 세력화에서 성과를 거둘수록 노동계급의 요구는 점점 더 많이 관철된다. 그 결과 자본계급의 몫은 작아지고 노동계급의 몫이 커지게 된다. 이 과정은 자본계급 몫과 노동계급 몫의 총합이 제로가 되는 '제로섬 게임'으로 진행되어 자본의 일방적 지배 단계에서는 자본소득 분배율이 매우 높고 노동소득 분배율은 매우 낮다. 하지만 노동계급 계급 형성이 진전될수록 노동소득 분배율이 상승하고 자본소득 분배율은 하락하게 된다.

자본주의 초기는 자본의 이윤이 생산 요소 투입량에 따른 절대적 잉여 가치에 의존하는 외연적 축적 체제 단계로, 자본계급과

〈그림 4.2〉 노동계급 계급 형성과 노동계급·자본계급의 계급 이익

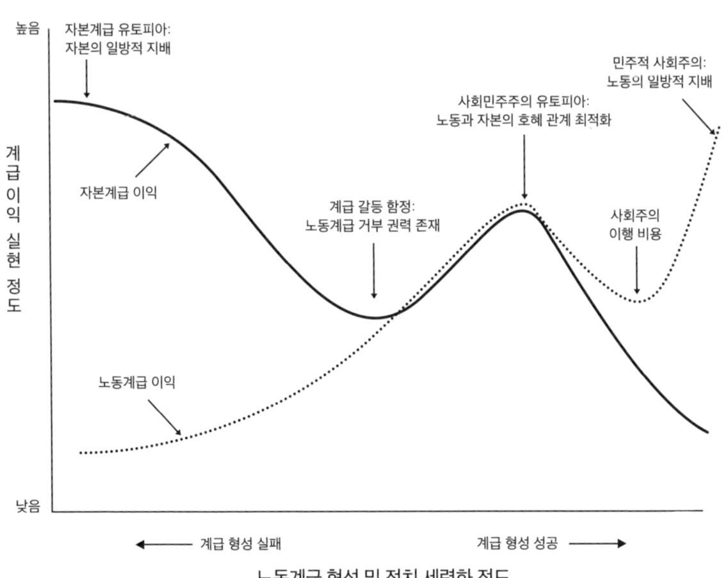

자료: 라이트(Wright 2000).

노동계급은 제로섬 게임을 벗어나기 어렵다. 하지만 생산 수단의 기술력이 발달하고 노동 생산성이 상승하면서 외연적 축적 체제에서 내포적 축적 체제로 이행하고, 사회적 잉여의 크기가 커지면서 노동과 자본의 이익이 함께 증가하는 포지티브섬 게임이 가능하게 된다. 이렇게 자본 축적 방식이 바뀌면 자본계급과 노동계급의 상호 의존성이 커져 긍정적 의미의 계급 타협에 유리한 조건이 조성된다.

라이트의 계급 이익 곡선의 좌측 경사면 부분은 코르피의 권력 자원론이 설명하는 자본계급과 노동계급의 계급 이익이 상반되는 제로섬 게임의 성격을 잘 보여준다. 하지만 중앙의 계급 갈등 함정 국면을 지나서 우측 경사면에 이르면 자본계급과 노동계급의 계급 이익이 함께 상승 이동하는 윈윈의 포지티브섬 게임이 가능하게 된다. 이 부분은 계급 타협 국면으로서 권력 자원론이 설명하지 못한다.

계급 이익 곡선의 좌우 경사면을 함께 보면, 자본주의 사회에서 노동계급의 계급 형성과 정치 세력화가 진전될수록 노동계급 이익은 선형적으로 상승한다. 반면, 자본계급 이익은 노동계급 형성과 단선형적 관계가 아니라 U자 곡선형적 관계를 보여준다. 노동계급 계급 형성이 진전될수록 자본계급 이익은 제로섬 게임의 좌측 경사면에선 하락하지만 포지티브섬 게임의 우측 경사면에선 동반 상승한다. 이것은 자본계급이 일방적 계급 지배 방식을 포기하고 노동계급과의 공존·상생을 수용한 계급 타협 상황인데, 스칸디나비아형과 대륙형 국가들이 여기에 해당된다. 스웨덴 등 스칸디나비아형 국가들은 사회민주주의 유토피아의 정점에 가까운 반면, 독일 등 대륙형 국가들은 상대적으로 노동계급의 계급 형성이나 정치 세력화가 스칸디나비아형 국가들에 뒤지고 자본계급과 노동계급의 계급 이익 실현 수준도 사회민주주의 유토피아 정점에는 근접하지 못하고 있다(표 4.2).

미국 등 영미형 자유시장경제 모델 국가들은 아직 취약한 노동계급 계급 형성 수준으로 인해 제로섬 게임의 좌측 경사면을 벗어나지 못하고 있다. 한편, 지중해형 국가들은 영미형에 비해 노동계급 계급 형성은 좀 더 진전되었으나 자본계급의 일방적 계급 지배 전략 혹은 취약한 물적 조건으로 인해 계급 타협 국면으로 진전하지 못하고 계급 갈등 함정 근처에 머물고 있다.

한국 노동계급은 1987년 노동자 대투쟁을 계기로 계급 형성이 급진전되어 1995년 민주노총 출범과 1996~97년 노동법 개정 총파업 투쟁으로 계급 형성의 성공 전망을 밝게 했다. 그러나, 이후 후퇴와 정체를 거듭하며 계급 형성은 진전되지 못했다. 결국 노동

〈표 4.2〉 라이트 곡선의 국면 비교

사회 체제	자본주의 사회			자본주의 이후
곡선 국면들	좌측	중앙	우측	우측 극단
노동계급 형성 수준	낮음	진전/중간	강화/높음	지배
자본-노동 역학관계	자본 일방적 지배	계급 갈등 함정: 노동-자본 대격돌/계급 투쟁	사회민주주의: 공존 상생	노동 지배
자본계급 이익	높음	중간	높음	하락
노동계급 이익	낮음	중간	높음	하락/상승
게임 성격	제로섬	네거티브섬	포지티브섬	네거티브섬/제로섬
시장경제 모델	영미형 자유시장경제 모델	지중해형, 한국	스칸디나비아형, 대륙형	혁명적 상황

계급은 자본계급의 일방적 계급 지배 방식에 대한 거부 권력은 확보했으나 계급 타협을 압박할 수준에는 미치지 못해 계급 갈등 함정 국면을 벗어나지 못하고 있다.

이러한 상황에서 자본의 타협 거부와 노동의 파업 투쟁이 일상화된 가운데 노동과 자본은 상호 고소·고발을 일삼으며 피해도 커지고 국민적 신뢰도 손상된다. 노동은 해고, 구속, 무임금, 손해배상 등의 비용을 치르는 반면, 자본도 생산 중단 손실과 브랜드 이미지 타격 등의 비용을 치르고 있다. 이처럼 한국의 노동계급과 자본계급은 사회적 잉여의 제로섬 게임 수준을 넘어 추가적 비용까지 부담하는 소모적 네거티브섬 게임을 지속하고 있다. 그 일차적 원인은 자본계급이 일방적 계급 지배 방식을 포기하지 않으며 공존·상생을 거부하는 데 있다.

서구 자본주의 국가들이 포드주의 계급 타협으로 자본주의 황금기를 보낼 때, 한국은 개발 독재로 고도 경제 성장기를 보내고 있었는데, 생산 현장은 계급 타협이 아니라 노동조합 탄압과 저임금으로 얼룩졌다. 그래서 노동자들은 실질임금 인상과 불평등 완화라는 포드주의 혜택을 받지 못했다. 계급 갈등 함정을 벗어나서 라이트 계급 이익 곡선의 우측 계급 타협 국면으로 이동하지 않는 한 불평등을 유의미하게 완화할 수는 없다.

노동계급 형성이 크게 진전되어 자본이 일방적 계급 지배 방식을 포기하도록 압박하는 경로는 현재 민주 노동운동의 조건에서는 기대하기 어렵다.[7] 그렇다면 계급 역학관계의 안정성과 향후 변화 가능성을 좌우하는 것은 무엇일까? 그것은 이데올로기 투쟁

7 조돈문(2019, 2023)을 참조할 것.

과 그 결과다. 다음 장부터 이데올로기 투쟁의 내용과 동학dynamics을 분석한다.

2부

한국 사회의 불평등 이데올로기

5장. 불평등은 누구의 이데올로기인가?

불평등이란 소수의 지배자들이 소득과 자산 등 자원을 자신의 몫보다 더 많이 소유하고 대다수 시민은 자신의 몫보다 적게 소유하는 현상이다. 불평등 체제의 수혜자는 소수에 불과하고 사회 구성원의 절대다수는 피해자가 되지만 불평등 체제는 유지된다. 불평등 체제의 피해자가 불평등한 지배 질서를 수용하고 있다는 사실은 불평등 이데올로기가 널리 확산되어 상당한 영향력을 발휘하고 있음을 의미한다. 불평등 이데올로기는 지배계급의 이해관계를 대변한다.

그렇다면, 불평등 이데올로기가 한국 사회의 지배 이데올로기로 되었는가? 오늘날 한국 사회의 지배 이데올로기는 누구의 이데올로기인가?

지배계급과 이데올로기 투쟁

피케티(Piketty 2014)는 자산 수익률이 국민소득 증가율을 추월해 자본-노동의 소득 분배율을 자본에 유리하게 결정하면서 소득 불평등과 자산 불평등을 확대 재생산하는 자본주의 메커니즘을 잘 보여주었다. 피케티는 불평등 현상을 자본주의 사회의 구조적 산물로 설명했는데, 그가 규명한 것은 바로 시장에서 분배의 불평등이 발생하는 메커니즘이다. 그것은《21세기 자본》(2014)의 성과이자 한계였다. 피케티가《자본과 이데올로기》(2020)를 집필한 것도 불평등 현상을 체계적으로 설명하고 대안을 모색하기 위해서는 이데올로기 같은 비시장적 요인들도 중요하게 고려해야 한다는 자각 때문이었을 것이다.

피케티는 마르크스의 '계급 투쟁의 역사' 인식의 타당성을 인정한다. 이는 계급 역학관계의 중요성을 인정하고, 역사를 계급 역학관계로 설명한 마르크스주의자들의 성과를 긍정적으로 평가한 것이다. 그러한 역사적 설명과 이론화 작업은 마르크스와 레닌 등 고전적 마르크스주의자들은 물론 코르피Korpi, 라이트Wright, 부라보이Burawoy, 쉐보르스키Przeworski 등 신마르크스주의자들에 의해 마르크스주의 계급론으로 체계화되었다. 하지만 피케티는 마르크스와 마르크스주의 전통에서 '이데올로기'가 간과되었다고 판단했는데, 이는 계급 역학관계만으로 역사를 설명할 수 없기 때문이다. 피케티의 마르크스 평가는 계급 역학관계와 이데올로기라는 불평등을 재생산하는 두 가지 비시장적 메커니즘의 중요성을 확인해준다.

계급 역학관계가 현재의 소득 분배와 재분배 구조를 직접적으로 결정한다면, 이데올로기는 현재의 분배·재분배 구조의 지속 혹은 변화 가능성을 가늠할 수 있게 한다. 이데올로기는 다양한 이해관계 각축의 장으로서 경합 결과에 따라 불평등 구조는 물론 계급 역학관계에도 영향을 미친다.

자본주의 사회에서 소수의 지배계급이 다수의 피지배계급을 상대로 지배 관계를 유지하는 것은 지배계급의 이데올로기를 피지배계급이 수용하여 사회 전체의 지배 이데올로기가 되도록 하는 데 성공했기 때문이다(Althusser 1971; Abercrombie et al. 1980; Therborn 1980). 그렇게 지배계급은 기존의 계급 역학관계와 함께 자원의 분배·재분배 구조를 유지하며 불평등을 재생산한다. 하지만, 지배계급의 이데올로기 전략이 실패하면 현재의 계급 역학관계와 함께 자원의 분배·재분배 구조도 변화의 압박을 받게 된다.

지배계급의 이데올로기 전략이 성공하면 피지배자들이 지배계급의 이익을 사회의 보편 이익으로 수용하고 지배 질서를 내면화하게 된다. 이러한 이데올로기 전략은 국가와 지배계급이 노동자 등 피지배자를 특정한 방식으로 '이데올로기적 호명ideological interpellation'하는 과정을 통해 일상적으로 실천된다. 이데올로기적 호명은 피호명자를 호명자가 규정한 사회적 관계 속에 위치 지우며 그러한 사회 질서 속으로 끌어들인다.

예컨대 백화점에서 서비스 노동자가 고객을 "고객님!"이라 부르는 순간 고객은 왕처럼 군림할 수 있게 된다. 한편, 자동차 공장에서 정규직 노동자가 지나가는 사내 하청 비정규직 노동자에게 "어이 하청!" 하고 부를 때 걸음을 멈추고 돌아보며 호응하는 순간, 그는 방금 식사를 마친 정규직 노동자가 흡연과 잡담을 마친 뒤 족구를 즐길 수 있도록 주전자에 물을 받아와서 공터 바닥에 경기장 라인을 그어줘야 한다. 이렇게 이데올로기적 호명은 호명자와 피호명자 사이의 사회적 관계와 각자의 위치·역할을 확인해주고 사회 질서의 지시와 요구를 수용하게 한다. 그 과정에서 피호명자는 불평등 체제의 지배 이데올로기를 내면화하며 불평등한 분배·재분배 구조를 수용하게 된다.

불평등 이데올로기의 세 가지 기본 명제

테르보른(Therborn 1980)은 자본주의 사회에서 지배계급의 이데올로기를 지배 이데올로기로 만드는 이데올로기적 호명 과정을 세 양식(3 modes of ideological interpellation)으로 설명한다. 이들은 단계적으로 작동한다.

첫째, "무엇이 존재하는가what exists." 지배계급은 풍요, 평등, 자유 등 사회 질서의 긍정적 측면을 부각하여 각인시키는 반면 빈곤, 착취, 억압, 불평등 같은 부정적 요소들은 은폐하여 존재하지 않는 것처럼 만든다.

둘째, "무엇이 정당한가what is good." 지배계급이 사회 질서에 부정적 요소들이 있음을 인정해야 한다면, 이를 정당화한다. 피해받는 사회 구성원들을 부적격자이고 실패자라고 주장함으로써 사회 구조나 사회 질서가 아니라 피해자들이 비난의 대상이 되게 한다.

셋째, "무엇이 가능한가what is possible." 사회 질서의 부정적 요소들을 정당화하지 못하고 불의와 부당함을 인정해야 한다면, 지배계급은 그래도 대안은 없다고 주장한다. 보다 더 정당하고 정의로운 사회 질서는 현실 세계에서, 적어도 현시점엔 가능하지 않다고 주장해서 피지배자들이 지배 질서를 수용하게 한다.

불평등 문제에도 테르보른이 제시한 이데올로기적 호명의 세 양식을 적용할 수 있다. 지배계급은 불평등 사회의 최대 수혜자로서 불평등 체제가 지속 혹은 강화되는 것이 자신의 이해관계에 부합하기 때문에 변화를 원하지 않는다. 따라서 지배계급은 자신의 이해관계를 보호하기 위해 피지배자들이 지배계급의 이데올로기와 함께 불평등 체제를 수용하도록 이데올로기적 호명을 실천한다.

지배계급 이데올로기가 수행해야 할 세 가지 과제가 있다. 세 과제는 지배계급 이해관계를 반영하는 이데올로기적 호명의 기본 명제를 구성한다. 이 이데올로기 전략이 성공하면 피지배계급을 포함한 전체 사회 구성원들이 불평등 체제와 각자의 위치·역할을 수용하게 됨으로써 불평등 체제는 안정적으로 유지될 수 있다.

지배계급 이데올로기의 세 기본 명제와 과제들은 다음과 같이 정리될 수 있다(표 5.1).

(1) 제1명제는 "불평등은 없다"인데, 불평등 실대 영역의 불평등 현상 은폐 과제를 수행하기 위해 불평등 부재, 불평등 경미, 불평등 완화 추세 등 세 가지 하위 명제들을 확산시킨다.

(2) 제2명제는 "불평등이 있다 하더라도, 불평등은 정당하다"인데, 불평등 결과의 영역이다. 여기서 불평등 체제 정당화 과제를 수행하기 위해 불평등 낙수효과, 불평등 순기능, 상승 이동 기회 보장 등 세 가지 하위 명제들을 확산시킨다.

(3) 제3명제는 "불평등이 정당화될 수 없다 하더라도, 대안적 평등 사회는 실현 불가능하다"인데, 대안의 영역이다. 평등 사회 대안 부정 과제를 수행하기 위해 평등 사회 대안 부재, 평등 사회 이행 불가 등 두 가지 하위 명제들을 확산시킨다.

불평등 이데올로기의 논리 검증하기

불평등 이데올로기의 세 가지 기본 명제들과 여덟 가지 하위 명제들은 이데올로기적 호명 과정에서 단계적으로 작동한다. 불평등 이데올로기가 제1명제의 첫 번째 하위 명제에서 제3명제의 두 번째 하위 명제에 이르기까지 여덟 단계에서 모두 실패해야 평등 사회로 이행할 가능성이 열린다. 지배계급에게 이행 가능성을 저지할 수 있는 기회가 적어도 여덟 번이나 주어지는 것이다.

세 가지 기본 명제를 중심으로 단계적 작동 방식을 확인할 수 있다. 각 단계에서 지배계급의 이데올로기적 호명이 성공한다는 것은 피지배자가 지배계급의 불평등 이데올로기를 수용하고 있음을 의미한다.

"불평등은 없다"는 제1명제를 피지배자가 수용하면, 불평등은 의제화조차 될 수 없으며 불평등 체제는 안정적으로 유지된다. 이 경우 제2명제나 제3명제의 수용 여부는 큰 의미를 지닐 수 없다.

하지만 제1명제를 피지배자가 거부하면, 제2명제의 수용 여부가 중요하게 된다. 피지배자가 제1명제를 거부하고 "불평등은 정당하다"는 제2명제를 수용하면, 불평등이 존재하지만 정당한 현상으로 인정되기 때문에 불평등 체제는 안정성을 확보할 수 있다. 불평등 체제의 정당성을 부정하는 사건이 발생하지 않는 한 안정적으로 유지될 수 있다.

피지배자가 제1명제 뿐만 아니라 제2명제도 거부하면, 불평등 체제의 안정성 여부는 제3명제의 수용 여부에 의해 좌우된다. 이 경우 피지배자가 제3명제 "대안적 평등 사회는 실현 불가능하다"를 수용하면, 피지배자는 평등 사회 이행을 포기하고 체념의 정서 속

〈표 5.1〉 지배계급 이데올로기의 구조

영역	지배계급 이데올로기	과제	하위 명제
불평등 실태	불평등은 없다	불평등 현상 은폐	① 불평등 부재/ ② 불평등 수준 경미/ ③ 불평등 완화 추세
불평등 결과	불평등은 정당하다	불평등 체제 정당화	④ 불평등 낙수효과/ ⑤ 불평등 순기능/ ⑥ 상승이동 기회 보장
평등 사회 대안	대안적 평등 사회는 실현 불가능하다	평등 사회 대안 부정	⑦ 평등사회 대안 부재/ ⑧ 평등사회 이행 불가

에서 불평등 체제를 현실적으로 수용하게 된다. 이를 극복할 특별한 계기가 발생하지 않는 한, 불평등 체제는 안정적으로 유지된다.

하지만 피지배자가 제1명제와 제2명제에 이어 제3명제까지 거부한다면, 불평등 체제는 지속되기 어렵고 평등 사회로의 이행은 현실적 가능성이 된다. 지배계급의 불평등 이데올로기가 완벽하게 실패한 것이다.

이하에서는 불평등 이데올로기의 세 기본 명제들과 하위 명제들을 차례로 검증한다. 지배계급 이데올로기가 이데올로기적 호명의 각 단계에서 성공 혹은 실패하는지 분석하여 불평등 관련 이데올로기 투쟁이 현재 어느 단계에서 각축하고 있는지 확인하고자 한다.

한국인의 불평등 현상에 대한 인식 정도를 스웨덴, 독일, 스페인, 미국과 비교하기 위해 설문조사 자료들을 분석한다. 불평등 관련 인식의 국가 간 비교 작업에 가장 유용한 자료는 10년 단위로 실시되는 국제사회조사프로그램ISSP의 사회적 불평등 관련 국제 비교 조사다. 2019년 조사에는 스페인과 한국이 불참했기 때문에 한국과 서구 4개국이 모두 참여한 2009년 조사 자료를 중심으로 분석하되, 국제 비교 가능한 다른 조사 자료 혹은 한국인의 인식 변화를 보여주는 조사 자료도 활용한다.

국제 비교가 가능한 문항들 가운데 세 개 기본 명제들의 여덟 개 하위 명제들을 검증할 수 있는 문항들을 선별하여 분석한다. 이 설문조사들은 이 책의 여덟 개 하위 명제 검증을 위해 설계된 조사 연구가 아니기 때문에 엄밀하게 여덟 개 하위 명제들을 검증하는 데 한계가 있지만, 최대한 관련 하위 명제를 직접 혹은 간접적으로 측정한 문항들을 선별하고자 했다.

6장. 불평등은 없다, 별것 아니다?

한국 사회의 불평등 수준은 여타 선진 자본주의 국가들보다 심각하고, 불평등은 심화되어 왔고, 심화 추세는 지속될 가능성이 크다는 사실은 이미 확인된 바 있다(제2장 참조). 그렇다면 한국인은 불평등 문제가 심각하다고 보는가? 아니면, 별것 아니라고 인식하고 있는가?

불평등 체제 관련 지배계급 이데올로기의 제1명제 "불평등은 없다"가 한국 사회의 지배 이데올로기로 되었는지를 검증하기 위해 다음 세 개의 하위 명제들을 검토해야 한다.

① 불평등 부재 명제: 불평등은 존재하지 않는다.

② 불평등 수준 경미 명제: 불평등이 존재하더라도 불평등 정도는 심각하지 않다.

③ 불평등 완화 추세 명제: 불평등 정도가 심각하더라도 완화된다.

국제 불평등 인식 조사

현재 한국 사회는 경제협력개발기구OECD 국가들 가운데 가장 불평등한 국가군에 속할 정도로 심각한 수준이다. 한국 사회의 불평등은 완화되지 않고 속도가 다소 둔화되기는 했으나 꾸준히 악화되고 있으며, 선진 자본주의 국가들 가운데 가장 불평등한 미국에 근접하고 있다.

한국인의 89.5%는 한국 사회의 소득 차이가 너무 크다는 데 동의한 반면, 그렇지 않다는 의견은 3.8%에 불과했다. 소득 격차가 크다는 데 대한 찬성-반대 의견 차이는 85.7%로 매우 높은 반면, 한국과 불평등 정도가 비슷한 미국은 45.4%로 매우 낮게 나타났다(표 6.1).

〈표 6.1〉 불평등 인식 정도 국제 비교: "(한국의) 소득 차이는 너무 크다"

소득 차이 너무 크다 (2009)	스웨덴	독일	스페인	미국	한국
① 매우/다소 찬성	71.1%	86.0%	89.7%	62.3%	89.5%
② 찬성도 반대도 아님	16.7%	6.2%	4.7%	17.4%	6.7%
③ 매우/다소 반대	9.5%	5.1%	4.0%	16.9%	3.8%
무응답	2.7%	2.8%	1.7%	3.5%	
합계	100%	100%	100%	100%	100.0%
사례 수	1137	1395	1214	1581	1588
①-③ [찬성-반대] (%)	61.6%	80.9%	85.7%	45.4%	85.7%
불평등 정도					
[세전] 소득 상위 10% 소득 점유율(2009년)*	30.3%	37.2%	35.9%	42.6%	45.7%

* 소득 상위 10% 소득 집단의 국민소득 점유율(세전 기준): WID(https://wid.world/)에서 산출했음.
자료: ISSP 2009년 사회불평등조사.

각국 시민들의 소득 불평등 인식 수준은 대체로 자국의 소득 불평등 정도를 반영하는데, 한국과 스페인의 경우 불평등 수준을 매우 심각하게 인식하는 반면 스웨덴인은 상대적으로 낮은 불평등 수준을 반영하여 소득 격차를 심각하게 보는 비율이 여타 국가들에 비해 더 낮다. 한편, 미국은 선진 자본주의 국가들 가운데 가장 불평등한 나라로서 가장 평등한 스웨덴의 대척점에 서 있음에도, 미국인은 스웨덴인보다 자국의 소득 격차를 훨씬 덜 심각하게 평가한다. 그런 점에서 소득 불평등의 심각성에 대한 미국인의 낮은 문제 인식은 불평등이 존재하지 않거나 존재하더라도 심각한 수준이 아니라는 지배계급 이데올로기가 저소득 피지배자들에게도 널리 확산되어 지배 이데올로기로 되는 데 상대적으로 성공했음을 의미한다.

피라미드형과 다이아몬드형

사회의 위계 구조를 다섯 개로 유형화하여 시민들로 하여금 자국 사회와 가장 가까운 유형을 선택하도록 했다. '유형 A'는 소수의 상층 엘리트와 극소수의 중간층 그리고 대다수의 최하층으로 구성된 사회, '유형 B'는 피라미드 형태로 소수의 상층 엘리트, 더 많은 중간층과 가장 많은 하층으로 구성된 사회, '유형 C'는 피라미드 형태이나 최하층이 비교적 적은 사회, '유형 D'는 중간층이 가장 많은 사회, '유형 E'는 다수의 상층과 점점 적어지는 하층으로 구성된 사회다.

시민들은 모두 자국 사회와 가장 가까운 위계 구조로 전형적 피라미드형인 유형 B를 선택했고, 스웨덴만 예외적으로 유형 D를 선택했다(표 6.2). 스웨덴이 37.9%로 가장 많이 선택한 유형 D는 중간층의 규모가 큰 이상적인 다이아몬드형 사회였고, 미국은 26.5%로 뒤를 이었다. 시민들이 인식하는 자국의 사회 위계 구조는 대체로 해당 국가의 불평등 구조를 반영하는데, 미국만 예외적으로 자국 사회를 실제보다 훨씬 덜 불평등한 위계 구조로 인식하는 것으로 나타났다.

위계 구조 유형이 다양하지만 다이아몬드형과 피라미드형으로 대별된다. 다이아몬드형은 D·E 유형에 해당하며, 자기 몫을 버는 중간층의 규모가 큰 사회 구조인데, 대략 인구의 절반 정도가 중간층에 속하고, 나머지 절반은 자기 몫보다 더 많이 버는 상위층과 자기 몫보다 더 적게 버는 하위층이 규모가 비슷하게 반반으로 나뉜다. 반면, 피라미드형은 중간층 규모가 구의 절반에 훨씬 못 미치며 상위층 규모가 작고 하위층 규모가 큰 사회 구조다.

사회 위계 구조를 피라미드형과 다이아몬드형으로 나눠보면, 모든 국가에서 자국의 위계 구조는 피라미드형에 가깝다고 답변했으며, 스웨덴도 예외가 아니다. 자국 사회의 위계 구조를 피라미드형으로 보는 비율은 한국과 스페인이 각각 79.8%와 79.4%로 가장 높다. 한편 스웨덴은 피라미드형으로 보는 비율이 60.2%로 가장 낮은데. 미국이 70.7%로 그 뒤를 이었다.

시민들이 주관적으로 느끼는 불평등 정도와 객관적 지표로 확인되는 불평등 정도는 매우 유사한 것으로 나타났다. 한국인의 사회 위계 구조 인식은 심각한 불평등 현실을 잘 반영하고, 스페인과 독일도 마찬가지다(표 6.1). 스웨덴인이 자국의 위계 구조를 피라미드형으로 인식하는 비율이 낮은 것은 스웨덴이 상대적으로 덜 불평등한 사회라는 현실을 반영한다(표 6.2).

반면, 미국은 예외적으로 자국 사회의 불평등 수준을 실제보다

〈표 6.2〉 현재 사회 위계 구조 유형에 대한 시각: 다섯 유형 범주 및 두 유형 범주 축약

현재 사회 유형	모양	스웨덴	독일	스페인	미국	한국
유형 A 양극화		7.1%	18.1%	16.7%	16.6%	18.6%
유형 B 피라미드형		23.3%	34.8%	41.1%	39.6%	35.3%
유형 C 하층 작은 피라미드		29.8%	23.8%	21.6%	14.5%	25.9%
유형 D 중간층 큰 다이아몬드		37.9%	19.2%	17.0%	26.5%	14.8%
유형 E 중상층 큰 다이아몬드		1.9%	4.2%	3.6%	2.8%	5.5%
합계		100.0%	100.0%	100.0%	100.0%	100.0%
사례 수		1078	1246	1103	1170	1584
두 유형 축약						
피라미드형 (A·B·C)		60.2%	76.7%	79.4%	70.7%	79.8%
다이아몬드형 (D·E)		39.8%	23.4%	20.6%	29.3%	20.3%
합계		100.0%	100.0%	100.0%	100.0%	100.0%

자료: ISSP 2009년 사회불평등조사.

덜 심각하게 인식하는 것으로 나타났다. 이는 미국의 경우 지배계급 이데올로기의 영향력으로 불평등 현상의 존재와 문제의 심각성이 사회적으로 의제화되지 못한 결과라 할 수 있으며, 그 점에서 지배계급의 이데올로기 전략은 미국에서 매우 성공적이라고 평가할 수 있다. 미국에서 지배계급 이데올로기가 위력을 발휘한다는 것은 이것이 시장·자본에 의한 지배의 결과인 동시에 시장·자본의 지배를 재생산하면서 강화하는 메커니즘으로도 작용하고 있음을 의미한다.

소득 격차는 여전히 너무 크다

한국인의 소득 불평등 인식의 시기별 추이를 보면 소득 불평등이 심각하다는 인식 수준에는 별다른 변화가 없었다. 소득 격차가 너무 크다는 데 찬성하는 의견은 2003년 이래 지난 20년 동안 작은 부침은 있지만 90% 안팎의 높은 수준을 유지했는데, 반대 의견은 3% 안팎에 불과했다. 그래서 소득 격차가 크다는 의견에 대한 찬성-반대 비율의 격차는 85% 안팎으로 높게 유지되고 있다(표 6.3).

스웨덴, 독일, 미국은 2009년에 이어 2019년에도 ISSP 사회불평등조사에 참여했는데, 이들 3개국의 소득 격차 인식 변화를 보면 큰 변화를 겪은 미국을 제외하면 소폭의 변화들만 나타났다. 이러한 소득 격차 인식의 변화 양상은 소득 불평등의 객관적 지표 변화를 일정 정도 반영한다(표 6.4).

2009년과 2019년 사이, 소득 차이가 너무 크다는 의견에 대한 찬성-반대 비율 격차는 미국의 경우 17.4% 포인트만큼 큰 폭으로

〈표 6.3〉 한국인의 소득 격차 인식 수준의 변화 추이

소득 차이 너무 크다	2003년	2009년	2011년	2014년	2023년
① 매우/다소 찬성	93.3%	89.5%	84.5%	88.8%	87.7%
② 찬성도 반대도 아님	4.9%	6.7%	11.5%	8.9%	10.2%
③ 매우/다소 반대	1.8%	3.8%	3.9%	2.4%	2.1%
합계	100.0%	100.0%	100.0%	100.0%	100.0%
찬성-반대 비교					
①-③ [찬성-반대] (%)	91.5%	85.7%	80.6%	86.4%	85.6%
①/③ [찬성/반대] (배수)	51.83	23.55	21.67	37.00	41.76

자료: 2003~2014년, 한국종합사회조사(KGSS 2023) <표2312>에서 산출함;
2023년, 노회찬재단·한국비정규노동센터(2023).

상승했고, 스웨덴은 2.2% 포인트 하락했다. 미국인의 소득 격차 심각성 인식 수준의 상승은 미국의 불평등 심화 추세를 반영하고, 스웨덴인의 소득 격차 심각성 인식 수준의 하락은 스웨덴의 불평등 완화 추세를 반영한다.

한편 한국은 상위 10%의 점유율이 2009~2019년 사이 0.8% 포인트만큼 소폭 상승했는데, 한국인의 소득 격차 심각성 인식 수준은 별다른 변화 없이 찬성-반대 격차 85~86%를 유지하고 있다. 결국 실제 소득 불평등이 완화된 스웨덴을 제외하면 한국 등 다른 국가들에선 소득 격차의 심각성이 완화되고 있다는 시민 인식의 변화 징후는 없다.

한국방송공사KBS의 2018년 조사에서 시민들은 대체로 향후 10년 동안 한국 사회의 불평등 수준이 개선되지 않고 더 악화될 것으로 전망하는 것으로 나타났다(표 6.5). "부의 불평등 문제가 현재보다 심각해질 것이다"라고 전망한 비율은 59.8%로서 "부의 불평

〈표 6.4〉 소득 격차 인식 수준의 변화 추이: 국제 비교

소득 차이 너무 크다 [2019]	스웨덴	독일	미국	한국 [2023]
① 매우/다소 찬성	69.5%	91.5%	72.9%	87.7%
② 찬성도 반대도 아님	20.3%	4.9%	17.0%	10.2%
③ 매우/다소 반대	10.1%	3.5%	10.1%	2.1%
합계	100.0%	100.0%	100.0%	100.0%
[찬성-반대] ①-③ (%)				
2009년	61.6%	80.9%	45.4%	85.7%
2019년	59.4%	88.0%	62.8%	85.6%
2009~19년 증감	-2.2%	7.1%	17.4%	-0.1%
소득 상위 10% 소득 점유율				
2009년	30.3%	37.2%	42.6%	45.7%
2019년	29.6%	37.2%	45.5%	46.5%
2009~19년 증감	-0.7%	0.0%	2.9%	0.8%

자료: 불평등 인식은 ISSP 2009년/2019년 사회불평등조사, 소득 상위 10% 소득 점유율은 WID.
한국(2023)은 노회찬재단·한국비정규노동센터(2023).

〈표 6.5〉 한국인의 불평등 변화 전망, 2018년: "귀하께서는 현재와 비교했을 때 10년 후 우리 사회의 부의 불평등 문제가 어떻게 변화될 것으로 생각하십니까?"

문 3. 부의 불평등 수준 전망		사례 수	퍼센트
유효	① 부의 불평등 문제가 현재보다 심각해질 것이다	940	59.8
	② 부의 불평등 문제가 현재와 비슷할 것이다	498	31.7
	③ 부의 불평등 문제가 현재보다 개선될 것이다	133	8.5
	합계	1571	100.0

자료: KBS(2018)

등 문제가 현재보다 개선될 것이다"라고 본 8.5%의 7배에 달했다.

한국인의 불평등 완화 인식은 2003년과 2023년 사이 불평등 실태 인식 조사는 물론 2018년 KBS의 불평등 변화 전망 인식 조사에서도 찾을 수 없다. 이는 지배계급 이데올로기가 불평등이 없다거나 수준이 경미하다는 명제를 사회적으로 확산시키는 데 실패했음을 의미한다.

지배계급 이데올로기의 실패

시민들은 우리 사회가 사회 경제적 불평등이 존재할 뿐만 아니라 소득 격차가 크고 피라미드형 위계 구조를 지닌 것으로 인식한다. 한국은 스페인과 함께 소득 불평등 수준을 매우 심각하게 인식하는 반면, 미국과 스웨덴은 불평등 문제를 덜 심각하게 인식한다. 이렇게 우리 사회에서 불평등이 없다거나 수준이 경미하다는 두 개의 명제는 명백하게 거부되고 있다.

우리 사회의 소득 격차가 심각하다는 시민 인식은 지난 20년 동안 큰 변화 없이 매우 높은 수준을 유지하고 있다. 또한 시민들의 절대다수는 향후 10년 동안 불평등 문제가 더 심각해질 것으로 전망한다. 이처럼 시민들은 우리 사회의 불평등 완화 추세 명제도 거부한다.

불평등 은폐 과제를 수행하는 지배계급 이데올로기의 하위 명제들은 모두 실패한 것으로 판명되었다(표 6.6). 시민들은 우리 사회의 불평등 수준이 심각하며 꾸준히 악화될 것으로 전망한다. 이러한 인식은 우리 사회의 심각한 불평등 실태를 반영하는 반면,

불평등 심화 전망은 객관적 근거에 기초하기보다 불평등이 기대와 달리 완화되지 않은 데 대한 불만을 더 크게 반영하는 것으로 해석된다.

〈표 6.6〉 지배계급 이데올로기 하위 명제 검증: 불평등 현상 은폐 과제

하위 명제	검증 결과		[참조] 미국 사회
	불평등 현상	사회적 인식	
불평등 부재	불평등 존재	불평등 존재 인식	불평등 존재 인식
불평등 수준 경미	불평등 심각	심각성 인식	심각성 인식 미약
불평등 완화 추세	불평등 심화 추세	심화 추세 인식	미검증

7장. 불평등 있어도, 정당하다?

한국인은 불평등 수준이 심각할 뿐만 아니라 향후 심화될 것으로 생각한다(제6장 참조). 불평등은 존재하고 그 수준이 심각하다면, 불평등 현상은 정당하다고 믿는가? 아니면 정당화될 수 없다고 보는가?

불평등 체제 관련 지배계급 이데올로기의 제2명제 "불평등이 있다 하더라도, 불평등은 정당하다"가 한국 사회의 지배 이데올로기로 되었는지를 검증하기 위해 세 개의 하위 명제를 검토해야 한다.

① 불평등 낙수효과 명제: 불평등은 낙수효과를 통해 저소득층·피지배계급을 포함한 사회 구성원 모두가 풍요의 혜택을 누릴 수 있게 한다.

② 불평등 순기능 명제: 불평등은 자원 배분에서 저소득층·피지배계급에 대한 낙수효과가 없더라도 전체 사회 차원에서 순기능을 발휘하여 경제적 효율성과 사회적 통합에 기여한다.

③ 상승 이동 기회 보장 명제: 불평등 체제에서 불이익을 받는 사람들을 포함하여 모든 사회 구성원에게 상승 이동 기회가 보편적으로 보장되기 때문에 불이익을 받는 사람은 불평등 구조의 피해자가 아니라 기회를 활용하지 못한 무능한 패배자다.

불평등 피해와 낙수효과

피케티는 자산 수익률이 국민소득 증가율을 상회하는 r 〉g 부등식을 유지하여 자본에 유리한 소득 분배율을 보장함으로써 소득 불평등을 구조화하는 자본주의 메커니즘을 잘 보여주었다. 한국은 자본소득 분배율이 서구 선진 자본주의 국가들보다 더 높아서 노동자들에게 국민소득의 낙수효과가 주어졌을 가능성이 상대적으로 더 작다(표 2.1 참조). 사회적 약자를 위한 낙수효과가 있다면, 자본-노동 소득 분배율의 다른 한 축인 노동자들이 낙수효과를 느낄 수 있어야 한다.

ISSP 2009년 조사에서 한국 중하층은 한국 사회의 소득 차이가 너무 크다는 의견에 찬성하는 비율이 91.8%로서 중상층의 88.9%보다 2.9% 포인트 더 높게 나타났다(표 7.1). 다른 국가들에서도 소득 격차 심각성 인식 비율이 중상층보다 중하층에서 더 높게 나타났는데, 이는 중하층이 소득 불평등의 피해자고 중상층은 수혜자이기 때문이다. 중하층과 중상층의 인식 차이는 스웨덴에서 가장 크게 나타난 반면, 한국에서는 두 계층의 인식 차이가 서구 국가들보다 더 작게 나타났다. 이는 찬성 비율이 두 계층 모두

〈표 7.1〉 국가별 계층별 찬성 비율: "(한국의) 소득 차이는 너무 크다"

	① 중하층*	② 중상층*	전체	①-②
1.00 스웨덴	87.1%	64.6%	73.1%	22.5%
2.00 독일	95.3%	85.7%	88.4%	9.6%
3.00 스페인	92.5%	89.0%	91.2%	3.5%
4.00 미국	70.3%	58.5%	64.6%	11.8%
5.00 한국	91.8%	88.9%	90.2%	2.9%

* 계층 구분은 주관적 정체성에 기초했으며, 중하층은 하층 계급, 노동계급, 중하 계급을 포괄한 범주이며, 중상층은 중간 계급, 중상 계급, 상층 계급을 포괄한 범주임. 문항은 '계급' 용어를 사용했으나 '계층'으로 명명한 것은 계층은 등급의 개념인 반면 계급은 관계의 개념인데, 본 설문 문항은 등급 기준으로 설계되었기 때문임.
자료: ISSP 2009년 사회불평등조사.

90% 수준으로 높게 나타나서 큰 격차를 보이기 쉽지 않다는 점과 중하층의 구심점을 형성하는 노동계급의 계급 형성이 유럽 국가들보다 덜 진전된 탓으로 해석될 수 있다.

한국 사회에서 자신의 능력·노력에 비해 소득이 더 적다고 생각하는 사람은 51.0%에 달하여 소득이 더 많다는 비율 5.0%의 10배나 된다(표 7.2). 자신의 능력·노력에 비해 더 적게 번다고 생각하는 사람은 자신의 몫을 고소득층·지배계급이 가져간다고 판단하는 것이다. 이들은 주로 임금 노동자로 구성되어 있는데, 이들이 경험한 소득 분배의 불공정성의 핵심은 높은 자본소득 분배율이기 때문에 낙수효과 없는 보상 체계의 착취 효과라 할 수 있다.

노동자들의 노동 조건은 각국의 1인당 GDP 같은 경제적 풍요 수준이 아니라 소득 분배 불평등 정도에 상응하는 것으로 나타났다(표 7.3). 연간 실노동 시간을 보면 소득 분배가 상대적으로 더 평등한 독일과 스웨덴이 각각 1306시간과 1406시간으로 짧은 반

〈표 7.2〉 능력·노력 대비 자신의 소득 수준 적절성 평가:
"귀하의 능력이나 노력에 비추어 볼 때 귀하의 소득은 어떻다고 생각하십니까?"

	스웨덴	독일	스페인	미국	한국
① 내가 마땅히 받아야 하는 것보다 훨씬/약간 더 적다	60.9%	49.7%	59.1%	47.0%	51.0%
② 내가 마땅히 받아야 하는 것만큼 받고 있다	35.7%	46.8%	37.2%	44.9%	43.9%
③ 내가 마땅히 받아야 하는 것보다 훨씬/약간 더 많다	3.4%	3.5%	3.8%	8.1%	5.0%
①-③	57.5%	46.2%	55.3%	38.9%	46.0%

자료: ISSP 2009년 사회불평등조사.

면, 소득 불평등이 심각한 미국은 1802시간으로 매우 긴데, 한국은 1928시간으로 미국보다도 더 장시간 노동을 한다. 중대 재해 사망률을 노동자 10만 명당 사망자 숫자로 측정해보면, 독일과 스웨덴은 각각 0.7명과 0.8명에 불과하지만, 미국은 5.2명으로 7배 정도로 많은데, 한국은 4.3명으로 미국에 더 가깝다.

〈표 7.3〉 노동 조건 국제 비교

	연간 실노동 시간 (시간, 2021)	중대 재해 사망률 (10만 명당 인수, 2021)	세계노동인권지수 (등급, 2022)
스웨덴	1406	0.8	1
독일	1306	0.7	1
스페인	1564	2.1	2
미국	1802	5.2	4
한국	1928	4.3	5

* 중대 재해 사망률 기준 연도는 독일, 스페인 2020년, 미국 2018년.
자료: 노동 시간, 경제협력개발기구(OECD) 통계; 중대 재해 사망률, 국제노동기구(ILO) 통계; 노동인권지수, 국제노동조합총연맹(ITUC, 2022).

한편, 노동인권 보호 수준을 국제노동조합총연맹ITUC이 개발한 세계노동인권지수global rights index로 비교해보면, 스웨덴과 독일은 노동인권 보장 최우수 국가군에 해당하는 1등급 국가 9개국에 포함되어 노동인권을 모범적으로 보호하고 있는 것으로 평가된다. 스페인은 노동인권 보장 우수 2등급 27개국 가운데 하나로 평가된 반면, 미국은 노동인권의 체계적 침해 국가군 4등급 39개국 가운데 하나로 평가되었다. 한국은 방글라데시, 중국, 아이티, 필리핀 등과 함께 노동인권 보장이 안 되는 국가군 5등급 34개국 가운데 하나로 평가되어 미국보다도 더 열악하다.

이처럼 한국 사회의 물질적 자원 배분이 불평등할수록 노동조건이나 노동인권 보호 수준이 더 열악해서, 불평등한 국가일수록 사회적 약자를 위한 낙수효과를 기대하기 더 어려운 것으로 확인되고 있다.[8]

불평등의 사회적 비용과 순기능

전체 사회에 대한 순기능 효과는 경제적 효율성과 사회적 통합에 대한 기여 정도로 평가될 수 있다.

경제적 효율성은 경제적 풍요 수준과 위기 대처 능력으로 평가될 수 있다. 경제적 풍요 수준을 2010년대 연평균 1인당 GDP 기준으로 보면, 미국이 5만 6000달러로 가장 앞서고 그 뒤를 스웨덴과 독일이 잇는다(표 7.4 참조). 미국은 스페인·한국보다 2만

8 분배의 불평등과 열악한 노동 조건 사이에 인과 관계가 존재하는 것이 아니라, 양자는 모두 공통된 제3의 변인, 즉 노동계급 계급 형성의 결과라 할 수 있다.

달러 정도 더 높고, 스웨덴·독일과의 격차는 1만 달러 이내인데, 1000만 명을 훨씬 초과하는 불법 체류자 숫자[9]를 고려하면 미국과 다른 나라들과의 격차는 훨씬 더 작아진다.

경제적 효율성은 경제적 풍요 수준보다 시장경제 모델의 경제 위기 상황에 대한 대처 능력에서 더 잘 발현된다. 2008~09년 세계 금융 위기하에서 한국은 별로 타격을 입지 않았지만 서구 자본주의 4개국은 모두 마이너스 성장을 기록했다.

스웨덴은 경제 위기를 맞아 2008~09년 연평균 성장률 −2.871%로 서구 4개국 가운데 가장 크게 타격을 입은 반면 스페인과 미국은 상대적으로 타격을 덜 받았다. 하지만 2010~14년 시기에 스페인은 여전히 마이너스 성장률을 벗어나지 못했고, 다른 서구 3국은 모두 2%대의 연평균 실질 성장률을 회복했다. 스웨덴은 2010~14년 연평균 실질 GDP 성장률 2.375%로 스페인은 물론 미국이나 독일보다도 더 높은 경제 성장률을 기록했다. 스웨덴은 다른 서구 3국에 비해 경제 위기 타격을 가장 심하게 받았지만 경제 위기를 가장 효과적으로 잘 극복하며 시장경제 모델의 효율성을 과시했다.

경제 위기 대처 능력과 경제적 풍요 수준을 종합하면, 스웨덴이 위기 대처 능력의 확실한 우위로 경제적 효율성에서 미국을 다소 앞서는 것으로 해석된다.

불평등 체제가 자원 배분에서 피해자를 발생시키더라도 사회 통합에 기여하는 순기능을 수행하고 있다면 지표들로 확인되어야 한다. 유아 사망자 수와 수감자 수는 사회 문제의 심각성을 반

9 미국의 비영리 조사 기관인 퓨리서치센터(PEW research center) 홈페이지(https://www.pewresearch.org/)를 참조할 것.

〈표 7.4〉 시장경제 모델의 경제적 효율성 지표 비교

기간	스웨덴	독일	스페인	미국	한국
세계 금융 위기 전후 국가별 연평균 실질 GDP 성장률(%)〉*					
1998~2007	3.475	1.675	3.898	3.037	4.9115
2005~2007	3.637	2.556	3.889	2.597	4.854
2008~2009	-2.871	-2.269	-1.229	-1.534	1.769
2010~2014	2.375	2.009	-0.783	2.055	3.735
2010년대 연평균 1인당 GDP(미국 달러)*					
2010년대	48,536	47,969	35,559	56,098	37,189

* 연평균 GDP 성장률은 전년 대비 실질 성장률을 의미하고, 1인당 GDP는 미국 달러 기준임.
자료: OECD(http://stats.oecd.org/).

영하는 지표들인데, 선진 자본주의 시장경제 모델 전형 국가들 가운데 스웨덴과 미국이 대척점을 이룬다. 유아 사망자 수는 미국이 1000명당 5.8명으로 스웨덴 2.0명의 3배에 달하고, 수감자 숫자는 미국이 인구 10만 명당 639명으로 스웨덴 63명의 10배에 달한다(표 7.5).

미국과 스웨덴 모두 1인당 국민소득이 세계 최고 수준이지만, 미국이 선진 자본주의 국가들 가운데 가장 불평등한 국가군에 속하고 스웨덴은 가장 평등한 국가군에 속한다. 유아 사망률이나 수감자 비율 같은 사회적 지표들이 개별 국가의 경제적 풍요 수준이 아니라 불평등 수준에 의해 좌우되고 있음을 확인할 수 있다. 한국은 독일·스페인과 함께 유아 사망률과 수감자 비율에서 미국보다 스웨덴에 더 가깝다. 미국의 극단적인 사회적 폐해 양상은 상대적으로 심각한 불평등 수준의 직접적인 산물인 동시에 인종 갈등 등 불평등과 연관된 전반적 사회 통합 실패의 결과도 반영한다.

불평등으로 인한 사회적 문제의 폐해는 고소득층 지배계급보다 저소득층 피지배계급에 더 집중된다. 건강 불평등뿐만 아니라 심지어는 자연적·사회적 재난의 피해나 기후 위기의 피해도 불평등하게 저소득층 피지배계급에 더 집중되어 나타나는 사실은 경험적으로도 확인된 바 있다(윤태호 2022; 이은환·김욱 2023; 최규진 2023).

불평등으로 인한 사회 통합 실패는 사회 문제 지표뿐만 아니라 사회적 갈등 정도에서도 확인될 수 있다. 불평등 분배의 피해자들은 불평등 현상과 그로 인한 사회적 폐해에 불만을 갖게 된

〈표 7.5〉 국가별 사회 통합 지표 비교(2019년 기준)

구분	스웨덴	독일	스페인	미국	한국	유럽 연합 15국	비고
불평등 정도							
[세전] 소득 상위 10% 소득 점유율	0.302	0.374	0.347	0.452	0.464		2019년
[세후] 가처분소득 배수(9분위/1분위)	3.4	3.6*	4.8	6.3	5.2		2019년
사회적 폐해							
유아 사망자 수 (1000명당)	2.0	3.2	2.7	5.8**	2.8		2018년
감옥 수감자 수 (10만 명당)	78	97	143	738		109	2005년
감옥 수감자 수 (10만 명당)	63	69		639	105		2021년

* 2018년 기준, ** 2017년 기준.

자료: WID, 경제협력개발기구(https://stats.oecd.org/), 조돈문(2016: 43), 신광영(2021).

다. 이러한 불만이 축적되면 평등하고 공정한 분배·재분배라는 사회적 요구로 표출되고, 지배 세력이 수용하지 않으면 사회적 갈등으로 발현된다.

빈민-부자, 노동자-중산층, 경영자-노동자, 최상층-최하층 등 다양한 유형의 집단 간 사회적 갈등을 보면, 선진 자본주의 국가들 가운데 스웨덴과 스페인이 갈등 정도가 약한 반면, 미국이 가장 심한 것으로 인식되고 있다. 한국은 집단 간 사회 갈등 정도가 미국보다도 훨씬 더 심각한 것으로 평가되고 있다(표 7.6).

한국은 특히 경영자-노동자 갈등 정도가 가장 심각한 것으로 인식되는데, 스웨덴과의 갈등 인식 정도 차이도 경영자-노동자 갈등에서 가장 크게 나타났다. 자본주의 사회에서 소득 불평등의 주축이 국민소득의 자본-노동 소득 분배율이기 때문에 소득 분배 갈등은 일차적으로 경영자-노동자 갈등으로 표출된다.

한국에서 경영자-노동자 갈등이 심각하다는 것은 국민소득의

〈표 7.6〉 국가별 집단 간 사회 갈등 정도*

	빈민-부자	노동자-중산층	경영자-노동자	최상층-최하층	평균
스웨덴	2.62	2.99	2.74	2.22	2.64
독일	2.34	2.90	2.48	2.25	2.49
스페인	2.56	3.12	2.46	2.62	2.69
미국	2.31	2.85	2.39	2.06	2.40
한국	1.80	2.30	1.69	1.71	1.88
스웨덴-한국	0.82	0.69	1.05	0.51	0.77

* 변수 값: 1 매우 심함, 2 다소 심함, 3 별로 심하지 않음, 4 갈등 없음.
자료: ISSP 2009년 사회불평등조사.

공정한 분배·재분배가 실패하여 사회 통합을 위태롭게 하고 있음을 의미한다. 한국 경영자-노동자 갈등의 심각성은 소득의 불평등 분배·재분배뿐만 아니라 경제민주주의 저발달로 인해 공존·상생의 노사 관계가 형성되지 않은 탓도 크며,[10] 이러한 현실을 국민들이 정확하게 인지하고 있는 것이다.

신분 상승 사다리는 튼튼한가

불평등 사회는 낙수효과도 없고 사회적 폐해가 크며 그 피해가 온전히 저소득층 피지배계급에 돌아가더라도, 상승 이동 기회만 보장된다면 최소한의 수준에서 불평등이 정당화되며 피해자들에게 수용될 여지가 커진다. 불평등한 미국 사회를 지탱해왔던 것이 이른바 아메리칸드림Americandream이었으며 한국에서는 "개천에서 용 난다"는 꿈이었다. 그렇다면 이러한 상승 이동의 꿈은 아직도 유효하고, 여전히 불평등 분배의 피해자들에게 희망을 주고 있는가?

ISSP의 2009년 조사 결과를 보면 모든 국가에서, 본인 직업의 사회적 지위가 부친의 그것보다 높다고 응답한 사람이 낮다는 사람보다 많았다. 상승 이동이 하향 이동보다 많았다는 뜻이다. 한편 둘 사이의 격차는 선진 자본주의 국가들 가운데 스페인과 스웨덴이 각각 29.6%와 22.0%로 높은 반면, 미국은 17.3%로 독일의

10 스웨덴에서 경영자-노동자 갈등 정도가 심하지 않은 것으로 인식되고 있는 것은 소득의 분배·재분배가 상대적으로 평등하게 이루어지고 있을 뿐만 아니라 경제민주주의가 모범적으로 제도화되어 공존·상생의 노사 관계가 정착함으로써 노사 갈등이 잦지 않기 때문이다. 이 점에서 한국과 좋은 대조를 이룬다.

16.9%와 함께 낮게 나타났다(표 7.7). 미국도 이제 '아메리칸드림'을 내세우기 어렵게 되었다. 그러려면 아버지 세대보다 내 지위가 더 높다는 사람이 압도적으로 많아야 한다. 대체로 더 평등한 사회에서 세대 간 상향 이동 비율이 하향 이동 비율보다 더 커서 상승 이동 기회가 더 많다는 사실을 확인할 수 있다. 이는 사회가 더 평등할수록 불평등의 대물림이 적고 상승 이동 기회가 더 공정하게 주어질 수 있기 때문이다.

한국은 세대 간 직업 지위 상향 이동과 하향 이동 비율 격차가 7.8%로 미국의 절반 수준에 불과할 정도로 낮게 나타났다. 한국은 2009~23년 사이 부친에 비해 자신의 직업 지위가 상승했다는 응답이 조금 높아졌는데, 여전히 서구 선진 자본주의 국가들과 비교하면 낮은 편에 속한다. 한국 사회가 서구 선진 자본주의 국가

〈표 7.7〉 부친 대비 본인 직업의 사회적 지위 비교(2009년)

부친 대비 본인 직업	스웨덴	독일	스페인	미국	한국	
					2009	2023
아버지보다 훨씬/약간 더 높다 ①	44.3%	40.4%	46.6%	45.7%	36.7%	42.3%
거의 비슷하다	33.4%	36.1%	36.5%	25.9%	34.4%	29.7%
아버지보다 훨씬/약간 더 낮다 ②	22.3%	23.5%	17.0%	28.4%	28.9%	28.1%
합계	100.0%	100.0%	100.0%	100.0%	100.0%	100.0%
직업 지위 상승 정도(%): ①-②	22.0%	16.9%	29.6%	17.3%	7.8%	14.2%

자료: ISSP 2009년 조사, KGSS(2023) 〈표 2327〉, 노회찬재단·한국비정규노동센터(2023).

들에 비해 세대 간 상승 이동 기회가 훨씬 더 낮다는 것은 계급 간 경계가 상대적으로 더 경직되어 있음을 의미한다. 이렇게 불평등이 세대 간 대물림되는 경향성이 강한 것은 소득·자산 불평등의 사회 경제적 위치가 고착되며 신분화될 위험성을 내포한다.

과거의 세대 간 직업 지위 상승 이동 경험에 비해 미래의 세대 간 직업 지위 상승 이동 가능성 전망은 더 부정적으로 나타나고 있다. "현재 자신의 세대보다 자식 세대의 사회 경제적 지위가 높아질 가능성"에 대해 "높다"고 보는 비율은 2011년과 2021년 사이 41.4%에서 29.3%로 12.1% 포인트나 하락했다(그림 7.1). 2021년 자식 세대의 상승 이동 가능성이 낮다는 의견은 53.8%로 높다는 의견의 2배에 가깝다(통계청 2021: 29).

부정적 평가는 본인 세대의 상승 이동 전망에서도 두드러지게 나타난다. "우리 사회에서 노력한다면 개인의 사회 경제적 지위가 높아질 가능성"에 대해 높다는 전망은 2011년과 2021년 사이 32.2%에서 25.2%로 하락했다. 그러나 본인 세대에 비해 자식 세대의 상승 이동에 대한 긍정적 전망이 더 크게 하락하여 자식 세대에 거는 희망과 본인 세대의 긍정적 전망 사이 격차는 줄어들었다.

한편 아버지 세대와 비교하면 하향 이동보다 상승 이동했다는 비율이 더 높은데, 그 격차는 2009년과 2023년 사이 7.8%에서 14.2%로 더 커졌다(표 7.7 참조). 이처럼 한국인들은 세대 간 직업 지위 상승 이동 비율이 소폭이나마 상승하는 경험을 하고 있음에도, 미래의 세대 간·세대 내 상승 이동 가능성을 상대적으로 낮게 보며 부정적 전망은 강화되는 추세다. 이는 우리 사회의 상승 이동 기회가 소폭이나마 개선되고 있음에도 개방성과 공정성이 기대 수준에 크게 미달한다고 보기 때문이라 할 수 있다.

<그림 7.1> 한국인의 세대 간·세대 내 계층 상승 이동 가능성 "높다" 전망 비율(%)

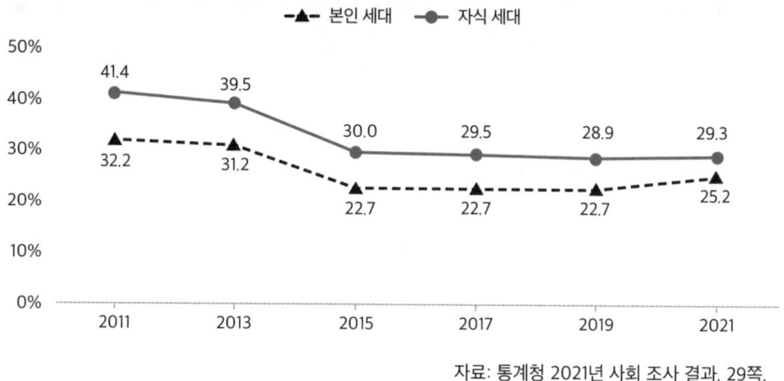

자료: 통계청 2021년 사회 조사 결과. 29쪽.

빈곤의 대물림과 성공의 조건

시민들이 우리 사회 불평등 구조의 개방성과 공정성을 긍정적으로 평가하지 않는다면 우리 사회가 모든 구성원들에게 상승 이동 기회를 보편적으로 보장해준다는 명제는 부정된다.

ISSP 2009년 조사는 "귀하는 인생에서 성공하는 데, 다음과 같은 사항이 얼마나 중요하다고 생각하십니까?"라는 질문에 "열심히 일하는 것"과 "부유한 집안 출신"의 두 항목을 응답지로 제시했다. 모든 국가에서 시민들은 노력이 출신 배경보다 인생 성공을 위해 더 중요하다고 봤다. 노력이 중요하다는 의견은 미국과 한국이 각각 1.60과 1.71로 가장 높았고, 유럽 국가들은 노력의 중요성은 인정하되 그 정도는 훨씬 약한 것으로 평가했다(표 7.8).

서구 자본주의 국가들은 출신 배경의 중요성을 부정하는 편인데 그중 가장 낮게 평가하는 국가가 스웨덴이다. 반면, 한국은 출신 배경을 매우 중요한 변인으로 인정하는 것으로 나타났다.

이처럼 모든 자본주의 사회들이 불평등하되, 불평등 수준뿐만 아니라 불평등 체제의 개방성과 공정성에서도 차이가 있으며 한국이 상대적으로 개방성과 공정성에서 뒤진 것으로 평가된다. 또한 한국 사회가 상승 이동 기회 보장에서 상대적으로 더 폐쇄적이고 불평등 대물림으로 인한 불공정성이 크다는 시민들의 불신도 반영되어 있다.

노력이 중요한 성공 요인으로 작동하는 것은 모든 사회가 개인의 능력과 노력을 중시하고 있음을 의미한다. 능력과 노력에 대한 보상은 한 사회가 효율적으로 작동하기 위한 기본 전제임은 분명하지만, 능력·노력에 대한 보상이 적정 수준을 넘어 과도하게 이루어지면 실력주의meritocracy[11] 이데올로기를 의심해볼 수 있다.

능력·노력을 매우 중시하고 불평등 수준도 높으면 실력주의가 작동한 결과로 추정되기 때문에 능력·노력 중시 정도와 불평등

〈표 7.8〉 인생 성공에 필요한 것: "귀하는 인생에서 성공하는 데, 다음과 같은 사항이 얼마나 중요하다고 생각하십니까?"

	① 부유한 집안 출신	② 열심히 일하는 것	①-②*
스웨덴	3.52	2.08	1.44
독일	3.07	2.18	0.89
스페인	3.12	2.14	0.98
미국	3.17	1.60	1.57
한국	2.64	1.71	0.93

* 값이 클수록 열심히 일하는 것이 상대적으로 더 중요함을 의미함. (1 절대적 중요, 5 전혀 중요하지 않음)
자료: ISSP 2009년 사회불평등조사.

11 'meritocracy'의 'merit'가 능력뿐만 아니라 노력 등을 포함하는 포괄적 의미의 실력을 의미한다는 점에서 협의의 '능력' 개념보다 광의의 '실력' 개념으로 이해하는 것이 더 적절하다. 실력주의와 능력주의에 대해서는 제15장에서 자세하게 논의한다.

수준의 상관관계는 실력주의 영향력 지표로 사용될 수 있다. 불평등이 심하고 능력·노력을 크게 중시하는 미국과 한국은 다른 나라들에 비해 실력주의 이데올로기가 더 폭넓게 확산되었을 가능성이 크다. 그에 비해 능력·노력을 중시하되 과도하지 않으며 불평등 수준이 낮은 스웨덴은 실력주의 영향력이 상대적으로 더 약하다고 할 수 있다.

한국 사회는 노력과 출신 배경 모두 다른 국가들에 비해 더 중요하게 평가되고 있어 상승 기회 보장과 불평등 대물림 현상이 공존한다고 할 수 있다. 특히 불평등 대물림 현상이 월등히 더 중요한 현실로 인식되고 있어, 시민들이 개방성과 공정성을 부정적으로 평가하는 근거가 되고 있다. 게다가 능력·노력에 대해 과도하게 보상하는 실력주의 이데올로기가 수립되었을 가능성이 확인되는데, 이는 불공정성에 대한 불만을 더 증폭시킬 수 있다.

수저 계급 사회의 상승 이동 기회

불평등 정당화 과제 수행을 위한 지배계급 이데올로기의 하위 명제들 가운데 한국 사회에서 불평등 낙수효과 명제와 불평등 순기능 효과 명제는 거부되었으나, 상승 이동 기회 보장 명제는 수용도 거부도 되지 않고 각축 중인 것으로 판명되었다(표 7.9 참조).

한국인의 90%는 소득 격차가 심각하다고 평가하고, 자신이 받아야 할 정당한 몫을 받지 못한다는 사람도 절반을 넘는다. 불평등 메커니즘의 근간을 이루는 자본 편향적 자본-노동 소득 분배의 피해자인 노동자들은 불공정한 분배뿐만 아니라 열악한 노동 조건과 노동인권 상황에서 벗어나지 못하고 있다. 불평등 정도가 심각한 가운데 노동자를 포함한 저소득층 피지배자들이 낙수효과의 혜택을 받지 못하기 때문에 낙수효과 명제는 거부되었다고 할 수 있다.

한국은 불평등 정도의 심각성이 미국에 근접하고 있지만 유아 사망률이나 감옥 수감률 같은 사회 문제 지표들에서 미국보다 양호하다. 하지만 집단 간 갈등이 미국 등 서구 선진 자본주의 국가들보다 더 심각한데, 특히 노동자와 경영자의 갈등이 첨예한 것으로 나타나고 있다. 노동자-경영자 갈등은 자본-노동 소득 분배율을 둘러싼 갈등이기 때문에 과도한 사회적 비용을 수반하며 사회 통합을 위태롭게 한다. 따라서 불평등이 사회적 통합에 기여한다는 불평등 순기능 명제도 거부되었다고 할 수 있다.

한국 사회는 부모 세대에 비해 직업 지위의 상향 이동을 경험한 비율이 하향 이동을 경험한 비율보다 더 높지만, 그 차이는 서

〈표 7.9〉 지배계급 이데올로기 하위 명제 검증: 불평등 체제 정당화 과제

하위 명제	검증 결과		[참조] 미국 사회
	불평등 현상	사회적 인식	
불평등 낙수효과	낙수효과 부재	불평등 체제 불공정성 인식 & 불만	소득 분배 불만 낮음
불평등 순기능	불평등 폐해: 사회 통합 실패	사회적 갈등 수준 높음	사회 통합 실패/ 사회적 갈등 수준 낮음
상승 이동 기회 보장	상승 이동 가능성 낮음	불평등 체제 개방성, 공정성 실패/ 강한 실력주의 및 불평등 대물림의 공존 의심됨	강한 실력주의

구 선진 자본주의 국가 수준의 절반에도 못 미친다. 미래의 세대 내·세대 간 상승 이동 가능성에 대해 긍정적 전망보다 부정적 전망이 우세한데, 긍정적 전망 비율이 꾸준히 감소하고 있어 부정적 전망의 우위는 더 확대될 전망이다.

한국은 출신 배경을 서구 선진 자본주의 국가들보다 훨씬 더 중요한 요인으로 평가하는데, 이는 불평등 체제의 폐쇄성과 불공정성에 대한 비판적 문제의식의 기초가 된다. 한국은 열심히 일하기를 통한 상승 이동 가능성도 존재하지만 실력주의 이데올로기도 상당한 영향력을 발휘하는 것으로 추정된다. 이처럼 한국은 강한 실력주의와 결합된 상승 이동 가능성과 수저 계급 사회의 불평등 대물림으로 인한 불공정성이 공존하며 각축하고 있어 상승 이동 기회 보장 명제는 수용되지도 거부되지도 않았다고 할 수 있다.

한편 미국은 소득 분배 불만이 작아서 불평등 낙수효과 명제가 수용되고, 불평등으로 인한 사회적 폐해로 사회 통합은 명백하게 실패했지만 사회적 갈등 수준은 낮아서 불평등 순기능 명제도 일정 정도 수용되었다고 할 수 있다. 미국은 실력주의 이데올로기의 영향력이 강력한 가운데 상승 이동 가능성도 한국보다 높아서 상승 이동 기회 보장 명제가 한국에 비해 더 광범위하게 수용되고 있다고 할 수 있다.

8장. 평등 사회는 불가능하다?

불평등이 존재하더라도 정당화될 수 있다는 불평등 이데올로기의 제2명제는 수용되지도 거부되지도 않았다(제7장 참조). 그렇다면 지배계급 이데올로기가 불평등 정당화에 성공하지 못했으니 평등 사회는 당장 실현되는가? 아니면, 불평등이 정당화되지 않더라도 평등 사회는 실현 불가능한가?

불평등 체제 관련 지배계급 이데올로기의 제3명제 "불평등이 정당화될 수 없다 하더라도, 대안적 평등 사회는 실현 불가능하다"가 한국 사회의 지배 이데올로기로 되었는지를 검증하기 위해 두 가지 하위 명제를 검토해야 한다.

① 평등 사회 대안 부재 명제: 경험적으로 검증된, 효율적으로 작동하는 대안적 평등 사회는 없다.
② 평등 사회 이행 불가 명제: 검증된 효율적 평등 사회 대안이 있더라도, 대안적 평등 사회로 이행하는 것은 불가능하다.

북유럽과 미국식 모델의 차이

1〉 이상과 현실의 괴리

시민들은 모든 비교 대상 국가들에서 위계 구조의 다섯 유형 가운데 D 유형(중간층이 큰 다이아몬드형)을 가장 바람직한 사회 위계 구조 유형으로 꼽았다. 선진 자본주의 국가들의 경우 시민들의 절반 정도가 D 유형을 선호하는 것으로 나타났고 국가 간 차이는 10% 포인트에도 못 미칠 정도로 작았다(표 8.1). 한편 한국은 63.2%가 D 유형을 선택하여 서구 국가들보다 훨씬더 높은 선호도를 보여주었다.

사회 위계 구조 유형 다섯 개를 다이아몬드형과 피라미드형으로 대별해보면, 모든 국가 시민은 피라미드형보다 다이아몬드형을 압도적으로 더 선호한다. 다이아몬드형의 선호도는 모든 국가에서 피라미드형보다 4~5배 정도 더 높게 나타났다.

모든 국가 시민은 다이아몬드형을 이상적 유형으로 선호하지만, 현실 세계는 피라미드형 위계 구조가 지배하고 있다. 시민들이 바람직한 사회 유형과 현재 사회 유형으로 다이아몬드형을 꼽은 비율의 차이가 사회 위계 구조의 이상형과 현실 사이의 괴리를 표현한다. 그 괴리는 한국이 64.4%로 가장 컸고, 스웨덴은 44.3%로 가장 작았다(표 8.2)

스웨덴은 실제 현실 사회의 위계 구조가 다른 국가들에 비해 다이아몬드형에 더 가깝다는 점에서 스웨덴인의 이상-현실 괴리가 가장 작은 것은 객관적 실태를 반영한다. 반면, 미국의 이상-현실 괴리는 46.7%에 불과하여 스웨덴의 44.3%에 매우 근접했는데, 이는 미국인들도 여타 선진 자본주의 국가들처럼 다이아몬드형을

〈표 8.1〉 바람직한 사회 위계 구조 유형에 대한 시각

현재 사회 유형	모양	스웨덴	독일	스페인	미국	한국
다섯 유형 범주						
유형 A 양극화		0.5%	1.4%	1.0%	3.0%	.5%
유형 B 피라미드형		3.1%	10.4%	7.2%	7.5%	5.3%
유형 C 하층 작은 피라미드		12.3%	17.7%	14.2%	13.5%	9.5%
유형 D 중간층 큰 다이아몬드		51.8%	57.6%	56.8%	48.8%	63.2%
유형 E 중상층 큰 다이아몬드		32.3%	12.9%	20.8%	27.2%	21.5%
합계		100.0%	100.0%	100.0%	100.0%	100.0%
두 유형 축약						
피라미드형 (A·B·C)		15.90%	29.5%	22.40%	24.00%	15.3%
다이아몬드형 (D·E)		84.10%	70.5%	77.60%	76.00%	84.7%
합계		100.0%	100.0%	100.0%	100.0%	100.0%

자료: ISSP 2009년 사회불평등조사.

바람직한 사회 유형으로 선호하면서 실제로도 그렇다고 보는 의견이 많기 때문이다. 미국 사회가 스웨덴 등 유럽 나라들에 비해 훨

〈표 8.2〉 다이아몬드형: 바람직한 사회 유형 vs 현재의 사회 유형

다이아몬드형	스웨덴	독일	스페인	미국	한국
① 바람직한 사회 유형	84.1%	70.5%	77.6%	76.0%	84.7%
② 현재 사회 유형	39.8%	23.4%	20.6%	29.3%	20.3%
①-② [이상-현실의 괴리]	44.3%	47.1%	57.0%	46.7%	64.4%

자료: ISSP 2009년 사회불평등조사.

씬 더 불평등한 사회라는 점을 고려하면 미국인은 미국 사회 불평등 수준의 심각성을 과소평가하는 것이다. 이는 미국에서 불평등 체제 관련 지배계급 이데올로기의 영향력이 상대적으로 강하고 그 결과 시민들의 불평등 체제 수용도가 높아졌고 불평등한 현실에 대한 비판적 시각과 불만이 상당 정도 거세되었음을 의미한다.

한국은 다이아몬드형의 이상형과 현실 인식의 격차가 64.4%로 다른 국가들보다 훨씬 더 큰데, 비슷한 불평등 수준의 미국과 비교해도 20% 포인트 정도 더 크다. 한국인은 서구 자본주의 국가들과 다이아몬드형 위계 구조의 이상형을 공유하면서도 미국과는 달리 현실 사회 불평등 수준의 심각성을 충분히 인식하고 있다. 위계 구조의 이상-현실 괴리는 불평등 수준 심각성에 대한 불만의 크기를 반영한다. 한국 사회는 미국과 달리 불평등·불공정 현실에 대한 불만 수준이 높아 언제든 분노로 분출될 가능성이 크다.

2〉 북유럽보다 미국식이 좋다?

한국인은 우리 사회가 나아갈 방향으로 미국식 자유민주주의와 북유럽식 사회민주주의 가운데 미국식 자유민주주의를 더 바람직한 것으로 선택했는데, 그 격차는 10.2% 포인트에 달한다(표

8.3). 자본주의 시장경제 모델 가운데 스웨덴 등 스칸디나비아형 사회민주주의 모델 국가가 불평등 정도가 낮은 반면, 미국 등 영미형 자유시장경제 모델 국가는 불평등 정도가 심한데, 시민들은 그중 미국식 모델을 선택한 것이다.

〈한겨레〉의 2004년 조사에서는 북유럽식 사회민주주의에 대한 선호도가 우위를 보였다. 이처럼 바람직한 사회 발전 방향에 대한 시민 여론은 미국식 자유민주주의와 북유럽식 사회민주주의 사이에 반반 정도로 나뉘어 있는데 그 선호도 우위가 북유럽식 사회민주주의에서 미국식 자유민주주의로 조금 옮겨간 것이다.

시민들은 사회 위계 구조 유형에서 85%의 높은 비율로 다이아몬드형을 선택했는데, 이는 피라미드형 선호도의 5.5배에 달하는 압도적 우위였다. 하지만, 실제 우리 사회의 바람직한 발전 방향과 관련해서는 국민의 절반 정도가 피라미드형의 미국식 자유민주주의를 꼽고 있어, 모순된 의식 상태를 보여주고 있다.

〈표 8.3〉 한국 사회 바람직한 발전 방향

"귀하께선 앞으로 우리 사회가 어떤 방향으로 나아가는 것이 더 바람직하다고 생각하십니까?"

바람직한 방향	2004년 5월 (유효 응답)*	2023년 2월	2004~23년 증감
① 미국식 자유민주주의	45.2%	53.5%	8.3%
② 북유럽식 사회민주주의	51.6%	43.3%	-8.3%
③ 기타	3.2%	3.2%	0.0%
합계	100.0%	100.0%	

* 〈한겨레〉 조사는 모름/무응답 9.3%와 결손 사례 3.9%를 제외한 응답자 86.8%를 기준으로 유효 응답의 분포를 산정했음.

자료: 〈한겨레〉(2004.5), 노회찬재단·한국비정규노동센터(2023.2).

세금을 더 낼 의향이 있는가

한국은 독일, 스페인과 함께 소득 격차 정도를 매우 심각하게 보는 반면, 미국은 가장 덜 심각하게 보고 있다. 한편, 소득 격차 축소가 정부 책임이라는 의견도 한국은 스페인과 함께 가장 높은 비율을 보이지만, 미국은 그 비율이 매우 낮다(표 8.4). 대체로 소득 불평등 정도가 심각하다고 보는 국가일수록 소득 격차 축소 책임이 정부에 있다고 보는 비율이 높다. 소득 격차 인식의 정부 정책 전환 지수는 스페인, 스웨덴, 한국에서 높은 반면, 미국은 독일과 함께 매우 낮다.

한국은 스페인과 함께 다른 서구 자본주의 국가들에 비해 소득 불평등 정도가 심각하고 소득 격차 축소가 정부 책임이라고 보는 의견이 더 많다. 한편, 미국은 불평등 수준이 상당히 심각함에도 소득 불평등 인식 정도가 매우 낮고 정부의 정책적 개입 필요성에 대한 반대 입장이 강하다. 이러한 미국인의 인식은 강력한 지배계급 이데올로기의 영향력을 반영한다고 할 수 있다.

불평등을 축소하기 위한 정부의 일차적 역할은 조세·재정 정책을 통한 소득 재분배다. 이를 위해 정부는 조세 수입을 증대하고 그렇게 확보된 재정 자원으로 사회복지 등 사회정책 영역의 재정 지출을 확대함으로써 불평등을 완화할 수 있다.

사회복지 확대를 위한 증세를 부담할 의향과 관련된 국제 비교 가능한 통계 자료는 없지만 참조할 국내 설문조사 자료들은 있다. 사회복지 증세 부담 의향은 2015년 찬성과 반대가 반반으로 나뉘었지만, 2017년 크게 상승하여 70%를 넘어섰다가, 이후 하락 추세를 시작했다(표 8.5). 2023년 현재 복지 증세 부담에 대한 거부

〈표 8.4〉 국가별 소득 격차 인식 및 정부 책임 의견 (1 매우 찬성, 5 매우 반대)

	① 소득 차이 너무 크다	② 소득 격차 축소 정부 책임	②/① (소득 격차 인식 정부 정책 전환 지수)*
스웨덴	2.07	2.46	1.19
독일	1.68	2.39	1.42
스페인	1.81	2.04	1.13
미국	2.29	3.35	1.46
한국	1.70	2.07	1.22

* 전환 지수 클수록 현실 대비 정책의 미진함 평가.
자료: ISSP 2009년 사회불평등조사.

입장은 63.7%로 찬성 36.3%의 2배에 가깝다. 촛불 항쟁과 뒤이은 정권 교체로 인한 기대감 상승으로 2017년 복지 증세 부담 의향이 일시적으로 급상승했지만, 문재인 정부의 사회·경제 개혁 정책이 후퇴하면서 증세 부담 거부 의향이 되살아난 것이다.

〈표 8.5〉 복지 증세 부담 의향: "사회복지 확대 위해 세금을 더 낼 의향 있는가?"

조사 연도	증세 납부 찬성	증세 납부 반대
2015.5	50%	50%
2017.3~4	65.3%	31.5%
2017.8	71.7%	26.2%
2019.9	41.7%	58.3%
2023.2	36.3%	63.7%

자료: 2015~19 각 연도 〈한겨레〉 의뢰 여론조사. 2023년도 노회찬재단·한국비정규노동센터(2023).

취약한 평등 사회 이행 의지

평등 사회 대안 실현 가능성을 부정하는 지배계급 이데올로기의 하위 명제들 가운데, 평등 사회 대안 부재 명제는 거부도 수용도 되지 않았지만, 평등 사회 이행 불가 명제는 실질적으로 수용되었다고 할 수 있다(표 8.6).

한국을 포함한 모든 국가의 시민들은 중간층 규모가 큰 다이아몬드형을 바람직한 위계 구조 유형으로 평가하지만, 현실 사회의 위계 구조는 피라미드형이라서 이상과 현실 사이의 괴리가 발생하게 된다. 불평등한 국가일수록 위계 구조의 이상-현실 괴리가 커지는데, 한국은 다른 선진 자본주의 국가들에 비해 그 괴리가 훨씬 더 크다.

시민들은 한국 사회의 바람직한 발전 방향으로 미국식 자유민주주의와 북유럽식 사회민주주의 사이에서 선호도가 비슷하게 나뉘는데, 현재 미국식 자유민주주의에 대한 선호도가 상대적 우위를 보여준다. 미국 등 자유시장경제 모델 국가는 불평등 정도가 심한 전형적인 피라미드형인 반면 다이아몬드형은 더 평등한 위계 구조의 스웨덴 등 북유럽 국가에 더 가깝다. 미국은 유아 사망

〈표 8.6〉 지배계급 이데올로기 하위 명제 검증: 평등 사회 대안 부정 과제

하위 명제	검증 결과		[참조] 미국 사회
	불평등 현상	사회적 인식	
평등 사회 대안 부재	다이아몬드형 대안/ 위계 구조 이상-현실 괴리	스칸디나비아 모델-영미형(우위) 각축	이상-현실 괴리 작음
평등 사회 이행 불가	불평등 완화 정부 개입 필요성	복지 증세 부담 거부: 이행 의지 박약	정부 개입 반대

률이나 수감률 등의 지표들에서 사회적 폐해가 북유럽 국가들보다 훨씬 더 심각한데, 한국인들이 피라미드형 위계 구조와 사회통합 실패의 미국식 모델을 더 선호한다는 것은 일관성을 결여한 모순적 의식 상태를 보여주는 것이다. 그런 점에서 평등 사회 대안 부재 하위 명제는 거부도 수용도 되지 않았다고 할 수 있다.

평등 사회로 이행하기 위해 소득 분배·재분배 과정에 대한 정부의 적극적 개입이 요구된다. 한국인은 소득 차이가 매우 심각하다고 인식하고 소득 격차를 완화하는 정부의 적극적 역할을 요구한다. 정부 정책 가운데 소득 불평등 완화를 위해 절실한 정책은 사회복지 등 사회정책의 재정 지출 확대다. 한국인은 소득 불평등 완화를 위한 정부의 적극적 역할을 요구하면서도 사회복지 확대를 위한 증세 부담에 대해서는 거부하는 비율이 수용하는 비율을 크게 웃돈다.

이처럼 한국인이 불평등의 심각성을 인식하고 정부의 적극적 개입을 요구하면서도 이행 비용 부담 의향의 지표라 할 수 있는 복지 증세 부담을 거부하는 것은 일견 모순된 현상으로 보이지만 실제 박약한 평등 사회 이행 의지를 반영하는 것으로 해석된다. 따라서 평등 사회 이행 불가 명제가 흔쾌히 수용되지는 않았더라도 실질적으로 수용되었다고 할 수 있다.

미국은 선진 자본주의 국가들 가운데 가장 불평등하면서도 상당수 시민이 미국 사회를 다이아몬드형으로 보고 있어 위계 구조의 이상-현실 괴리는 한국보다 훨씬 더 작다. 미국인들은 불평등 수준이 심각하지 않다고 보고 불평등 완화 위한 정부 개입에 대해서도 반대 의견이 강하다. 평등 사회 대안 부재 명제와 평등 사회 이행 불가 명제가 다른 선진 자본주의 국가들에 비해 미국에서 더 폭넓게 수용되고 있다. 그래서 평등 사회 대안 부재로 인해 미국인들의 불평등 체재에 대한 불만과 저항 수준이 여타 국가에 비해 더 낮다. 이는 미국 사회에서 지배계급 이데올로기가 강한 영향력을 발휘하며 지배 이데올로기화에 상당한 성과를 거두고 있음을 의미하는데, 한국은 미국에 비해 지배계급 이데올로기의 영향력이 상대적으로 더 약하다고 할 수 있다.

9장. 불평등은 지배 이데올로기가 되었는가?

한국 사회에서 지배계급 이데올로기의 세 명제가 수용되고 있는지, 거부되고 있는지를 검증했다. 지배계급의 불평등 이데올로기는 한국 사회의 지배 이데올로기가 되었는가?

불평등을 바라보는 시선

불평등 체제 관련 지배계급 이데올로기의 명제들을 검증한 결과 한국 사회는 이데올로기적 호명의 두 번째 단계인 지배계급의 불평등 체제 정당화 과제 단계에서 각축을 벌이고 있는 것으로 확인되었다(표 9.1).

제1명제 "불평등은 없다"의 세 하위 명제, 즉 불평등 부재 명제, 불평등 수준 경미 명제, 불평등 완화 추세 명제는 모두 거부된 것으로 확인되었다. 한국인은 불평등 존재의 심각성을 인식하고

〈표 9.1〉 지배계급 이데올로기 명제 검증 결과

영역	지배계급 이데올로기	과제	하위 명제	검증 결과		[참조] 미국 사회
				불평등 현상	사회적 인식	
불평등 실태	불평등은 없다	불평등 존재 은폐	① 불평등 부재	불평등 존재	불평등 존재 인식	불평등 존재 인식
			② 불평등 수준 경미	불평등 심각	심각성 인식	심각성 인식 미약
			③ 불평등 완화 추세	불평등 심화 추세	심화 추세 인식	미검증
불평등 결과	불평등은 정당하다	불평등 체제 정당화	④ 불평등 낙수효과	낙수효과 부재	불평등 체제 불공정성 인식 & 불만	소득 분배 불만 낮음
			⑤ 불평등 순기능	불평등 폐해: 사회 통합 실패	사회적 갈등 수준 높음	사회 통합 실패/ 사회적 갈등 수준 낮음
			⑥ 상승 이동 기회 보장	상승 이동 가능성 낮음	불평등 체제 개방성, 공정성 실패/ 강한 실력주의 & 불평등 대물림의 공존 의심됨	강한 실력주의
평등 사회 대안	대안적 평등 사회는 실현 불가능하다	평등 사회 대안 실현 가능성 부정	⑦ 평등 사회 대안 부재	다이아몬드형 대안/ 위계 구조 이상-현실 괴리	스칸디나비아 모델 영미형(우위) 각축	이상-현실 괴리 작음
			⑧ 평등 사회 이행 불가	불평등 완화 정부 개입 필요성	복지 증세 부담 거부: 이행 의지 박약	정부 개입 반대

있을 뿐만 아니라 불평등 수준이 심화되는 추세 속에서 향후에도 불평등 정도가 완화되기는커녕 도리어 더 악화될 것으로 전망하

며 세 하위 명제를 모두 거부한다.

제2명제 "불평등이 있다고 하더라도, 불평등은 정당하다"의 세 하위 명제 가운데, 불평등 낙수효과 명제와 불평등 순기능 명제는 거부되었지만, 상승 이동 기회 보장 명제는 거부되지 않았다.

한국인은 대부분 한국 사회가 전반적으로 소득 불평등 정도가 심각한 수준이라고 인식하고 있는데, 자신의 능력·노력이 정당한 보상을 받지 못한다고 판단하며 불평등 체제를 불공정하다고 인식하는 비율이 절반을 넘고 있다. 낙수효과 명제는 거부되었다고 할 수 있다.

불평등 체제의 피해자는 소득뿐만 아니라 다양한 사회·경제적 자원의 배분에서도 배제되어 한국 사회의 사회적 갈등은 서구 선진 자본주의 국가들에 비해 더 심한 것으로 인식되고 있다. 특히 경영자-노동자 갈등이 첨예하게 진행되며 사회 통합을 훼손하는 것으로 평가되고 있다는 점에서 불평등 순기능 명제도 거부되었다고 할 수 있다.

한국인은 하향 이동보다 상향 이동을 더 많이 경험하고 있음에도 상승 이동 가능성을 부정적으로 전망하고 있고, 서구 국가들처럼 열심히 일하는 것이 성공을 위해 중요하다는 점을 인정하면서도 부유한 집안 출신의 중요성을 서구 국가들보다 훨씬 더 강조한다. 이처럼 실력주의에 기초한 상승 이동 기회가 열려 있지만 불평등 대물림의 불공정성이 병존하는 현실을 비판적으로 인식하고 있다는 점에서 상승 이동 기회 보장 명제는 수용도 거부도 되지 않은 채 각축 중이라 할 수 있다.

제3명제 "불평등이 정당화될 수 없다고 하더라도, 대안적 평등 사회는 실현 불가능하다"의 두 하위 명제 가운데, 평등 사회 대안 부재 명제는 수용도 거부도 되지 않았으나 평등 사회 이행 불가 명제는 실질적으로 수용되었다고 할 수 있다.

한국인은 다이아몬드형을 바람직한 사회 위계 구조 유형으로 간주하며 위계 구조의 이상과 현실 사이의 괴리가 크다는 점에서 평등 사회 대안 부재 명제는 거부된 것으로 보인다. 하지만 바람직한 사회 발전 방향으로 다이아몬드형의 스칸디나비아형보다 피라미드형의 미국식 모델을 더 선호하는 모순적 의식 상태를 보여준다. 이처럼 대안적 평등 사회 모델에 대한 구체성과 확신이 결여되어 대안 부재 명제는 수용되지 않았지만 거부된 것도 아니라 할 수 있다.

한편 불평등 완화 위한 정부의 개입을 지지하면서도 복지 증세 부담은 거부하고 있는데, 복지 증세 부담은 대안적 평등 사회로의 이행을 위해 높은 비용이 수반되는 투쟁 같은 적극적 참여가 아니라 소극적 참여의 비용에 불과하다. 이처럼 한국인은 대안적 평등 사회 이행 의지가 박약한 상태라는 점에서 평등 사회 이행 불가 명제는 실질적으로 수용되었다고 할 수 있다.

불평등 세습과 신분 상승 기회의 각축

불평등 체제가 정당화되는 정도에서 국가 간 편차는 명확하다. 영미형 자유시장경제 모델의 미국은 소득 분배 구조에 대한 불만 수준도 낮고 불평등 체제의 불공정성에 대한 인식 수준도 낮아서 불평등 낙수효과 명제가 상당 정도 수용된 것으로 확인된다. 미국은 유아 사망률이나 감옥 수감률 같은 사회 지표들에서 불평등 체제의 사회적 폐해가 자명하게 드러나고 있고 사회 통합은 확실하게 실패한 것으로 나타나지만, 사회적 갈등 수준이 낮아서 불평등 순기능 명제도 일정 정도 수용되었다고 할 수 있다.

한편 세대 간 사회 경제적 지위 상승 비율은 한국보다 더 크고 부유한 집안 출신보다 열심히 일하는 것의 성공 기여도가 한국보다 더 높게 평가되고 있다. 미국에서는 실력주의가 한국보다 훨씬 더 강한 영향력을 행사하며 상승 이동 기회도 일정 정도 보장하는 것으로 평가되고 있어, 상승 이동 기회 보장 명제는 실질적으로 수용되었다고 할 수 있다. 이처럼 불평등 체제 정당화 과제 관련해서 미국이 한국은 물론 다른 선진 자본주의 국가들에 비해 지배계급 이데올로기의 전체 사회 지배 이데올로기화에 훨씬 더 성공적이라 할 수 있다.

반면, 스칸디나비아형 사회민주주의 모델의 스웨덴에서는 지배계급 이데올로기의 불평등 정당화 명제가 거부된 것으로 확인된다. 스웨덴은 노동계급 계급 형성과 정치 세력화에 큰 진전을 이루어, 노동계급의 평등 이데올로기가 지배 이데올로기로 될 수 있었다. 계급 역학관계와 지배 이데올로기가 불평등 체제를 정당화하는게 아니라 스웨덴을 보다 평등한 사회로 만드는 데 기여했다는 점에서 스웨덴은 미국과 극명하게 대조된다.

한국은 노동계급 계급 형성과 정치 세력화에 실패하여 스웨덴처럼 지배계급 이데올로기의 지배 이데올로기화 가능성을 차단할 조건이 되지 않는다. 한국은 불평등 정도가 심각하다는 점에서 스웨덴의 대척점에 있는 미국과 비슷하다. 그러나, 지배계급 이데올로기의 불평등 체제 정당화 전략이 어느 정도 성과를 거두었지만 미국에 비하면 훨씬 덜 성공적이다.

지배계급의 불평등 이데올로기 명제들을 검증한 결과, 한국 사회에서 지배계급 이데올로기의 불평등 은폐 과제는 실패했지만, 현재 불평등 체제 정당화 과제를 둘러싸고 각축하는 단계다. 불평등 정당화 명제의 세 하위 명제 가운데, 불평등 낙수효과 명제와 불평등 순기능 명제는 거부되었으나, 상승 이동 기회 보장 명제가 현재 각축의 장이다.

상승 이동 기회 보장 명제가 거부된다면, 대안적 평등 사회 관련 명제들이 쟁점화되고 스웨덴처럼 평등 사회로의 이행 가능성이 열리게 된다. 하지만, 상승 이동 기회 보장 명제가 수용된다면 평등 사회 대안 관련 명제들의 수용이나 거부와 관계없이 현존 불평등 체제는 정당화되며 안정적으로 재생산된다. 불평등 체제가 정당화되면 저소득과 사회적 배제의 불이익은 사회 구조적 문제로 인한 피해가 아니라 본인의 능력·노력 부족으로 인한 실패의 결과로 평가된다. 따라서 저소득층 피지배 세력의 불평등에 대한 불평·불만은 패배자의 책임 회피로 간주되며 사회적 공감을 얻기 어렵게 된다. 이는 상승 이동 기회 보장 명제가 실질적으로 수용된 미국 상황과 유사하지만, 아직 한국 사회에서는 현실화되지 않았다.

한국 사회에서 불평등 체제의 정당성과 상승 이동 기회 보장 명제를 둘러싸고 전개되는 이데올로기 투쟁의 중심에 평등 가치와 함께 공정성 원칙이 쟁점화되어 있다. 불평등 체제에 대해 비판적 문제의식을 지닌 측에서는 불평등을 완화하기 위해 공정성 원칙으로 지배 질서를 변화시키고자 한다. 반면, 지배계급 이데올로기는 공정성 가치를 동원하여 불평등을 정당화하고자 한다. 그 결과 불평등 체제의 정당성 공방은 공정성 담론 투쟁과 함께 진행되고 공정성 가치를 둘러싼 개념의 혼란은 더욱 커지게 되었다.

제3부에서는 불평등 이데올로기와 공정성 담론을 중심으로 불평등 체제의 정당성과 공정성 관련 쟁점들을 검토하도록 한다.

3부

불평등 사회와 공정성

10장. 누구를 위한 공정인가?

공정성 담론은 불평등 체제의 정당성 판단과 불평등 완화 정책 대안에서 대립된 관점들이 서로 충돌하며 전개되고 있다. 그렇다면 무엇을 위한, 누구를 위한 공정인가?

평등을 지향하는 공정성 담론도 있고, 불평등을 재생산하는 공정성 담론도 있다. 공정성 개념의 혼란은 전·현직 대통령이 선언한 정권의 핵심 가치에서 그대로 드러난다. 문재인 대통령은 "평등과 공정"을, 윤석열 대통령은 "자유와 공정"을 강조하는데, 전자는 '평등 있는 공정'이고 후자는 '평등 없는 공정'이다.

문재인 정권의 평등과 공정

문재인 대통령은 문재인 정부가 촛불 혁명으로 태어난 촛불 정부로서 촛불 정신을 계승한다는 점을 거듭 밝힌 바 있다: "대한

민국의 새 정부는 촛불 혁명이 만든 정부" "문재인 정부는 촛불 정부이며 민주당 정부입니다." "나는 촛불 혁명으로 태어난 대통령입니다." "(…) 촛불 혁명에 함께했던 나는 촛불 정신을 계승하라는 국민의 열망을 담고 대통령이 되었습니다." (2017.9.19/9.21; 2020.8.29).

문재인 대통령은 취임사(2017.5.10)에서 "문재인과 더불어민주당 정부에서 기회는 평등할 것입니다. 과정은 공정할 것입니다. 결과는 정의로울 것입니다"라며 촛불 항쟁으로 확인된 평등과 공정의 시대적 과제에 화답하며, "특권과 반칙이 없는 세상을 만들겠습니다. 상식대로 해야 이득을 보는 세상을 만들겠습니다"고 약속했다. 문재인 정권은 적폐 청산과 소득 주도 성장을 정권의 핵심 기조로 천명했는데, 적폐 청산은 불공정 문제를 해결하기 위해 기득권 세력의 특권과 반칙을 철폐하겠다는 것이고, 소득 주도 성장은 시장과 자본의 이윤 주도 성장 전략을 폐기하고 저임금 노동자와 영세 자영업자의 소득 증진을 통해 내수 시장을 활성화하며 불평등을 완화하겠다는 것이다.

문재인 정권은 촛불 정부를 자임하며 출범한 지 1년도 채 되기 전에 소득 주도 성장 전략을 실질적으로 폐기하고(지식인선언네트워크 2018.7.18) 적폐 세력으로 규정했던 경총한국경영자총협회 등 사용자 단체들을 국정 파트너로 복원시켰다. 결국 문재인 정부는 진보언론 〈한겨레〉 지면에서도 "평등, 공정, 정의를 표방한 문재인 정부 5년 동안 불행히도 이 가치들은 위선과 허식이라는 수치스러운 오명을 얻었다"(한겨레 2022.5.17)는 극단적 평가를 받을 정도로 평등, 공정, 정의 실현에 실패했다. 또한, 문재인 정부는 '정의'를 외치고 '특권과 반칙'의 적폐를 청산하겠다고 했지만 권력 핵심은 이중 잣대의 위선적 행동을 일삼는 '내로남불'로 보수 언론의 조롱을 받았다. 중앙선거관리위원회도 2021년 4월 7일 재보궐 선거 때 "특정 정당(기자 주: 더불어민주당)을 쉽게 유추할 수 있다"면서 투표 독려 현수막에 '내로남불'이란 문구를 쓰지 못하게 했다(월간조선 2022.8.10)고 한다.

윤석열 정권의 자유와 공정

윤석열 대통령은 대선 출마 선언(2021.6.29)에서 "4년 전 문재인 정권은 국민들의 기대와 여망으로 출범했습니다. '기회는 평등하고 과정은 공정하며 결과는 정의로운 나라' '특권과 반칙 없는 나라'를 만들겠다고 약속했습니다. 우리 모두 똑똑히 기억하고 있습니다. 그런데 그동안 어땠습니까?"라며 평등, 공정, 정의의 가치를 부정하기보다 국민적 기대·여망에 대한 문재인 정부의 배신과 실패를 지적했다. 대선 출마 선언은 문재인 정권을 "오만하게 법과 상식을 짓밟는 정권" "공정과 상식을 무너뜨리고 자유와 법치를 부정하는 세력"으로 규정하고 정권 교체의 필요성을 역설했다.

윤석열 대통령은 당선 인사(2022.3.10)에서 국민의 뜻은 "일상에서 정의를 느낄 수 있게 하겠다"는 약속을 지키고 "이 나라의 공정과 상식을 바로 세우라는 개혁의 목소리"라고 규정하며 문재인 정권이 무너뜨린 "공정과 정의"를 바로 세우겠다고 선언했다. 윤석열 대통령은 취임사(2022.5.10)에서 "이 나라를 자유민주주의와 시장경제 체제를 기반으로 국민이 진정한 주인인 나라로 재건"하겠다는 시대적 소명을 자임하며, 국내외적 위기와 난제들을 해결하기 위해 "우리가 보편적 가치를 공유하는 것이 매우 중요하다고 생각합니다. 그것은 바로 '자유'입니다"라며 '자유'의 가치를 강조했다.

윤석열 대통령의 취임사에 가장 많이 등장한 키워드는 '자유'로 35회나 언급되어(조선일보 2022.5.10) '공정'의 3회보다 훨씬 더 강조된 반면, '(불)평등'은 단 한 차례도 언급되지 않았다. 촛불 정신을 이은 문재인 정권의 핵심 가치 "평등과 공정"이 윤석열 정권에서는 "자유와 공정"으로 대체된 것이다.

역대 대통령의 취임 후 10개월간 연설문을 비교해보면, 문재인 대통령이 34회에 걸쳐 불평등을 언급한 반면, 윤석열 대통령은 이명박·박근혜 대통령과 마찬가지로 단 한 차례도 불평등을 언급한 적이 없다(표 10.1). 민주당의 문재인 정권은 불평등 문제의 심각성을 인식하고 주요 국정 과제로 설정한 반면, 보수 정권들은 불평등 문제에 관심을 두지 않으며, 불평등 문제를 주요 국정 과제로 설정하지 않을 뿐만 아니라 정치적 의제에서 의도적으로 배제한 것이다. '평등' 개념의 경우 문재인 대통령은 불평등 문제 해결 위한 정책 대안과 전망 등과 관련하여 24회나 언급한 반면 윤석열 대통령의 경우 세 차례에 불과한데, 그마저도 "공정한 기회와 기회의 평등"을 말하면서 언급한 것으로서 불평등 해결과의 관련성은 적다.

윤석열의 공정성과 문재인의 공정성

윤석열 정부의 대통령직인수위원회는 6대 국정 목표 가운데

〈표 10.1〉 역대 대통령의 불평등 언급 횟수 비교: 취임 뒤 10개월간 연설문 기준(단위: 빈도)

	불평등	평등	합계
이명박(2018-2013)	0	7	7
박근혜(2013-2017)	0	3	3
문재인(2017-2022)	34	24	58
윤석열(2023-현재)	0	3	3

자료: 〈한겨레〉(2023.4.10), 괄호 안은 재임 기간.

첫 번째 목표를 '상식이 회복된 반듯한 나라'로 설정하고 국민께 드리는 약속 20개 가운데 첫 번째 약속으로 '상식의 가치와 공정 원칙 바로 세우기'를 배치하며 공정성을 국정 운영의 최우선 가치로 설정했다. 하지만 상식과 공정의 약속을 위한 세부 국정 과제 6개를 보면 공정한 법 집행, 미디어의 공정성, 코로나19 피해 회복 등 통상적 정부 정책 수준을 벗어나지 못하고 있다. 그나마 차별성을 띤 과제가 탈원전 정책 폐기인데 시민의 생명 보호와 안전을 위한 탈원전 정책이 불공정성을 야기한 원인이라는 발상은 공감대를 형성하기 어렵다.

윤석열 대통령은 "국가는 공정한 시스템을 구축하여 반칙과 특권을 일소하고 평등한 기회를 보장해야 한다"(조선일보 2021.12.14)고 강조하지만, 인수위의 국정 목표와 국정 과제들에서조차 윤석열 정부의 공정성 가치와 실현 방안은 구체적으로 적시되지 않았다.

윤석열 정부는 '특권과 반칙'을 청산해야 할 불공정성으로 설정하고 있다는 점에서 문재인 정부와 다르지 않다. '공정성'은 어떤 가치와 결합되는가에 따라 그 의미와 내용이 달라진다. 그런

데, 문재인 정부는 평등과 공정을 강조한 반면, 윤석열 정부는 자유와 공정을 강조한다. 평등과 자유의 지향이 서로 다르다면, 문재인 정부와 윤석열 정부가 핵심 가치로 설정한 공정성은 공통점보다 차이점이 더 클 수 있다.

문재인 대통령은 부와 명예의 대물림을 불공정성의 원인으로 설정한 반면, 윤석열 대통령은 불평등의 대물림에 대한 문제의식이 없다. 문재인 대통령은 불평등을 완화하기 위해 소득 주도 성장 전략을 정부 정책의 핵심 기조로 설정한 반면, 윤석열 대통령은 "소주성소득 주도 성장과 같은 잘못된 경제 정책을 폐기했다. 경제 기조를 철저하게 민간 중심, 시장 중심, 서민 중심으로 정상화했다. (…) 민간의 자유를 최대한 보장하면서 민간 스스로 혁신을 추구할 수 있도록 뒷받침해 왔다. 시장이 효율적이고 공정하게 작동되도록 제도를 뒷받침"(조선일보 2022.8.17)하는 것이 정부의 역할이라고 강조한다. 이는 경제를 시장의 자율에 맡기며 소득 주도 성장 정책을 폐기하고 그 자리에 이윤 주도 성장 정책을 복원시키겠다는 것이다.

윤석열 정부에서 '공정'은 '자유'의 하위 개념이고 자유민주주의와 시장경제 체제가 제대로 수립되면 공정성은 담보된다는 것이 기본 전제다(매일경제 2021.7.19; 조선일보 2022.5.10). 윤석열 대통령은 취임 100일 기자 회견에서 소득 불평등 완화를 위해 설계된 소득 주도 성장 정책을 폐기한 것을 최대의 성과로 꼽으며 "재정 여력은 서민과 사회적 약자를 더욱 두텁게 보호하는 데 쓸 것이다"(조선일보 2022.8.17)고 밝혔다. 이는 소득 분배 과정에 개입하지 않고 시장과 자본에 맡기되, 정부는 선별적 복지의 재정 정책을 통해 소득 재분배에 기여하겠다는 입장이다. 그러나 감세에 기반한 재정 정책에서 소득 재분배 효과를 기대하기는 어렵다.

문재인 대통령의 "평등과 공정"에서 공정성은 불평등을 완화하기 위해 시장 질서에 개입하고 사회적 규제를 실시하는 것인 반면, 윤석열 대통령의 "자유와 공정"에서 공정성은 경제를 시장과 자본의 자율에 맡기는 것이다. 따라서 불평등을 완화하기 위해 시장에 개입하고 자본을 규제하는 행위는 문재인 정부에서는 공정한 정책으로 규정되지만, 윤석열 정부에서는 그렇지 않다.

대통령이 선언하는 국정 운영의 핵심 가치는 한 개인의 의견 표현을 넘어 대통령과 함께 정권을 창출한 정당의 입장을 대표하고 그를 대통령으로 선출한 국민 여론을 대변한다. 따라서 전·현직 대통령의 상반된 공정성 담론은 공정성 가치의 혼란과 국론 분열을 가져오며, 이는 지배 세력의 불평등 이데올로기와 피지배 세력의 평등 이데올로기가 일방적 승리 없이 각축하는 상황을 반영한다.

11장. 불평등 사회, 공정할 수 있는가?

지배 세력이 불평등 체제를 정당화하기 위해 공정성 개념을 동원하면서 불평등 체제의 정당성 공방은 공정성 여부를 중심으로 전개되고 있다. 불평등 사회도 공정할 수 있는가?

평등은 측정 가능 지표들로 판단할 수 있는 객관적 현상이지만, 공정은 객관적 기준 없이 관점에 따라 판단이 달라지는 주관적 현상이다. 자본주의는 언제 어디서나 불평등하지만, 어떤 사회가 다른 사회보다, 어느 시기가 다른 시기보다 더 공정한가를 비교하려면 평가 기준이 필요하고, 이를 위해 공정성 원칙을 검토해야 한다.

공정성 가치를 중점적으로 연구해온 대표적 학문 분야는 도덕 철학과 정치 철학이다. 공리주의의 '최대 다수의 최대 행복'론은 행위, 규칙, 제도, 정책 등의 결과가 전체 사회 구성원 가운데 얼마나 많은 사람에게 긍정적 영향을 주는가를 기준으로 삼는다. 공리주의 공정성 원칙은 불평등 사회의 비교 분석에 매우 유용한 상대적 평가 기준을 제시한다. 하지만, 존 롤스John Rawls는 공리주의의 결과에 기초한 상대적 평가 기준을 비판하고, 결과보다 과정을 중시하며 공정하고 정의로운 사회가 지켜야 할 원칙을 제시한다. 그것이 '공정으로서의 정의Justice as fairness' 원칙이라는 절대적 평가 기준이다.[12]

공리주의의 '최대 다수의 최대 행복'

1) 공리주의의 공정성 원칙: 현실론적 결과주의

벤담(Bentham 1780)과 밀(Mill 1861)로 대표되는 공리주의는 전통적으로 서구의 도덕 철학을 지배해 왔는데 행위의 결과가 행위의 옳고 그름 혹은 선과 악을 평가하는 유일한 기준이라고 규정하는 결과주의다. 행위의 동기나 내재적 가치보다 행위의 결과를 중시하는데, 공리주의가 중시하는 결과는 개인의 욕구나 효용성 만족으로 얻게 되는 행복이다.

공리주의에 따르면, 인간을 행복하게 하는 것은 옳고 선한 것이기 때문에 즐거움을 극대화하고 고통을 최소화하는 것이 행위 주체의 합리적 선택이다. 사회는 그런 이기적 개인들로 구성된 집합체이다. 인간의 이해관계는 서로 상충하는 경우가 많기 때문에 모든 사회 구성원을 만족시키는 상황은 불가능하다. 따라서 한 사회의 가장 바람직한 상태는 사회 구성원들 가운데 최대로 많은 사람들이 최대로 크게 행복을 누리는 상태, 즉 '최대 다수의 최대 행

12 '공정' 문제를 체계적으로 다뤄온 도덕 철학은 '공정'을 '정의' 개념과 함께 논의하며 두 개념을 동일한 내용으로 간주하는 경우도 많다.

복'으로 규정된다.

공리주의에 앞선 홉스, 로크, 루소 등 고전적 정치사상가들은 자연 상태의 인간 사회를 자신의 이익과 욕망을 실현하기 위해 서로 치열하게 다투는 "만인의 만인에 대한 전쟁"으로 본다. 공리주의는 고전적 정치사상가들의 인간관과 사회관을 이어받아 인간은 이기적 존재로서 각자 자신의 이익과 욕망을 극대화하려 하지만 자연 상태에선 모두 행복하기보다 모두 불행하게 된다고 본다.

공리주의의 최대 다수 최대 행복 명제는 자연 상태, 즉 시장에서 모든 인간이 행복해지는 것은 불가능하다는 현실을 기본 전제로 받아들인다. 그것은 모든 사회 구성원이 원하는 소득과 권력 등 희소가치는 총량이 제한되어 있는데 시장은 모두가 행복할 만큼 희소가치를 고르게 배분하지 않기 때문이다. 그래서 공리주의는 현실론적 접근법을 취하는데, 결과주의는 그 산물이다.

공리주의의 현실론적 결과주의는 개인 단위뿐만 아니라 사회 수준에도 적용된다. 어떤 사회적 행위가 보다 많은 구성원에게 보다 큰 행복을 가져다주면 그것은 옳고 선한 행위다. 반면, 어떤 사회적 행위가 이상적 가치를 실현하겠다는 좋은 동기에서 비롯되었더라도 구성원의 행복보다 고통을 더 크게 한다면 그 행위는 그르고 악한 것으로 평가된다. 행위뿐만 아니라 규칙과 제도도 무위를 포함한 다른 대안들에 비해 더 나은 결과를 가져오면 옳은 것이고, 그러한 규칙과 제도에 순응하는 행위는 옳은 행위로 평가된다. 이렇게 공리주의는 고전적 공리주의자들의 행위 공리주의에서 툴민Stephen Toulmin 등의 규칙 공리주의로 발전했다. 한편, 최대 다수의 최대 행복을 추구하는 행복 총량 극대화의 고전적 공리주의와는 다르게 전체 사회 구성원의 평균 행복 수준을 높이는 시지

윅Henry Sidgwick 등의 평균 공리주의가 등장하는 등 공리주의도 다양화하고 있다.

소득 재분배 정책은 소득의 일정액을 부자들로부터 빈민들에게 이전하는 조치인데, 소수의 부자가 조세 부담으로 겪는 불행의 크기보다 다수의 빈민이 조세 수입으로 실시되는 사회복지 정책으로 얻게 되는 행복의 크기가 훨씬 더 크다. 따라서 소득 재분배 정책은 정책의 비용보다 사회적 혜택이 더 크기 때문에 최대 다수의 최대 행복을 실현하는 데 기여하는 것으로 평가된다. 고전적 정치사상가들이 자연 상태 인간의 공멸을 막고 공동선을 구현하는 국가의 역할을 설명했다면, 공리주의의 최대 다수 최대 행복론은 서로 다른 사회·정책을 비교·평가할 수 있는 결과주의 기준을 제시했다고 할 수 있다.

2〉 최대 다수의 최대 행복 원칙과 현실

전체 국민을 소득 수준에 따라 10% 단위의 소득 집단들로 분해하면, 자본주의 사회에서 국민소득 가운데 자신의 정당한 몫(1/N)을 버는 사람은 소득 수준 p70~p80, 즉 8분위 소득 집단이라 할 수 있다(표 11.1).

선진 자본주의 국가들에서 8분위 소득 집단은 대체로 국민소득의 10% 정도를 점유하고, 소득 수준 p80~p90 집단, 즉 9분위 소득 집단은 자신의 몫보다 조금 더 많은 1.3~1.5배 정도를 점유한다. 반면, 소득 최상위 10% 집단의 국민소득 점유율은 국가 간 편차가 매우 큰데, 점유율이 가장 높은 한국과 미국은 각각 46.45%와 45.46%로 국민소득의 절반 수준에 육박하는 반면, 스웨덴은 29.28%로 가장 작다. 한편, 소득 하위 50% 집단의 국민소

〈표 11.1〉 소득 분위별 세전 국민소득 점유율(%, 2021년)

	스웨덴	독일	스페인	미국	한국
p90~p100	29.28	37.51	34.74	45.46	46.45*
p80~p90	14.11	14.92	14.50	15.04	13.27
p70~p80	11.81	11.53	11.68	10.77	9.81
(…)					
p0~p50	24.49	18.70	20.73	13.31	16.04*
배수 (p90~p100/ p0~p50)	1.20	2.01	1.68	3.42	2.90

* 한국은 2019년 자료임. 2020년 이후는 국제 비교 가능한 자료 확보되지 않았음.
자료: WID(https://wid.world/).

득 점유율은 스웨덴이 24.49%로 가장 크고, 미국은 13.31%로 가장 작은데, 한국은 17.40%로 미국에 가깝다.

소득 점유율로 보면, 자본주의 사회는 최상위 10%의 행복을 위해 전체 인구의 70%에 달하는 중하위 소득 집단에게 자신의 몫의 상당 부분을 희생하도록 강제하고 있다. 소득은 시장에서 소비재 상품들을 구입할 수 있는 구매력뿐만 아니라 정치권력, 고급문화 등 각종 희소가치에 대한 접근 기회를 결정한다. 따라서, 국민소득의 1/N 미만을 버는 70%는 자신이 누려야 할 1/N만큼의 행복을 누리기 어렵다. 이들 중하위 70%는 최상위 10%가 1/N 이상의 몫을 가져가기 때문에 최대 행복을 누리는 최대 다수에 합류할 기회를 빼앗긴 것이다.

최대 행복에서 배제된 소득 집단 비율도 국가별로 편차가 크다. 소득 불평등이 심한 한국과 미국은 70% 정도가 배제된 반면, 스웨덴의 경우 6분위와 7분위 소득 집단들도 1/N을 벌고 있으며,

배제된 소득 집단은 하위 50%에 불과하다. 따라서 한국과 미국은 최대 다수의 최대 행복 실현에 실패했고, 스웨덴은 상대적으로 더 성공한 편이라 할 수 있다.

개인들의 삶에 대한 행복감을 보면, 평등한 국가일수록 행복감을 느끼는 국민의 비율이 높고, 불평등한 국가일수록 비율이 낮다. 하지만, 미국은 불평등 수준이 높음에도 행복하다고 생각하는 사람들 비율이 높게 나타나고 있다. 이는 불평등 심각성에 대한 인식 수준이 매우 낮아 불평등이 심해도 행복감을 떨어뜨리지 않는 것으로 해석된다.

상대적으로 더 평등한 스웨덴과 독일은 행복감이 7점 척도에서 2.80~2.82의 높은 수준을 보여준다. 반면, 한국은 3.18로 상대적으로 더 낮은데, 이는 심각한 불평등이 최대 다수의 최대 행복을 어렵게 한 결과라 할 수 있다(표 11.2).

〈표 11.2〉 본인 삶에 대한 주관적 행복감:
"귀하의 생활을 고려할 때, 전반적으로 얼마나 행복 또는 불행하다고 생각하십니까?"

	평균	사례 수	표준편차
스웨덴	2.82	1132	0.969
독일	2.80	1651	0.916
스페인	2.94	2682	0.985
미국	2.50	1543	0.972
한국	3.18	1535	1.087
전체	2.86	8542	1.009

* 응답지: 최솟값 1(전적으로 행복하다), 최댓값 7(전적으로 불행하다). [중간값은 4]
자료: ISSP 2011년 보건 의료 조사.

존 롤스의 '공정으로서의 정의'

정의롭지 못한 정치 질서도 언제든 정당화될 수 있기에 롤스는 정의를 정당성보다 높은 최고 기준으로 설정하고 공정성을 정의의 핵심 가치로 규정한다. 롤스는 사회 구성원들이 수용하여 서로 협력할 수 있는 공정성 원칙을 수립하고자 했다. 그것이 전통적으로 도덕 철학을 지배해온 공리주의를 비판하며 출현한 롤스의 정의론 '공정으로서의 정의'다.[13]

1〉 공리주의 비판과 원초적 입장

롤스는 사회 구성원들이 누리는 행복의 총량을 극대화하고 평균값을 높이기 위해 소수 혹은 다수의 구성원에게 희생을 강요하는 것은 정의롭지 못하다며 공리주의의 최대 다수 최대 행복론을 비판한다. 사회 계약의 관점에서 모든 구성원의 시민적 자유와 기본권을 평등하게 보장하는 사회가 정의롭다는 입장이다.

롤스는 정의로운 사회의 기본 구조를 결정하기 위해 시민의 대변자들이 가상의 원초적 입장original position에서 동의할 수 있는 사회 원칙들을 도출하는 사고 실험thought experiment을 실행한다. 원초적 입장이란 실험 참여자는 자신이 대변하는 특정 시민(들)의 인종, 성별, 종교, 경제적 계급, 사회적 지위, 소질이나 능력, 가치관이나 심리적 성향뿐만 아니라 해당 사회의 정치체제, 계급 구조, 경제체계나 경제 발전 수준을 알지 못하는 상황이다. 다만, 참여자는 시민들이 기본재primary goods를 원하지만 충분하지 않다는

13 롤스의 정의의 원칙은 Rawls(1999, 2001), Rawls(2003, 2016)을 참조할 것.

사실을 알고 있으며, 상식 수준의 경제 이론과 심리학 등 사회과학의 기본 지식도 어느 정도 갖고 있다고 전제된다.

이처럼 '무지의 장막veil of ignorance'으로 참여자는 자신이 대변하는 특정 개인 혹은 집단의 이해관계로부터 영향을 받지 않기 때문에, 어느 한쪽의 이익을 위해 다른 쪽을 희생하는 선택을 하지 않는다. 참여자는 모든 사회 구성원의 이해관계를 동등하게 배려하는데, 이때 특정 집단의 이해관계를 우선시하지 않으며 피해자를 최소화하고 최악의 피해를 회피하기 위한 원칙들을 선택하게 된다.

이렇게 시민들이 원초적 입장에서 선택하는 원칙들이야말로 자유롭고 평등한 시민들이 동의·수용할 수 있는, 모두에게 공정한 두 가지 정의의 원칙이다.

2〉 정의의 원칙들

정의의 원칙은 두 가지로 구성되는데, 우선순위가 있다. 제1원칙은 '최대로 평등한 자유의 원칙'이며 이는 다른 원칙들보다 먼저 보장되어야 하는 절대적 원칙이다. 제2원칙은 두 개의 하위 원칙, 즉 '공정한 기회균등의 원칙'과 '차등의 원칙'으로 구성되어 있다(Rawls 1999: xi-xii, 52-56, 105-10).

정의의 두 원칙은 사회 구조의 각기 다른 부분에 적용된다. 제1원칙은 "평등한 기본적 자유를 규정하고 보장하는 사회 체제의 측면"에 적용되고, 제2원칙은 "사회적·경제적 불평등을 규정하고 확립하는 사회 체제의 측면"에 적용된다(Rawls 1999: 52-56; 롤스 2003: 105-110).

사회의 기본 구조는 합리적 인간이라면 누구나 갖고자 하는 사용 가치가 큰 사회적 가치들을 평등하게 분배해야 하는데, 주요 기본재로는 권리와 자유, 기회, 소득과 재산이 꼽힌다. 정의의 원칙들은 기본재들이 모든 시민에게 공정하게 분배되도록 한다. 따라서 시민들은 가정의 빈부 격차 속에서 태어났더라도 사회제도 측면에서는 다른 사람들보다 더 많은 혜택이나 손해를 받지 않는다.

제1원칙, 평등한 자유의 원칙은 "모든 사람은 다른 사람들의 유사한 자유 체계와 양립할 수 있는 평등한 기본적 자유의 충분히 적절한 체계에 대해 동등한 불가침의 권리를 갖는다"로 표현된다. 기본적 자유란 전통적으로 자유민주주의와 결부된 자유와 권리들로서 타인의 자유를 침해하지 않는 한 모든 시민에게 평등하게 보장된다(Rawls 1999: 52-53, 265-267; 2001: 42-44).

기본적 자유에는 투표권·참정권 등 정치적 자유, 언론과 결사의 자유, 양심의 자유와 사상의 자유, 심리적 억압과 신체적 위협 없는 인신의 온전성 자유, 사유 재산 소유권, 자의적 인신 구속으로부터의 자유, 법의 지배로부터 보호받을 권리 등이 있다. 하지만 계약의 자유나 생산 수단 소유권 같은 경제적 권리·자유는 포함되지 않는다.

소득·재산이 평등하게 분배될 필요는 없으나 사회·경제적으로 불평등하더라도 일정한 조건은 충족되어야 한다는 것이 제2원칙인데, 두 개의 하위 원칙들로 구성된다.

제2원칙 가운데 첫 번째 하위 원칙인 '공정한 기회균등의 원칙'은 소득·재산의 분배와 관련된 권한과 책임에 대한 원칙이다. 사람들이 선호하는 권한 있는 "직책과 직위들은 공정한 기회균등의 조건 하에서 모든 사람에게 열려 있어야 한다"는 것이다(Rawls 1999: 52-53, 265-267; Rawls 2001: 42-43).

공정한 기회균등 원칙은 자연적 자유의 체계the system of natural

liberty에서 주어지는 형식적 기회균등의 문제점을 바로잡도록 한다. 동일 수준의 타고난 능력과 능력 발휘 의욕을 지닌 사람들이라면 출신 계급 위치와 무관하게 성공 가능성이 같아야 한다. 그런 점에서 공정한 기회균등은 자유주의적 평등을 의미하며, 정치적 지배로 이어질 수 있는 과도한 재산과 부의 집중을 막기 위해 적절한 조치가 요구된다. 사회는 가족의 소득 수준과 무관하게 모두에게 균등한 교육 기회를 보장해야 하는데, 정부가 이러한 공동선을 집행하기 위해서는 비례적 소비세와 누진율의 상속세·소득세를 통해 재원을 확보할 필요가 있다.

3〉 차등의 원칙

제2원칙의 두 번째 하위 원칙인 '차등의 원칙'은 "(사회적·경제적 불평등은) 사회의 최소 수혜자에게 가장 큰 이득이 되어야 한다"는 최소 수혜자 보호 원칙이다(Rawls 1999: 13, 86-93; 2001: 57-72). 차등의 원칙은 평등한 자유의 원칙과 공정한 기회균등의 원칙이 충족된 가운데 적용되는 원칙으로서 선행하는 두 원칙과 함께 차등의 원칙까지 실현된다면 완전히 정의로운 사회가 되었다고 할 수 있다.

선행하는 두 원칙은 시민들이 평등하기 때문에 사회 구성원들이 협력하여 창출한 가치들도 동등하게 분배하도록 한다. 생산성 향상을 위한 인센티브는 경제적 효율성 수준을 높이거나 높게 유지하기 위해 요구되는데, 이는 불평등한 분배로 이어질 수 있다. 불평등은 무조건 금지되는 것이 아니다. 모든 시민, 특히 최소 수혜자들에게 이득을 주고 삶의 조건을 개선할 수 있다면 불평등도 허용된다는 것이 차등의 원칙이다.

자의성을 피하면서 최소 수혜자 집단을 확인하는 방법은 두 가지가 제시된다. 하나는 비숙련 노동자 같은 특정 사회 지위 집단을 선별하여 그 집단의 소득·재산 수준과 유사하거나 미달하는 사람들로 규정하는 방식이고, 다른 하나는 소득·재산 중위값의 절반에 미달하는 사람들로 설정하는 방식이다.

롤스는 이후 소득·재산보다 더 포괄적인 평가 기준에 기초하여 최소 수혜자 집단을 확인하는 방식을 개발했는데, 그것이 기본재 개념을 사용하는 방식이다. 기본재를 구성하는 다섯 가치는 ① 기본적 권리와 자유, ② 이동과 직업 선택의 자유, ③ 직책·직위의 권위, ④ 소득과 재산, ⑤ 자존감의 사회적 기반이다. 기본재는 모든 자유롭고 평등한 시민들이 필요로 하는 가치인데, 평생 취득할 기본재의 기대치가 가장 낮은 사람들이 최소 수혜자 집단이다.

차등의 원칙은 불평등으로 인한 피해를 배상하는 '배상의 원칙'이다. 출신 지위나 천부적 자질이 불평등하게 배분된 조건에서 모든 구성원을 동등하게 처우하며 진정한 균등 기회를 보장하기 위해 요구되는 조치들이 있다. 먼저, 상대적으로 불리한 사회적 지위나 자질을 타고난 사람들에게 좀 더 관심을 갖고 교육 재원을 더 많이 제공해 여건의 불리함을 바로잡아야 한다. 또한, 천부적 재능을 지니고 태어났더라도 이는 공동 자산이기 때문에 그로 인해 발생하는 이득은 공동체 구성원들이 함께 나누어야 한다.

또한, 차등의 원칙은 상호성reciprocity 개념에 기초한 '호혜의 원칙'이다. 호혜의 원칙에 따라 사회적 이해관계들이 서로 조화를 이루기 때문에, 누구도 다른 사람의 희생으로 이득을 취할 수 없으며, 상호적 이득만 허용된다. 따라서 불평등한 분배는 최소 수혜자를 포함한 모든 사회 구성원의 이득을 증대하는 경우에만 허

〈표 11.3〉 1800년 인도의 세 가지 대안적 헌법 체계: 기본재의 분배 비교

헌법 체계	인도인	영국인	최대/최소 수혜
헌법 #1	100	100	1배
헌법 #2	120	110	1.09배
헌법 #3	115	140	1.22배

자료: Rawls(2001: 69).

용된다.

최소 수혜자가 특정 사회 경제 구조에서 받는 이득의 크기가 다른 대안적 분배 체계보다 더 커야 한다. 그런 점에서 최소 수혜자 배상 원칙은 상대적 기준도 포함한다. 롤스가 예시한 1800년 인도의 세 가지 대안적 헌법 체계에서 최소 수혜자는 각각 100, 110, 115만큼 기본재를 받는다(표 11.3). 최소 수혜자가 3번 헌법 체계에서 받는 이득이 다른 분배 체계보다 더 크기 때문에 차등의 원칙에 부합하는 것은 3번 헌법 체계다.

최소 수혜자 대비 최대 수혜자의 기본재 보유량의 배율은 1번 체계가 1배로 완전 평등 분배고, 3번 체계는 1.22배로 세 체계 가운데 가장 불평등하다. 이처럼 차등의 원칙은 기계적 평등을 고집하는 평등주의egalitarian와 다르다. 1번 체계는 기본재를 포함한 모든 사회적 재화를 엄격하게 균등 분배하지만, 정의로운 사회의 차등 원칙은 인센티브의 역할처럼 불평등 분배의 필요성을 인정한다. 물론, 차등 원칙은 두 개의 선행 원칙들이 충족되는 것을 전제하기 때문에 평등한 자유와 공정한 균등 기회가 보장되는 가운데 분배의 불평등이 제한적으로 허용되는 것이다.

4〉 정의의 원칙 우선순위와 사회 체계

정의의 원칙들엔 우선순위가 있는데, 제1원칙은 제2원칙에 우선하고, 제2원칙에서는 공정한 기회균등의 원칙이 차등의 원칙에 우선한다. 선순위 원칙이 상대적으로 더 근본적인 이익을 보호하기 때문에 선순위 원칙(들)이 충족되지 않으면 후순위 원칙(들)이 제대로 이행되기 어렵다. 또한, 우선순위 규칙은 정의의 원칙들이 요구하는 내용들이 서로 상충할 때 어떤 것이 우선시되어야 하는가를 결정한다.

정의의 원칙들이 잘 지켜지면, 시민들은 자존감을 지니고, 소외감을 느끼지 않으며 서로 의심하거나 시기하지 않고 신뢰하며 협력할 수 있어 사회는 안정을 유지할 수 있다.

롤스(Rawls 2001: 135-140)는 정치, 경제, 사회제도를 완비한 사회 체계를 다섯 유형의 체제로 나눈다. 그 가운데 자유방임 자본주의, 복지국가 자본주의, 국가 사회주의는 정의의 원칙들을 하나 이상 위반하는 것으로 평가된다.

자유방임 자본주의는 경제적 효율성과 성장을 우선시하며 사회적 가치는 최저 수준으로 유지하면서 평등한 자유의 원칙과 공정한 기회균등 원칙을 모두 거부한다.

복지국가 자본주의는 평등한 자유 원칙은 거부하고, 기회균등 원칙에 대해서는 일정 정도 관심을 보이지만, 구체적 정책으로 실행하지 않는다. 소수의 자본계급이 생산적 자산과 자연 자원 같은 실물 재산의 소유권을 독점하기 때문에 일반 시민은 정치적 자유를 실질적으로 행사하기 어렵다. 따라서 복지 정책들은 상대적으로 관대하여 시민의 품위를 위한 사회적 최저치를 보장할 수 있지만, 경제·사회적 불평등으로 인해 상호성의 호혜 원칙은 이행되지 않는다.

국가 사회주의는 국가 권력을 독점한 일당 체제의 명령 경제로 중앙에서 채택된 경제 계획에 의해 운영되는데, 민주적 절차나 시장이 거의 작동하지 않아서 평등한 기본 권리와 자유가 위반될 뿐만 아니라 공정한 기회균등 보장도 이루어질 수 없다.

한편 다섯 체제 가운데, 재산 소유 민주주의와 자유주의적/민주적 사회주의는 정의의 두 원칙을 모두 충족하도록 설계되었다. 차등의 원칙에는 미치지 못하지만 경제·사회적 불평등은 상호성의 호혜 원칙으로 제어될 수 있다.

자유주의적/민주적 사회주의는 사회주의의 한 유형으로 생산 수단이 사회적으로 소유되지만, 국가사회주의와는 달리 다수의 민주 정당들이 정치권력을 공유하고, 경제 권력도 기업들 사이에 분산되어 기업들은 자유로운 경쟁 시장 체계 내에서 자율적으로 사업을 주도할 수 있다.

재산 소유 민주주의는 생산적 자산의 사적 소유를 허용하지만, 복지국가 자본주의와는 달리 부와 자본의 소유권을 분산시켜 소수의 자본계급이 생산 수단의 독점적 소유권을 이용하여 경제뿐만 아니라 정치 사회까지 간접적으로 통제하는 것을 막는다. 공정한 기회균등으로 생산적 자산뿐만 아니라 지식·정보, 교육된 능력과 훈련된 숙련 같은 인적 자본도 소유권이 광범위하게 확산된다. 그래서 모든 시민이 사회·경제적 평등의 토대 위에서 서로 협력하며 사회·경제 활동을 영위하고 정치적 권리·자유도 향유할 수 있다.

공정성 원칙과 한국 사회

1〉 공리주의와 롤스의 공정성 원칙

공리주의와 롤스의 공정성 원칙들을 비교하면, 적어도 네 가지 측면에서 차이를 보인다(표 11.4).

첫째, 공리주의의 공정성 원칙은 자연 상태의 공멸 위험으로부터 얼마나 멀리 벗어났는가를 평가하는 현실론적 결과주의인데, 롤스의 공정성 원칙은 결과를 도출하는 과정을 중시하되 자본주의와 사회주의를 막론하고 현존 사회들에서 실현된 사례를 찾기 어려운 이상론적 과정 중시 접근법이라 할 수 있다.

둘째, 공리주의의 공정성 원칙은 사회 구성원들 가운데 최대 행복 조건이 충족되는 비율을 국가 간 비교하는 상대적 평가 기준이지만, 롤스의 공정성 원칙은 보편적으로 적용되어야 할 가치들로 구성된 절대적 평가 기준이라 할 수 있다.

셋째, 기본재는 공정성 원칙이 중시하는 사회 경제적 가치와 자원들인데, 롤스의 정의 삼원칙 기본재는 각각 권리와 자유, 사회 경제적 기회, 소득과 자산으로 나뉘어 평가되는 반면, 공리주의 공정성 원칙은 롤스가 지칭하는 기본재들의 가치 총합에 대한 시민의 종합적 평가를 반영한다.

넷째, 지배계급 이데올로기적 호명의 불평등 정당성 명제와 비교하면, 공리주의 공정성 원칙은 시민들의 만족도 평가로 국민 여론에 직접 반영되지만, 롤스의 정의 원칙은 불평등 체제의 정당성보다 더 높은 수준의 이상적 가치로 국민 여론에는 간접적으로만 반영된다. 불평등 정당성 명제는 상승 이동 기회 보장에 불과하지만, 롤스의 기회균등 원칙은 단순한 기회 보장을 넘어선 실질적

〈표 11.4〉 공리주의와 롤스의 공정성 원칙 비교

<table>
<tr><th>기준 \ 도덕 철학</th><th>공리주의</th><th colspan="3">존 롤스</th></tr>
<tr><td>공정성 원칙</td><td>최대 다수 최대 행복</td><td>평등한
자유 원칙</td><td>기회균등 원칙</td><td>차등의 원칙</td></tr>
<tr><td rowspan="2">공정성 평가 기준</td><td rowspan="2">상대적 기준</td><td colspan="3">절대적 기준</td></tr>
<tr><td colspan="2">상대적 요소 불포함</td><td>상대적 요소 포함</td></tr>
<tr><td rowspan="2">분배·재분배 관련성</td><td rowspan="2">분배·재분배 결과</td><td colspan="3">분배·재분배 과정</td></tr>
<tr><td colspan="2">분배 과정</td><td>재분배 과정</td></tr>
<tr><td>원칙 적용 대상</td><td>최대 다수 시민</td><td>보편적 적용</td><td>보편적 적용</td><td>최소 수혜자 배상</td></tr>
<tr><td>원칙 적용 가치·자원
(기본재)</td><td>행복</td><td>권리·자유</td><td>사회 경제적
기회</td><td>소득·자산</td></tr>
<tr><td>불평등 체제
개입 방식</td><td>불평등 체제 수혜자
극대화</td><td>절대적 평등
보장</td><td>불평등 부정적
효과 억제</td><td>불평등 체제 구조적
문제점 시정</td></tr>
</table>

균등 기회 보장으로도 부족하다. 불평등 피해자인 최소 수혜자들에게 배상하는 방식으로 불리한 조건을 상쇄해줘야 하는데, 이러한 차등의 원칙은 시민들이 일상적으로 기대·경험하는 수준보다 훨씬 더 높기 때문이다.

2〉 공정성 원칙 실천의 국가 간 편차

각국에서 롤스의 정의 원칙들이 얼마나 모범적으로 실천되는가를 확인하기 위해서는 정성 평가를 위한 심층 사례 분석이 필요하다. 그럼에도 국제 여론조사 업체인 갤럽이 실시한 설문조사는 롤스의 제1원칙과 제2원칙의 실천 정도를 거칠게나마 평가할 수 있는 정보를 제공한다. 이 조사에서 각국 시민들을 대상으로 자국의 정치적 자유와 경제적 기회가 어느 정도 충분하다고 보는지를 물었다(표 11.5).

〈표 11.5〉 **자국의 정치적 자유 & 경제적 기회 평가** (단위: %)

	스웨덴	독일	스페인	미국	한국	60개국 평균
정치적 자유						
① 충분	74	63	49	40	39	42
② 불충분	17	30	45	48	55	50
의견 유보	9	7	6	12	5	8
순지수(①-②)	57	33	4	-8	-16	-8
경제적 기회						
① 충분	61	50	19	42	25	29
② 불충분	29	42	76	48	72	64
의견 유보	10	8	5	9	4	7
순지수(①-②)	32	8	-57	-6	-47	-35

* "귀하는 우리나라의 '정치적 자유' / '경제적 기회'에 관해 어떻게 생각하십니까?"
자료: GIA(2023:73-89) 2022년 8~10월 조사.

갤럽의 '정치적 자유' 문항은 롤스의 제1원칙, 즉 평등한 자유의 원칙 측정 지표로 활용될 수 있다. 한편, 갤럽의 '경제적 기회' 문항이 최소 수혜자들도 불이익을 당하지 않고 균등하게 기회를 향유할 수 있는 정도를 측정한다는 점에서 롤스의 제2원칙 지표로 활용될 수 있다.

서구 선진 자본주의 국가들 가운데 스웨덴이 정치적 자유를 가장 충분하게 향유하는 반면, 미국이 가장 불충분한 것으로 나타났는데, 한국은 미국 수준에도 못 미치는 것으로 평가된다. 또한 경제적 기회에서도, 스웨덴이 경제적 기회가 충분하다는 의견이 가장 많고 미국은 불충분한 편으로 나타났는데, 한국은 미국 수준에도 크게 뒤지는 것으로 평가된다. 충분과 불충분 비율의 격차를 순지수로 사용하면, 정치적 자유 평가의 순지수와 경제적 기회 평가의 순지수는 정(+)의 상관관계를 보여준다. 이는 정치적 민주주의 발달과 경제적 기회 확대가 서로 긍정적으로 보강하는 동시에 양자 가운데 어느 한 편이라도 부진하면 다른 편의 발달을 제약한다는 사실을 확인해준다. 또한 정치적 자유와 경제적 기회 모두 순지수가 사회 경제적 불평등 수준에 반비례하는 경향성을 보여주고 있어, 사회 경제적 불평등이 완화되지 않으면 정치적 민주주의와 경제적 기회 확대를 기대하기 어려움을 의미한다.

공리주의 공정성 원칙의 객관적 지표와 마찬가지로 롤스 정의론의 객관적 지표에서도 미국과 스웨덴은 공정성 수준에서 상당한 격차를 보여준다(표 11.6). 그러나 롤스 자신이 평가하는 미국과 스웨덴의 공정성 격차는 크지 않다. 그것은 롤스가 미국이나 스웨덴 모두 평등한 자유의 원칙을 거부하고, 차등의 원칙도 거부하거나 이행하지 않는 것으로 평가하기 때문이다. 스웨덴이 복지국가 모델로 기회균등 원칙에서 저소득층 삶의 조건 개선에 다소 성과를 보이지만, 미국과 마찬가지로 자본계급의 실물 자본 소유권 독점으로 인해 실질적으로 균등한 기회 보장은 불가능하다고 평가하는 것이다.

롤스의 정의론은 현존하는 모든 국가가 정의의 원칙 이행에 실패했다고 평가하면서 국가 간 차이는 의미가 없어지기 때문에 비교 분석 기준으로서의 유용성은 크지 않다. 그럼에도, 사회 경제적 불평등을 다루는 제2원칙은 공정한 기회균등 원칙이 자유방임 자본주의와 복지국가 자본주의 사이의 차이를 확인해주는 한편, 차등의 원칙은 그 자체가 상대적 평가 기준의 요소를 지니고 있어 비교 사회 분석의 기준으로 활용할 수 있다.

〈표 11.6〉 시장경제 모델 공정성 원칙 적용 비교

	미국	스웨덴	한국
공리주의*			
행복	소수**	최대 다수	소수
불행	최대 다수	소수	최대 다수
롤스 정의론			
롤스의 범주화	자유방임 자본주의	복지국가 자본주의	
평등한 자유 원칙	거부	거부	
기회균등 원칙	거부	부분 이행	
차등의 원칙	거부	불이행	
객관적 지표(Gallup)*			
평등한 자유 원칙	상대적 불충분	충분	불충분
기회균등·차등 원칙	미흡	상대적 충분	심각한 불충분

* 공리주의는 〈표 11.1〉과 〈표 11.2〉를 요약했고,
객관적 지표(Gallup)는 각국 시민들의 자체 평가이며 〈표 11.5〉를 정리했음.
** 미국은 행복의 객관적 조건은 소수에게만 구비되었지만,
배제된 집단의 상당 부분도 만족도를 보이고 있음(표 11.2 참조).

다음 12장과 13장은 각각 제2원칙의 공정한 기회균등 원칙과 차등의 원칙을 중심으로 비교 사회 분석을 실시한다. 제2원칙은 선행하는 제1원칙의 적용을 전제하기 때문에 제1원칙의 실현 정도도 간접적으로 확인할 수 있다.

12장. 기회는 누구에게나 균등한가?

한국인은 세대 간 지위 하락보다 지위 상승을 더 많이 경험했으면서도 미래의 지위 상승 가능성에 대해서는 부정적으로 전망한다. 지배계급 이데올로기의 상승 이동 기회 보장 명제는 거부도 수용도 되지 않고 있다. 롤스의 기회균등 보장 원칙은 상승 이동 기회 보장에 엄격한 '균등' 기준이 추가된 공정성 원칙이다.

한국 사회에서 기회균등 보장 원칙은 이행되고 있는가? 아니면, 불평등이 세습되고 있는가?

불평등의 대물림과 노력 보상

1〉 본인 노력 vs 출신 배경

열심히 일하는 것이 인생 성공에 중요하다는 의견은 모든 나라에서 매우 높게 나타났다(표 12.1). ISSP 2009년 조사에서 선진 자본주의 국가들 가운데 미국이 가장 높고, 스페인과 독일이 가장 낮게 나타났다. 2019년 조사에서도 미국이 독일이나 스웨덴 등 유럽 국가들보다 20% 포인트 정도 더 높았다.

노력이 중요하다는 의견과 중요하지 않다는 의견의 비율 차이

〈표 12.1〉 열심히 일하는 것의 중요성 변화 국가 간 비교:
"귀하는 인생에서 성공하는 데, '열심히 일하는 것'이 얼마나 중요하다고 생각하십니까?"

열심히 일하는 것	스웨덴	독일	스페인	미국	한국
2009년					
① 절대적으로/매우 중요하다	75.6%	70.7%	68.5%	96.0%	87.2%
대체로 중요하다	20.5%	25.5%	24.5%	3.5%	11.0%
② 전혀/별로 중요하지 않다	3.8%	3.8%	7.1%	0.4%	1.8%
합계	100.0%	100.0%	100.0%	100.0%	100.0%
중요함-중요하지 않음(①-②)	71.8%	66.9%	61.4%	95.6%	85.4%
2019년*					
③ 절대적으로/매우 중요하다	69.1%	60.9%		88.7%	59.0%
대체로 중요하다	26.1%	30.5%		9.7%	36.0%
④ 전혀/별로 중요하지 않다	4.8%	8.7%		1.6%	5.0%
합계	100.0%	100.0%		100.0%	100.0%
중요함-중요하지 않음(③-④)	64.3%	52.2%		87.1%	54.0%
2009~19년 증감					
⑤ 절대적으로/매우 중요하다	-6.5%	-9.8%		-7.3%	-28.2%
대체로 중요하다	5.6%	5.0%		6.2%	25.0%
⑥ 전혀/별로 중요하지 않다	1.0%	4.9%		1.2%	3.2%
중요함-중요하지 않음(⑤-⑥)	-7.5%	-14.7%		-8.5%	-31.4%

* 한국은 2023년 조사 결과임.

자료: ISSP 2009/2019년 사회불평등조사, 한국 2023년은 노회찬재단·한국비정규노동센터(2023).

는 미국이 2019년 조사에서도 87.1%로 여전히 유럽 국가들보다 더 컸지만 2009년에 비해 8.5% 포인트만큼 작아졌다. 그 차이는 스웨덴과 독일에서도 줄어들어, 노력의 중요성은 전반적으로 감소하는 추세다.

한국은 2009년 조사에서 노력이 중요하다는 의견이 87.2%로 미국보다 작았지만 유럽 국가들보다 10% 포인트 이상 높았는데, 2023년에는 59.0%로 크게 하락하여 유럽 국가들보다도 작아졌다. 그 결과 노력이 중요하다는 의견과 중요하지 않다는 의견의 차이도 85.4%에서 54.0%로 감소하여 미국과 스웨덴은 물론 독일보다도 하락 폭이 2배 이상 더 컸다. 이처럼 모든 나라에서 노력의 중요성이 하락하는 것은 사회 경제적 기회 구조가 기회균등 원칙과 역행한다는 시민 평가인데 그 현상이 한국에서 두드러졌다.

출신 배경이 성공에 중요하다는 의견은 2009년 조사에서 스웨덴이 가장 낮았고, 스페인, 미국, 독일은 비슷한 수준을 보여주었는데, 한국은 44.5%로 매우 높았다(표 12.2). 서구 선진 자본주의 국가들의 경우 출신 배경이 중요하다는 의견보다 중요하지 않다는 의견이 더 컸는데, 미국, 독일, 스페인은 그 차이가 10% 이하지만 스웨덴은 39.2%로 출신 집안이 전혀 중요하지 않다는 국민적 공감대를 확인해준다. 반면 한국은 출신 배경이 중요하다는 의견이 중요하지 않다는 의견보다 도리어 24.9% 포인트나 더 커서 스웨덴과 대조된다.

2009년과 2019년 조사를 비교하면 출신 배경의 중요성 평가는 스웨덴의 경우 거의 변화가 없었고, 미국과 독일도 조금 상승했으나 상승 폭은 미미했다. 반면 한국은 2009년과 2023년 사이 출신 배경이 중요하다는 의견과 중요하지 않다는 의견 차이가

〈표 12.2〉 가족 배경의 중요성 변화 국가 간 비교:
"귀하는 인생에서 성공하는 데, '부유한 집안 출신'이 얼마나 중요하다고 생각하십니까?"

부유한 집안 출신	스웨덴	독일	스페인	미국	한국
2009년					
① 절대적으로/매우 중요하다	13.5%	28.4%	32.4%	29.6%	44.5%
대체로 중요하다	33.8%	35.3%	29.3%	31.1%	35.8%
② 전혀/별로 중요하지 않다	52.7%	36.3%	38.3%	39.3%	19.6%
합계	100.0%	100.0%	100.0%	100.0%	100.0%
중요함-중요하지 않음(①-②)	-39.2%	-7.9%	-5.9%	-9.7%	24.9%
2019년*					
③ 절대적으로/매우 중요하다	13.5%	28.6%		31.5%	59.9%
대체로 중요하다	33.2%	40.7%		29.9%	30.6%
④ 전혀/별로 중요하지 않다	53.2%	30.6%		38.6%	9.5%
합계	100.0%	100.0%		100.0%	100.0%
중요함-중요하지 않음(③-④)	-39.7%	-2.0%		-7.1%	50.4%
2009~19년 증감					
⑤ 절대적으로/매우 중요하다	0.0%	0.2%		1.9%	15.4%
대체로 중요하다	-0.6%	5.4%		-1.2%	-5.2%
⑥ 전혀/별로 중요하지 않다	0.5%	-5.7%		-0.7%	-10.1%
중요함-중요하지 않음(⑤-⑥)	-0.5%	5.9%		2.6%	25.5%

* 한국은 2023년 조사 결과임.
자료: ISSP 2009/2019년 사회불평등조사, 한국 2023년은 노회찬재단·한국비정규노동센터(2023).

24.9%에서 50.4%로 배가되었다. 한국은 2009년에도 서구 자본주의 국가들보다 세습 자본주의 성격이 더 강한 것으로 평가되었는데, 이후 그런 인식이 더 강화되며 서구 국가들과의 격차를 더 크게 벌렸다.

2〉 성공 요인의 상대적 중요성 평가

성공 요인에 대한 ISSP 2009년 조사에서 모든 나라에서 노력이 출신 배경보다 더 중요한 것으로 나타났다. 본인 노력의 상대적 중요성 정도는 미국과 스웨덴이 1.57과 1.44로 높았고 한국, 독일과 스페인은 각각 0.89와 0.98로 작은데, 한국은 0.93으로 작은 편에 속했다(표 12.3).

2009년과 2019년 사이 본인 노력의 상대적 중요성은 모든 국가에서 감소했다. 감소 폭은 스웨덴이 0.08로 가장 작았는데 거의 변화가 없었다고 할 수 있고, 미국은 0.13, 독일은 0.24로 소폭 하락하는 수준에 그쳤다. 반면 한국은 열심히 일하기의 상대적 중요성이 0.98만큼 하락하여 독일과 미국 하락 폭의 4배에서 8배에 달했다.

2019년 조사에서 열심히 일하기의 상대적 중요성 정도가 미국과 스웨덴에서는 각각 1.44와 1.36으로 높게 나타났고, 독일은 0.65로 그 절반 이하 수준이었다. 반면 한국은 2009년에 0.93였으나 2023년엔 −0.05로 역전되어 본인의 노력보다 출신 배경이 더 중요한 요인으로 평가되기 시작했다.

서구 자본주의 국가들에서 출신 배경의 중요성은 변화가 거의 없었지만, 본인 노력의 중요성은 소폭 감소했다. 그 결과 출신 배경 대비 본인 노력의 상대적 중요성은 하락했지만, 그 폭은 크지 않았다. 반면, 한국은 출신 배경 대비 본인 노력의 상대적 중요성 크기가 2009년에도 서구 국가들보다 작았는데, 이후 더욱더 작아졌다. 2009년 이후 본인 노력의 중요성이 크게 하락한 반면 출신 배경의 중요성은 크게 상승했기 때문이다. 결국, 2023년엔 상대적 중요성 우위가 역전되어 본인 노력보다 출신 배경이 경미한 차이

〈표 12.3〉 인생 성공 요인의 상대적 중요성 평가 변화 국가 간 비교

	① 부유한 집안	② 열심히 일하기	①-②*
2009년			
스웨덴	3.52	2.08	1.44
독일	3.07	2.18	0.89
스페인	3.12	2.14	0.98
미국	3.17	1.60	1.57
한국	2.64	1.71	0.93
2019년			
스웨덴	3.51	2.15	1.36
독일	3.02	2.37	0.65
미국	3.11	1.67	1.44
한국(2023)	2.25	2.30	-0.05
2009~19 증감			
스웨덴	-0.01	0.07	-0.08
독일	-0.05	0.19	-0.24
미국	-0.06	0.07	-0.13
한국 (2009~2023)	-0.39	0.59	-0.98

* 정(+)의 값은 '열심히 일하는 것'이 더 중요하고, 부(-)의 값은 '부유한 집안 출신'이 더 중요함을 의미함. (1 절대적으로 중요하다, 5 전혀 중요하지 않다).

자료: ISSP 2009/2019년 사회불평등조사, 한국 2023년은 노회찬재단·한국비정규노동센터(2023).

지만 더 중요해졌다. 2023년 조사에서 노력이 중요하다는 의견이 59.0%인데 출신 배경의 중요성은 59.9%로 1% 포인트 정도 더 높은 것으로 나타났다(표 12.1과 표 12.2 참조). 이제 한국인들은 우리 사회가 명실상부한 '수저 계급 사회'로 진입했다고 인식하기 시작했다.

개인의 능력인가, 사회의 책임인가

가난의 책임 소재에 대한 시민 인식도 크게 변화한 것으로 나타났다. 2003년 조사에서 가난이 개인의 능력 부족 때문이라는 진술에 대한 반대 응답이 더 많았다(표 12.4). 2023년 조사 결과를 경제 활동 인구에 한정해 보면, 반대가 63.8%로 동의 36.3%보다 압도적으로 더 많다. 그 사이 가난이 개인 능력 부족 때문이 아니라는 의견이 더 많아진 것이다.

가난이 개인적 문제가 아니라는 인식은 가난이 사회적 문제이며 그 책임은 사회에 있고, 가난한 사람을 피해자로 보는 것이다. 이처럼 불평등 체제의 핵심적 폐해라 할 수 있는 가난을 사회 구조적 문제로 인식하는 시각이 크게 확산되어 전체 경제 활동 인구의 과반을 크게 웃돌고 있다.

가난을 사회 구조적 문제로 보는 인식이 강화되는 현상은 본인 노력에 비해 출신 배경이 점점 더 중요한 성공 요인으로 인식되는 것처럼 불평등 체제의 정당성이 약화되는 추세를 반영한다.

서구 자본주의 국가 시민들은 성공 조건으로 본인 노력이 출신 배경보다 훨씬 더 중요하다고 보지만, 한국인은 두 요인의 중요성을 비슷하게 보는데, 출신 배경을 더 중요하게 평가하기 시작했다. 이 같은 추세로 향후 출신 배경의 상대적 중요성은 더욱 커질 것으로 예측된다.

〈표 12.4〉 가난의 원인: "귀하는 다음 의견에 대해 어떻게 생각하십니까? 우리 사회에서 가난한 것은 개인의 능력이 부족하기 때문이다" (1 적극 동의, 4 적극 반대)

	[2003] 경제 활동 인구 한정	[2023] 비경제 활동 인구 포함	[2023] 경제 활동 인구 한정	[2003~23] 경제 활동 인구 한정
1) 적극 동의	7.5	2.8	2.4	-5.1
2) 대체로 동의	39.9	33.0	33.9	-6
3) 대체로 반대	33.4	52.5	51.3	17.9
4) 적극 반대	19.2	11.7	12.5	-6.7
합계	100.0	100.0	100.0	
① 적극/대체로 동의	47.4	35.8	36.3	-11.1
② 적극/대체로 반대	52.6	64.2	63.8	11.2
합계	100	100	100.1	
②-①	5.2	28.4	27.5	22.3

* 2003년 조사 모름/무응답을 제외하고 유효 응답의 분포를 산정함.
** 2003년 조사 연구는 경제 활동 인구만을 대상으로 실시됐고 2023년 조사는 비경제 활동 인구까지 포괄했으나 비교 연구를 위해 2023년 조사에서 경제 활동 인구만을 대상으로 한 통계치를 산정하여 추가함. 이하 2003~23년 비교 연구의 경우 동일함.
자료: 2003년 조사 결과는 조돈문(2003:187-189; 2011: 323-327)에서 산정함.

수저 계급 사회의 기회 불균등

롤스의 기회균등 원칙은 출신 계급과 무관하게 기회를 균등하게 보장하며, 미래의 기본재 취득, 즉 성공 가능성은 오로지 본인의 능력과 노력으로 결정되어야 한다는 것이다. 그런 점에서 출신 배경보다 본인 노력을 훨씬 더 중시하는 스웨덴과 미국에서 기회균등 원칙이 상대적으로 더 잘 이행되는 반면, 출신 배경이 본인 노력보다 더 중시되기 시작한 한국은 기회균등 원칙이 분명하게 실패한 사례다. 한국은 철저하게 출신 계급에 따라 기회가 불균등하게 제공되기 때문에 원초적 입장에서 채택되는 공정한 질서와는 정반대라는 것이 시민 인식이다.

기회 구조의 불공정성으로 인해 한국인은 가난을 개인 능력 부족의 결과가 아니라 사회 구조적 폐해의 결과로 인식하는데, 이러한 경향은 점점 더 강화되고 있다. 이는 본인 노력보다 출신 배경이 더 중시된다는 사회 인식과 맥락이 같다.

자본주의는 지위 세습을 제도화한 봉건시대와는 달리 개인의 실력을 성공 기회로 보상하는 사회 경제 체제로 정의된다는 점에서 한국의 불균등 기회 구조는 퇴행적 성격을 지닌다고 할 수 있다. 피케티는 자산/소득 배율 증가 추세로 인해 자본주의 사회도 이제 자산 상속을 통해 지위가 세습되는 세습 자본주의 단계로 접어들었다고 지적했다. 미국 등 서구 자본주의 국가들에서 성공 조건으로 출신 배경의 중요성이 커지는 현상은 이러한 추세를 반영한다. 그런데, 세습 자본주의 속성은 서구 선진 자본주의 국가들보다 한국에서 훨씬 더 강한 것으로 확인되고 있다.

한국 사회에서 개인의 노력에 대한 믿음이 급격히 떨어지고 출신 배경을 오히려 더 중요하게 여기는 현상은 객관적 실태를 그대로 반영한다고 보기 어렵다. 고도 성장기 경제·산업 구조의 확대로 농업 중심 사회나 산업화 초기 단계보다 상승 이동의 기회도 많아지고, 군사 독재 시대에 비해 민주화 이후 정치적 자유의 확대로 우리 사회의 기회 구조는 전반적으로 개선되었다. 다만 그 개선 정도가 기대 수준에 못 미쳐서 불균등하고 불공정한 기회 구조에 대한 비판적 문제의식이 커졌을 수 있다.

물론 '부모 찬스'로 불리는 출신 배경 편향 기회 구조는 이재용·박근혜 게이트의 국정 농단 사태, 조국, 한동훈, 나경원 등 지도층 인사 자녀들의 입시 비리 논란, 윤석열 정부 출범 후 정호용 등 잇단 장관 후보들의 낙마 사태에서 그 실체가 거듭 확인되었다(중앙일보 2024.3.22; 월간중앙 2024.3.21; 헤럴드경제 2022.5.9; 한겨레 2020.1.23). 부모 찬스의 불법·비리 행태에 대해 촛불 민중은 물론 문재인 정부나 윤석열 정부도 반칙과 특권으로 규정하고 기회균등 보장을 해치는 전형적 불공정 사례로 지적한다. 그러나, 부모 찬스는 정권의 성격과 무관하게, 지배 세력에 보편화된 특권적 현상으로 지속되고 있다. 또한 출신 배경이 자산 불평등뿐만 아니라 사회적 자본과 문화적 자본에까지 영향력을 확대하면서 출신 배경의 중요성에 대한 시민 의식은 더욱 강화되고 있다.

13장. 최소 수혜자 보호인가, 최대 수혜자 보호인가?

차등의 원칙은 롤스의 공정성 원칙들 가운데 가장 실행하기 어렵다. 차등의 원칙은 평등한 자유의 원칙과 기회균등 원칙의 실행을 전제하고 있어 차등의 원칙까지 실행되면 공정한 정의 사회가 완벽하게 실현된다. 스웨덴과 미국은 한국에 비해 상대적으로 기회가 더 균등하게 보장되는 것으로 평가되는데, 한국은 기회균등 원칙이 실패했을 뿐만 아니라 악화되고 있어 차등의 원칙이 실현될 가능성은 매우 낮다.

한국에서 기회균등 원칙이 실패했는데, 최소 수혜자를 보호하는 차등의 원칙이 실행될 수 있을까? 차등의 원칙도 실패했다면, 보호 대상은 누구인가? 최소 수혜자인가, 최대 수혜자인가?

차등의 원칙과 최소 수혜자 보호

자본주의 사회는 사유 재산제와 시장경제로 인해 소득·자산의 불평등을 피할 수 없다. 차등의 원칙 이행 여부는 최소 수혜자가 다른 사회에 비해 기본재를 더 많이 취득하는지에 따라 판단할 수 있다. 소득은 기본재의 핵심이고, 소득 수준 하위 50% 집단을 최소 수혜자로 설정할 수 있다.

2021년 WID를 보면 국가별 하위 50%의 세전 연평균 소득을 유로화(€) 가치로 비교할 수 있다. 하위 50%의 소득 점유율을 보면 국가에 따라 많게는 스웨덴처럼 자기 몫(1/N)의 절반 정도를, 작게는 미국처럼 1/4 정도를 버는데, 대부분의 서구 자본주의 국가들은 그 사이에 있다.

하위 50%의 세전 소득은 스웨덴이 2만 1524유로로 가장 높고, 미국과 독일이 1만 5000유로 정도로 뒤를 잇는다(표 13.1). 미국은 스웨덴보다 1인당 국민소득 수준이 더 높지만 불평등이 심하여 하위 50%의 연평균 소득은 스웨덴에 비해 6300유로 정도 더 작다. 스웨덴과 비교하면 미국은 스웨덴의 70% 수준에 불과한데 한국은 66%로 미국보다도 더 낮다.

소득 재분배 효과는 스웨덴과 독일 등 유럽 국가가 미국이나 한국보다 더 크기 때문에, 세후 국민소득 기준으로 산정하면 하위 50%의 연평균 소득에서 스웨덴과 미국·한국의 격차는 훨씬 더 커질 것이다. 따라서 하위 50%의 연평균 소득을 기준으로 차등의 원칙을 가장 충실하게 이행하는 국가는 스웨덴이고, 다른 국가들은 모두 차등의 원칙 이행에 실패했다고 할 수 있는데, 그 가운데 미국과 한국의 실패 정도가 가장 심각하다.

〈표 13.1〉 하위 50% 소득 집단의 세전 국민소득 점유율 및 평균 소득(2021년)

	스웨덴	독일	스페인	미국	한국
1인당 국내총생산(GDP, 유로화)	53,776	47,219	37,132	65,096	40,719
소득 재분배 효과(%, 2019)**	25.1	27.4	25.8	17.1	11.2
하위 50% 소득 점유율(%)	24.49	18.70	20.73	13.31	16.04*
하위 50% 소득 평균(유로화)	21,524	15,151	13,383	15,233	14,124
하위 50% 소득 지수 (스웨덴 기준)	100.0	70.4	62.2	70.8	65.6
상위 10% 소득 점유율(%)	29.28	37.51	34.74	45.46	46.45*
상위 10% 소득 평균(유로화)	147,825	153,714	103,851	251,276	115,481
상위 10% 소득 지수 (스웨덴 기준)	100.0	104.0	70.3	170.0	78.1
소득 평균 배수: 상위 10%/하위50%	6.9	10.1	7.8	16.5	8.2

* 한국 소득 점유율은 2019년 자료임.
** 독일 소득 재분배 효과는 2018년 자료임.
자료: WID(https://wid.world/). 단, 소득 재분배 효과는 OECD(https://wid.world/)에서 산정했음.

한편 소득 상위 10%는 소득 점유율이 높아서 최소 수혜자인 하위 50%의 대척점에 위치한 최대 수혜자라 할 수 있다. 상위 10%의 연평균 소득은 미국이 가장 높고, 독일과 스웨덴은 미국보다 10만 유로나 더 적다. 미국은 스웨덴에 비해 소득 하위 50% 집단은 수입이 더 적은 반면 소득 상위 10% 집단은 수입이 더 많아서 상호성의 호혜 원칙을 정면으로 위반하고 있다.

하위 50% 대비 상위 10%의 연평균 소득 배수가 클수록 호혜 원칙을 더 심하게 위반하는 것이고, 소득 배수가 작을수록 호혜 원칙을 더 충실하게 이행한다고 할 수 있다. 소득 배수 값을 기준으로 봐도, 스웨덴과 미국이 양극단을 형성하고 한국은 그 사이에 있다.

하위 50%의 소득 수준으로 보나 상호성의 호혜 원칙 이행 정도로 보나 스웨덴이 차등의 원칙을 가장 충실하게 이행하고 있음을 확인할 수 있다. 반면, 한국은 미국과 함께 차등의 원칙을 위반하고 있는데, 그 정도는 한국보다 미국이 더 심각하다.

성공하려면 부패해야 할까

기회균등 원칙은 물론 차등의 원칙 이행 정도에서 국가별로 상당한 차이가 있는데, 시민들은 기본재의 취득·축적 과정, 즉 성공 게임의 질서를 어떻게 인식하고 있을까?

2009년 ISSP 조사에서 사회의 정상에 오르려면 부패할 수밖에 없다는 의견은 스웨덴이 8.5%로 가장 낮았고 다음은 미국이었다. 독일과 스페인은 스웨덴의 3배 정도로 높았는데, 한국은 스웨덴의 6배에 달할 만큼 부패 불가피성에 대한 동의 정도가 매우 강했다(표 13.2).

정상에 오르려면 부패해야 한다는 의견에 대해 서구 선진 자본주의 국가들에서는 반대하는 비율이 동의 비율보다 월등히 더 높았고, 그 격차는 스웨덴이 65.6%로 가장 컸고 미국은 54.5%로 그 뒤를 이었다. 반면 한국은 도리어 찬성하는 비율이 반대하는 비율보다 더 높고 그 격차는 21.4% 포인트에 달했다.

정상급 성공을 위한 부패 불가피성 설문 문항이 ISSP의 2019년 조사에는 포함되지 않았지만, 한국에서는 2014년과 2023년에도 조사되었다. 2009년 조사에서 서구 국가들은 부패 불가피성에

〈표 13.2〉 정상급 성공 부패 불가피성: "오늘날 한국에서 정상에 오르려면 부패할 수밖에 없다"

정상 오르려면 부패	ISSP 2009년				한국		
	스웨덴	독일	스페인	미국	2009	2014	2023
① 매우/약간 동의	8.5%	27.6%	25.8%	14.7%	50.1%	51.7%	57.5%
동의도 반대도 아님	17.4%	14.8%	8.9%	16.1%	21.1%	21.3%	21.7%
② 매우/약간 반대	74.1%	57.6%	65.3%	69.2%	28.7%	27.0%	20.9%
합계	100.0%	100.0%	100.0%	100.0%	100.0%	100.0%	100.0%
동의-반대 (①-②)	-65.6%	-30.0%	-39.5%	-54.5%	21.4%	24.7%	36.6%

자료: ISSP 2009년 사회불평등조사.

대한 반대 의견이 더 강했지만, 한국은 부패 불가피성에 동의하는 의견이 더 많았다. 그런데 부패 불가피성에 대한 동의 의견과 반대 의견의 격차는 이후 더 커져서 2009년과 2023년 사이 21.4%에서 36.6%로 1.7배나 확대되었다.

2009년 조사에서는 모든 국가에서 중상층에 비해 중하층에서 정상급 성공 부패 불가피성에 대한 동의 의견이 더 강했다. 하지만, 한국은 계층 간 차이는 거의 없었다(표 13.3).

2009년과 2023년 사이 한국인의 정상급 성공 부패 불가피성에 대한 동의 의견이 반대 의견보다 더 강화되었는데, 강화 정도는 중상층보다 중하층에서 더 컸다. 2009년 조사에서 이미 한국인은 서구 국가들에 비해 부패 불가피성에 대해 상대적으로 더 강한 동의 의견을 보였는데, 2009년 이후 동의 의견이 더 강화되어 서구 국가들과의 격차는 훨씬 더 커졌다.

성공은 생애 과정에서 취득·축적한 기본재의 크기를 반영하며 정상에 오른다는 것은 기본재 보유 정도가 자기 몫(1/N)보다 훨씬 더 크다는 것을 의미한다. 한국인은 서구 국가들에 비해 성공을 위

〈표 13.3〉 2009년 국가별 계급 비교: 정상급 성공 부패 (1 매우 동의, 5 매우 반대)

정상급 성공 부패	① 중하층	② 중상층	전체	①-②* (중하-중상)
스웨덴	4.52	4.70	4.63	-0.18
독일	3.64	3.84	3.78	-0.20
스페인	3.73	3.85	3.78	-0.12
미국	3.89	4.11	3.99	-0.22
한국 2009년	2.79	2.80	2.79	-0.01
2023년	2.46	2.73	2.58	-0.27

* '중하-중상' 값이 작을수록 중하층이 중상층보다 정상급 성공의 부패 불가피성에 동의하는 의견이 더 강함.
자료: ISSP 2009년 사회불평등조사, 한국 2023년은 노회찬재단·한국비정규노동센터(2023).

해 본인의 노력보다 출신 가족 배경이 훨씬 더 중요하고 사회 경제적 기회는 훨씬 더 불균등하게 주어지는 것으로 평가한다. 따라서 열심히 일하는 것만으로는 기본재를 획득·축적하여 생애 과정에서 성공하기 어렵기 때문에 불법·비리를 동원해야 정상에 오를 수 있다는 의견에 적극 동의하는 것이다. 이처럼 한국 사회에는 기본재의 분배·재분배가 이뤄지는 과정, 즉 불평등 체제의 사회 질서가 불공정하다는 데 대해 폭넓은 국민적 공감대가 형성되어 있다. 그러한 불공성성 평가는 최소 수혜자 집단이라 할 수 있는 중하층을 중심으로 점점 더 강화되는 추세를 보여준다.

불평등 체제의 불공정성: 계층 간 인식 차이

생애 과정의 성공을 위한 본인 노력의 중요성에 대해 계층 간 차이 없이 모두 동의하지만, 집안 배경의 중요성에 대해서는 계층 간 인식 차이가 큰데, 중하층이 중상층보다 훨씬 더 중요하다고 인식한다(표 13.4). 중상층은 집안 배경보다 본인 노력이 생애 성공을 위해 더 중요하다고 보는 반면, 중하층의 경우 본인 노력보다 집안 배경을 더 중요하다고 본다.

가난의 개인 책임과 정상頂上 성공 부패 불가피성에 대해서도 계층 간 차이는 크게 나타났다. 중상층은 중하층에 비해 가난을 개인 능력 부족으로 규정하고 정상급 성공을 위한 부패 필요성을 부정하는 의견이 더 강하다. 이는 중상층이 자신의 성공을 집안 배경이 아니라 본인 노력의 결과로 평가하는 관점을 반영한다.

중하층은 최소 수혜자로서 중상층에 비해 가난은 사회 구조적 문제로서 사회의 책임이 크고 정상급 성공을 위해 부패가 불가피하다는 의견이 더 강하다. 이는 본인이 열심히 일해도 부유한 집안 출신에 비해 성공하기가 더 어렵다고 보기 때문이다. 이처럼

〈표 13.4〉 한국 계층별 불평등 체제 불공정성 인식

2023년	문항	인생 성공 조건		가난한 것은 개인의 능력이 부족하기 때문이다	오늘날 한국에서 정상에 오르려면 부패할 수밖에 없다
		'열심히 일하기' 중요성	'부유한 집안 출신' 중요성		
	범주 값	(1 절대적 중요, 5 전혀 중요하지 않음)	(1 절대적 중요, 5 전혀 중요하지 않음)	(1 적극 동의, 4 적극 반대)	(1 매우 동의, 5 매우 반대)
① 중하층		2.30	2.14	2.81	2.46
② 중상층		2.29	2.39	2.62	2.73
전체		2.30	2.25	2.73	2.58
①-②		0.01	-0.25	0.19	-0.27

자료: 노회찬재단·한국비정규노동센터(2023).

중하층은 중상층에 비해 불평등 체제의 불공정성을 훨씬 더 심각하게 인식하며 불평등 체제의 정당성을 부정한다.

중하층과 중상층이 불평등 체제의 불공정성을 인식하는 정도에서는 차이가 있지만 불평등 체제가 전반적으로 불공정하다는 데는 모두 동의한다.

지켜지지 않는 공정성의 원칙들

공정한 사회라면, 출신 배경과 무관하게 본인의 능력·노력으로 성공할 수 있고, 기회는 균등하게 보장된다. 따라서 가난은 개인 실력 부족 탓이고 본인 실력으로 성공 여부가 좌우되기 때문에 부패하지 않아도 정상급으로 성공할 수 있어야 한다. 하지만, 한국인은 성공 조건으로 본인의 능력·노력이 중요하다고 인정하면서도, 출신 배경이 인생 성공에서 중요하고, 가난은 개인의 실력 부족 문제가 아니고, 부패하지 않으면 정상에 오르기 어렵다고 본다.

한국 사회 불평등 체제에 대해 중하층은 중상층보다 불공정 정도를 더 심각하게 인식한다. 이는 중하층이 불평등 체제의 피해자로서 기회균등 원칙과 차등의 원칙을 정면으로 위반한 불평등 체제의 불공정성을 비판하는 것이다. 한국 사회의 불평등 체제는 공정성 원칙 실행에 완벽하게 실패했다고 할 수 있다.

공리주의와 롤스의 공정성 원칙들의 이행 수준을 보면 시장경제 모델 사이에 유의미한 차이가 있다. 스웨덴은 상대적으로 낮은 불평등 수준에 기초하여 공리주의 최대 다수 최대 행복 원칙을 잘 이행하는 반면, 미국은 높은 수준의 불평등으로 인해 최대 다수 최대 행복 원칙을 명백하게 위반하고 있다(표 13.5).

존 롤스의 공정성 원칙들을 봐도, 스웨덴은 평등한 자유 원칙은 물론 기회균등 원칙과 차등의 원칙까지 다른 국가들에 비해 더 모범적으로 이행하는 반면, 미국은 상대적으로 이행 정도가 낮고, 독일과 스페인은 그 사이에 있다. 예외적으로 기회균등 원칙의 이행에 대해서는 미국인이 스페인인보다 더 긍정적으로 평가하는데, 그것은 본인 노력이 중요한 성공 요인으로 작용한다고 보기 때문이다.

미국이 스페인은 물론 다른 서구 자본주의 국가들보다 훨씬 더 불평등해서 기회균등 원칙을 잘 이행하기 어렵다. 그래서 미국인의 우호적인 기회균등 원칙 평가는 미국 사회의 실태를 직접적으로 반영하는 것이 아니다. 미국인이 불평등 수준을 실제보다 덜 심각하게 인식하는 것처럼 기회균등 인식도 지배계급 이데올로기

〈표 13.5〉 국가별 공정성 원칙 이행 수준 상대적 평가

	공리주의	존 롤스		
기준				
공정성 원칙	최대 다수 최대 행복	평등한 자유 원칙	기회균등 원칙	차등의 원칙
원칙 적용 가치·자원(기본재)	행복	권리·자유	사회 경제적 기회	소득·자산
국가별 이행 수준*				
스웨덴	높음	높음	높음	높음
미국	낮음	낮음	중간	낮음
한국	낮음	매우 낮음	매우 낮음	낮음

* 국가별 이행 수준은 상대적 평가임.

전략이 상대적으로 성공한 결과라 할 수 있다.

한국은 평등한 자유 원칙 및 차등의 원칙과 관련해서 미국과 이행 수준이 비슷하게 낮지만, 기회균등 원칙의 경우 이행 수준이 미국보다 더 낮은 것으로 평가된다. 롤스의 공정성 원칙들의 이행 수준을 종합 평가하면, 스웨덴이 가장 앞서고 한국과 미국이 최하위권에 속하는데, 한국은 미국에도 조금 뒤진다. 한국 사회 불평등 체제가 공정성 원칙을 철저히 위반하면서 최소 수혜자는 보호되지 못하고 최대 수혜자가 불공정한 게임 규칙으로 자원과 기회에 대한 지배력을 극대화하는데, 시민들은 이를 정확히 인식하고 있다.

4부

불평등·불공정 담론의 쟁점들

14장. 불평등은 참아도, 불공정은 못 참는다?

불평등하고 불공정한 사회는 많은 피해자를 양산하며 사회 통합을 해친다. 불평등·불공정 현상은 피해자를 포함한 사회 구성원들의 불만을 야기하면서도 계속되며 악화되기도 한다. 피해자들조차 불평등·불공정 현실을 인정하고 수용하는 걸까? 아니면, 불평등엔 관대한데, 불공정만 못 참는 걸까?

불평등 체제의 최대 피해자라 할 수 있는 노동계급의 보수화를 설명하려는 시도가 주로 마르크스주의와 베버주의 연구자들 중심으로 활발하게 이루어졌다. 그 계기는 영국 노동자들 다수가 노동당이 아니라 보수당에 투표하는 현상이었다. 계급의식 연구는 노동자들의 계급 형상 변화, 개인주의화, 도구주의, 부르주아화, 노동계급 탈공동체화 등에서 답을 찾았다.[14]

한편 심리학에서는 노동자들이 자신의 물질적 이해관계와 상

14 계급의식 보수화에 대한 이론적 설명들과 한국 사회의 분석에 대해서는 조돈문(2011) 제9장을 참조할 것.

충하더라도 지배 질서를 수용하면 개인의 이해관계와 지배 질서의 불일치로부터 발생하는 인지 부조화와 심리적·정서적 긴장이 해결되는 심리적 메커니즘에 대한 연구가 많이 진행되었다. 이러한 연구 성과가 '정의로운 세상론beliefs in a just world'과 '체제 정당화론system justification theory'으로 체계화되었다.

계급의식 연구와 심리학 연구는 불평등 체제의 피해자가 불평등을 정당한 것으로 인정하고 수용하는 현상은 비정상적이지도, 비합리적이지도 않다는 사실을 증명해주었다.

불평등 불만인가, 불공정 불만인가

박권일은 《한국의 능력주의》(2021)에서 한국인은 "불평등은 참아도 불공정은 못 참는다"며 한국인이 분노하는 것은 불평등이 아니라 불공정이라고 분석한다. 박권일은 한국인은 평등주의적 심성이 매우 높은 국민이며 그러한 평등주의 심성이 사회 갈등의 원인이라는 송호근(2006)의 진단을 반박한다. 송호근(2014)은 어떠한 바람직한 제도나 실험도 한국에서 유지되기 위해서는 "그 유별난 평등주의 심성"과 타협해야 한다며 지역을 안배하고 하급 신분도 배려한 조선시대 과거제도를 예로 들었다.

송호근은 한국인의 평등 가치에 대한 신념이 과도하다고 진단했지만, 박권일은 한국인이 불평등에 관대하며 능력주의에 기초한 차등 분배를 선호한다고 주장한다. 한국인의 평등 신념이 과도한지 아닌지, 불공정에 대한 분노가 과도한지 아닌지를 판단하기 위해서는 다른 국가들과의 비교 분석이 필요하다. 박권일은 세계

가치관조사WVS의 6차·7차 조사 결과를 근거로 한국인이 다른 국가들에 비해 불평등을 더 선호한다고 설명한다.

세계가치관조사 자료를 1차 시기부터 7차 시기까지 분석하면 국가 간 차이는 확연하다(표 14.1). 이 설문을 평등-공정의 상대적 중요성 척도로 해석하면, 측정치가 척도(1, 10)의 중간값 5.5보다 크면 공정을 더 중시하는 것이고, 중간값보다 작으면 평등을 더 중시하는 것이다. 각국의 1~7차 시기 측정치의 평균값을 보면 독일과 스페인이 공정보다 평등을 더 중시하는데, 독일이 그 정도가 매우 강하고 스페인은 중간값에 가깝다. 한편, 한국은 스웨덴, 미국과 함께 평등보다 공정을 더 중시하는 국가로서 그 정도가 매우 강하여 박권일의 평가를 지지하는 것으로 보인다.

〈표 14.1〉 소득 공평 대 소득 격차 의견

세계 가치관 조사		스웨덴	독일	스페인	미국	한국	기타	전체*
1차	1981~84	-	-	-	-	-	-	-
2치	1990~94	6.45		5.02	6.75	5.15	6.66	6.49
3차	1995~98	5.92	4.95	5.56	5.44	6.67	5.74	5.74
4차	1999~2004			5.06	5.72	6.55	6.04	6.02
5차	2005~09	6.09	4.40	5.65	6.18	6.59	5.89	5.88
6차	2010~14	4.99	3.81	5.14	5.54	6.39	5.42	5.40
7차	2017~22		5.81		4.93	6.66	6.41	6.38
평균		5.86	4.74	5.29	5.75	6.34	5.94	5.92

* 설문 문항: ① “소득이 더 공평해(져)야 한다. (income should be more equal)” ⇔ ⑩ “노력하는 만큼 소득에 차이가 나야 한다. (there should be greater incentives for individual effort)”

** 전 세계 국가 평균. 각국 인구 규모 고려 없이 동일 비중 전제함.

자료: 세계가치관조사(WVS) 각 연도.

그렇다면, 이 수치들에 근거하여 한국인은 다른 국가들에 비해 불평등은 참아도 불공정은 못 참는다고 단언할 수 있을까? 이 같은 상대적 비교가 바람직하고 유의미한 작업일까? 이와 관련하여 몇 가지 우려되는 지점들이 있다.

첫째, 설문 설계상 자료의 비교 사회 분석에 제약이 있다. 설문의 영어 원본은 평등 항목과 노력 항목 모두 비교급으로 설정되어 있다. 한국 설문의 평등 부분은 비교급이지만 노력 보상 부분은 원급으로 설정되어 "(…) 소득에 차이가 더 나야 한다"가 아니라 "(…) 소득에 차이가 나야 한다"로 되어 있다. 그래서 현재 수준의 노력 보상 차이를 수용하되 추가적 차이는 불필요하다고 생각하는 응답자도 여기에 동의하여 소득 불평등을 지지하는 비율을 더 높였을 수 있다. 또한 개별 국가 지수는 연도별로 부침이 심한데 특히 스웨덴, 독일, 미국이 매우 심하여 비교 사회 분석의 자료로 활용하는 데 신중해야 한다.

둘째, '노력'이 공정성의 비교 사회 분석 지표로 적절한지 의문시된다. ISSP 사회불평등조사에 따르면 업무 능력이 다른 요인들보다 소득 결정에서 더 중요하다는 데는 모든 국가에서 동의하지만, 노력의 중요성에 대해서는 국가 간 편차가 크다(표 14.2). 스웨덴과 독일 등 다른 국가들은 노력보다 업무 능력을 훨씬 더 중시하는 반면, 한국은 노력을 업무 능력과 거의 동등한 수준으로 중시한다. 따라서 '노력' 대신 '업무 능력'으로 바꾸어 "업무 능력만큼 소득에 차이가 나야 한다"는 질문을 했다면 한국인이 다른 나라들에 비해 소득 불평등에 반대하는 비율은 더 높아졌을 것이다.

셋째, 평등과 공정을 단일 문항에서 응답자가 비교하도록 요구하는 것이 적절한가 하는 문제다. 평등은 객관적 실태의 문제인

〈표 14.2〉 소득 결정 기준 중요성 평가:
"일반적으로 소득이 결정되는 데 다음 사항들이 얼마나 중요하다고 생각하십니까?"

	① 일을 잘하는가	② 일을 열심히 하는가	②-①*
스웨덴	1.88	2.19	0.31
독일	1.86	2.10	0.24
스페인	2.04	2.13	0.09
미국	1.71	1.82	0.11
한국	1.83	1.85	0.02

* 값이 클수록 능력이 노력보다 더 중요하다는 인식(1 절대적 중요, 5 전혀 중요하지 않음).
자료: ISSP 2009년 사회불평등조사.

반면 공정성은 주관적 판단의 문제라서 동일 수준에서 비교하여 상대적 중요성을 논의하는 것은 위험 부담이 크다.

무엇보다 중요한 것은 평등과 공정을 동일 척도의 양극단으로 설정하는 방식은 적절한 분석 전략으로 보기 어렵다. 평등과 공정은 상호 대립된 양자택일 선택지가 아니라 상호 연관성이 큰 개념의 짝이다. (불)공정은 (불)평등한 구조적 조건에서 불평등 수준을 완화 혹은 심화하는 과정이기 때문에 공정은 과정이고 평등은 조건이자 결과이다. 따라서 과정의 (불)공정성 정도는 결과의 (불)평등 정도와 밀접하게 연관되어 있다.

롤스의 '공정으로서의 정의' 원칙, 특히 제2의 원칙들은 불평등 사회에서 진정한 평등을 실현하기 위한 과정의 원칙들로서 평등과 공정의 높은 상응 관계를 잘 보여준다(제12장 참조). 또한 촛불 항쟁에서 구조적으로 누적된 불평등 문제에 불공정 징후들이 도화선으로 되어 시민의 분노가 폭발했음을 확인할 수 있었고, 이는 불평등에 대한 불만과 불공정에 대한 불만이 상호 대립되는 현상이 아니라 서로 호응하는 정(+)의 상관관계에 있음을 의미한다.

불평등도 못 참고, 불공정도 못 참는다

소득 불평등에 대한 시민 인식을 보면, ISSP 2009년 조사에서 자국의 소득 격차가 너무 크다는 데 찬성하는 의견은 한국이 89.5%로 스페인과 함께 가장 높았고, 미국은 가장 낮았다(표 14.3).

소득 차이가 크다는 데 대한 찬성 의견과 반대 의견의 격차를 봐도 한국과 스페인은 모두 85.7%로 가장 컸고 미국은 45.4%로 가장 작았는데 스웨덴은 그 사이에 있다. 스웨덴은 선진 자본주의 국가들 가운데 소득 격차가 가장 작은 국가군에 속하여 스웨덴인의 소득 격차 인식은 자국의 상대적으로 작은 소득 격차를 반영한다고 할 수 있다. 반면, 미국은 소득 불평등이 가장 심각한 국가군에 속함에도 시민들은 소득 격차를 스웨덴보다도 훨씬 덜 심각하게 인식하고 있다.

소득 격차가 크다는 데 대한 한국인의 찬성-반대 의견 격차는 2023년 85.6%로 2009년 85.7%와 똑같다. 한국인은 다른 선진 자본주의 국가들에 비해 불평등 현상을 더 심각하게 인식하고 있어, 한국인은 평등 가치를 중시하며 불평등 현실에 대한 불만 수준도 높다고 할 수 있다.

한편, 소득 분배의 공정성에 대한 시민 평가를 보면, 2009년 ISSP 조사에서 자신의 소득 수준이 능력이나 노력에 비추어 볼 때 마땅히 받아야 할 몫보다 더 적다는 의견은 스웨덴과 스페인이 60% 정도로 가장 높았고 미국은 47.0%로 가장 낮았는데, 한국은

〈표 14.3〉 소득 불평등 인식 정도 국제 비교: "(한국의) 소득 차이는 너무 크다" 찬성 또는 반대

소득 차이 너무 크다	ISSP 2009년 조사				한국	
	스웨덴	독일	스페인	미국	2009년	2023년
① 매우/다소 찬성	71.1%	86.0%	89.7%	62.3%	89.5%	87.7%
② 찬성도 반대도 아님	16.7%	6.2%	4.7%	17.4%	6.7%	10.2%
③ 매우/다소 반대	9.5%	5.1%	4.0%	16.9%	3.8%	2.1%
무응답	2.7%	2.8%	1.7%	3.5%		
합계	100%	100%	100%	100%	100.0%	100.0%
사례 수	1137	1395	1214	1581	1588	2000
①-③	61.6%	80.9%	85.7%	45.4%	85.7%	85.6%
불평등 정도*						
[세전] 소득 상위 10% 소득 점유율	0.302	0.374	0.347	0.452	0.464	
[세후] 가처분소득 배수(9분위/1분위)	3.4	3.6**	4.8	6.3	5.2	

* 세전 소득은 2010년대 평균, WID(https://wid.world/)에서 산정함. 세후 소득은 2019년, OECD(https://stats.oecd.org/),

** 독일 2018년 기준.

자료: ISSP 2009년 사회불평등조사, 한국 2003년은 노회찬재단·한국비정규노동센터(2023).

51.0%로 미국보다 조금 더 높았다(표 14.4).

각국에서 자신의 능력과 노력에 비추어 볼 때 적절한 수준보다 더 적게 받는다는 비율은 47~61% 정도다. 전체 국민의 70% 정도가 국민소득 가운데 자신의 몫(1/N)보다 적게 번다는 점을 고려하면 이들 가운데 상당수는 자신의 소득 수준이 적절하다고 수용하는 것이다.

능력·노력 대비 자신의 소득 수준이 더 적다는 의견과 많다는 의견의 차이를 보면 스웨덴과 스페인이 각각 57.5%와 55.3%로

〈표 14.4〉 능력·노력 대비 소득 수준 적절성 평가:
"귀하의 능력이나 노력에 비추어 볼 때 귀하의 소득은 어떻다고 생각하십니까?"

능력·노력 대비 소득 수준	ISSP 2009년				한국	
	스웨덴	독일	스페인	미국	2009년	2023년
① 내가 마땅히 받아야 하는 것보다 훨씬/약간 더 적다	60.9%	49.7%	59.1%	47.0%	51.0%	62.0%
② 내가 마땅히 받아야 하는 것만큼 받고 있다	35.7%	46.8%	37.2%	44.9%	43.9%	35.4%
③ 내가 마땅히 받아야 하는 것보다 훨씬/약간 더 많다	3.4%	3.5%	3.8%	8.1%	5.0%	2.6%
④(①-③)	57.5%	46.2%	55.3%	38.9%	46.0%	59.4%
⑤ [비교] 소득 차이 너무 크다: 찬성-반대*	61.6%	80.9%	85.7%	45.4%	85.7%	85.6%
⑤-④	4.1%	34.7%	30.4%	6.5%	39.7%	26.2%

*〈표 14.3〉 참조할 것.
자료: ISSP 2009년 사회불평등조사, 한국 2003년은 노회찬재단·한국비정규노동센터(2023).

가장 크고 미국은 38.9%로 가장 낮다. 한국은 46.0%로 그 사이인데 미국 쪽에 더 가깝다. 한국은 2023년 조사에서 자신의 소득 수준이 능력·노력 대비 적정 수준에 미달한다는 의견이 2009년에 비해 11% 포인트나 상승했다.

한국인의 보상 체계 불공정성에 대한 불만이 2009년엔 스웨덴·스페인보다 더 작았지만, 2023년엔 스웨덴·스페인 수준을 따라잡았다. 이처럼 한국인의 소득 분배 불공정성에 대한 불만이 다른 국가들보다 더 강하다는 평가는 경험적 근거와는 상반된다.

불평등과 불공정에 대한 불만의 상대적 크기를 비교하면(⑤-④) 불평등에 대한 불만이 더 큰 국가는 한국, 독일, 스페인 순서고, 스웨덴과 미국은 반대로 불공정에 대한 불만이 더 큰 국가로 확인되었다(표 14.4). 이 가운데 '불평등은 참아도 불공정을 못 참는' 국가가 있다면, 그것은 한국이 아니라 스웨덴과 미국일 것이다. 한국도 2009년에 비해 2023년에 불평등 대비 불공정에 대한 불만이 더 커졌지만, 아직 스웨덴·미국 수준에는 크게 못 미친다.

그렇다고 한국인의 불평등 불만이 '유별난 평등주의'로 불릴 정도로 비정상적이거나 비합리적인 현상은 아니다. 한국과 미국은 스웨덴이나 독일 등 유럽 국가와 비교하면 소득 분배가 훨씬 더 불평등하여 자국의 불평등 체제에 대해 불만이 강한 것은 자연스럽다. 불평등 불만 관련하여 '유별나고 비정상적'인 나라가 있다면, 그것은 높은 불평등 수준에도 불만이 크지 않은 미국이다.

불평등 불만과 불공정 불만을 함께 고려하면, 서구 국가들 가운데 두 가지 불만 모두 높은 나라는 스페인인 반면, 둘 다 낮은 나라는 미국이다. 한편, 스웨덴은 불공정 불만은 높지만 불평등 불만은 중간 수준이고, 독일은 불평등 불만은 높지만 불공정 불만은 낮은 편이다.

한국은 서구 국가들에 비해 불평등 불만은 높지만 불공정 불만은 낮아서, 불평등은 참아도 불공정은 못 참는다는 진단과는 상반된다. 한편, 2009년에 비해 2023년엔 불공정 불만이 크게 상승하여, 불평등 불만과 불공정 불만 모두 높은 수준이 되었다.

불평등 불만이 없으면, 불공정 불만도 없다

1〉 불평등 사회의 불평등 관용도

현실 사회의 불평등이 심할수록 사회 구성원의 불만이 커질 가능성이 높지만, 불평등 정도가 그대로 불평등 불만 수준으로 전환되는 것은 아니다. 불평등 체제의 전형적 피해자인 노동자들의 의식 수준이 불평등 체제의 심각성만큼 높지 않은 현상은 계급이론의 오랜 연구 과제였다.

계급 형상 이론class imagery theory[15]은 노동자들이 계급 구조와 불평등 현상에 대해 과거에는 노동계급과 자본계급, 지배계급과 피지배계급으로 양극화된 계급 모델 혹은 권력 모델의 틀로 인식했었는데 점차 등급화된 지위 모델 혹은 금전 모델의 틀로 바뀌어갔다고 분석한다. 제2차 세계 대전 이후 자본주의 황금기를 경험하면서 노동자들은 불평등 체제를 개인적 노력을 통한 상승 이동이 가능한 사다리로 인식하게 되면서, 불평등 문제를 해결하기 위한 집합적 시도보다 등급의 사다리에서 상승 이동하는 개인적 해결책을 추구하게 되었다는 것이다.

미국은 스웨덴보다 훨씬 더 불평등한 국가지만 미국인은 스웨덴인보다 자국의 소득 불평등 수준을 덜 심각한 것으로 인식한다. 또한 미국이 세대 간 수직적 사회 이동 정도가 스웨덴보다 덜 활발하지만(표 7.7), 미국인은 미국 사회를 실제보다 더 평등하고 사회 이동도 더 활발하고 부의 분배도 더 공정하다고 믿는 것으로 나타났다(Starmans et al. 2017; Alesina et al. 2018). 계급 형상 이론은 자본주의 사회들에 보편적으로 적용되는데, 특히 '미국 예외주의'를 잘 설명해준다.

시민들은 자신이 목격하고 경험하는 불평등 체제를 자신이 감내하고 관용할 수 있는 적정 수준의 불평등 정도에 비추어 평가

15 계급 형상 이론은 Lockwood(1959, 1966), Goldthorpe et al.(1969)을 참조할 것.

한다. 시민의 불만이 반드시 불평등 수준에 비례하지 않는 이유도 여기에 있다. 불평등이 심한 사회일수록 시민들이 관용하고 기대하는 심리적인 적정 불평등 수준도 함께 높아지는 경향이 있기 때문이다.

지배 질서의 피해자라 할 수 있는 사회적 약자들도 지배 질서를 공정하고 정당한 것으로 인정하고 이상 혹은 기대치를 현실에 맞춰 하향 조정하면, 미래의 불확실성은 물론 개인적 불이익이나 안전성 위협을 벗어나고 원만한 사회관계를 유지하는 데 도움이 된다고 한다. 그것이 정의로운 세상론beliefs in a just world에 이어 심리학 분석 결과들을 체계화한 체제 정당화론system justification theory16의 설명이다.

사람들은 불평등과 불공정 같은 원치 않는 사회적 현실이 불가피하다고 인식할수록 현실을 수용하고 정당화하는 경향성이 커진다고 한다. 노동자들이 불평등 체제를 비판하고 불만을 갖는 것은 정치적 일탈 행위이기 때문에 불평등 현실과 평등 사회 대안 사이, 인지된 객관적 현실과 정서적·감정적 선호도 사이의 괴리를 견뎌야 하는 압박감에 시달리게 된다. 그래서 마르크스주의와 베버주의 사회과학자들(Parkin 1967; Elster 1982; Moore 1978)도 불평등 체제와 지배 질서가 고통을 주더라도 정당성을 부여하고 수용하게 되면 더 큰 고통을 피할 수 있게 된다는 사회심리적 메커니즘을 인정한다.

동구권 주민들은 매우 강한 평등주의 규범을 지녔었지만 국가

16 체제 정당화론에 대해서는 Jost & Banaji(1994), Jost(2017, 2019), Lerner(1980), Willis et al.(2015), Bartholomaeus et al.(2023), Kelley & Zagorski(2005), Schröder(2017)를 참조할 것.

사회주의 체제가 붕괴하고 시장경제로 전환되면서 2~3년 이내에 서구 수준의 불평등을 수용하게 되었고, 10년 뒤엔 서구보다 훨씬 더 심한 불평등도 수용하게 되었다고 한다. 미국인들도 지지 정당과 무관하게 트럼프의 대통령 취임 1주일 전에 비해 취임 1주일 뒤에 트럼프 당선에 대한 긍정적 평가가 더 높아졌다는 사실은 체제 정당화론이 보편적 설명력을 지녔음을 확인해준다.

2〉 불평등 불만과 불공정 불만의 상관관계

불평등 심각성 인식 정도와 본인 소득 수준 불공정성 평가의 상관관계는 정(+)의 상관관계로 나타났다(표 14.5). 모든 국가에서 이 상관관계는 .05 수준에서 유의한 것으로 확인되었다.

소득 불평등 인식 변인과 분배 불공정성 평가 변인은 5점 척도로 측정되었는데, 불평등 불만과 불공정 불만의 관계에 대한 분석의 편의를 위해 두 개의 범주로 축약할 수 있다. 소득 불평등 인지 변인은 소득 차이가 크다는 응답을 불평등 불만으로 분류하고 나

〈표 14.5〉 불평등 인식과 불공정성 평가의 상관관계: 불평등 심각성 (소득 차이 크다: 찬성 1-5 반대) & 본인 보수 적절성(본인 소득: 1 적다, 5 많다)

	피어슨 상관계수	유의 확률 (양쪽)
스웨덴	.242	.000
독일	.176	.000
스페인	.075	.015
미국	.104	.000
한국	.148	.000

자료: ISSP 2009년 사회불평등조사.

머지 응답은 평등 만족으로 분류한다. 분배 불공정성 변인은 본인의 능력·노력 대비 소득이 적다는 응답을 불공정 불만으로 분류하고 나머지는 공정 만족으로 분류한다.

불평등 불만과 불공정 불만이 정(+)의 상관관계를 지니고 있어 소득 불평등과 분배 불공정성에 대해 모두 만족하거나 모두 불만족하는 비율(①+②)이 가장 낮은 한국과 미국에서도 53.3%와 53.4%로 과반수를 차지한다(표 14.6).

불평등 불만과 불공정 불만이 모두 큰 사람(②)은 각국에서 절반 정도를 차지한다. 스페인이 55.1%로 가장 많고, 그 뒤를 잇는 스웨덴, 한국, 독일이 절반에 가깝고, 미국은 32.4%로 가장 적다. 불평등 불만과 불공정 불만이 모두 작은 비율(①)은 미국이 다른 국가들에 비해 월등히 더 많고, 한국은 스페인, 독일과 함께 매우 적다.

한편 소득 평등에 만족하지만 분배 불공정이 불만인 비율은 그 반대의 경우보다 훨씬 더 낮은데, 한국은 3.7%로 독일, 스페인과 함께 매우 낮게 나타났다. 따라서, 한국인이 불평등은 참아도

〈표 14.6〉 불평등·불공정 불만 집단별 비율

	① 평등 만족& 공정 만족	평등 만족& 불공정 불만	불평등 불만& 공정 만족	② 불평등 불만& 불공정 불만	합계	①+②
스웨덴	13.8%	12.9%	25.5%	47.7%	100.0%	61.5%
독일	7.6%	3.3%	42.8%	46.4%	100.0%	54.0%
스페인	3.8%	4.2%	36.9%	55.1%	100.0%	58.9%
미국	21.0%	14.5%	32.0%	32.4%	100.0%	53.4%
한국	5.8%	3.7%	42.9%	47.5%	100.0%	53.3%

자료: ISSP 2009년 사회불평등조사.

불공정은 못 참는다는 진단과는 거리가 멀다.

3〉 평등 가치에 기초한 공정 가치

모든 국가에서 자국의 소득 불평등이 심하지 않다고 보는 사람은, 자신의 소득이 능력·노력에 견줘 적정하다고 보는 비율이 적정 수준에 미달한다고 보는 비율보다 많거나 비슷하다(표 14.7). 반면 자국의 소득 불평등이 심하다고 보는 사람들은 압도적으로 자신의 소득이 적정 수준에 비해 적다고 평가한다.

한국도 동일한 경향성을 보여준다. 소득 불평등이 심하지 않다고 보는 사람 가운데 자신의 소득이 적다고 보는 사람은 39.1%에 불과하지만, 소득 불평등이 심하다고 보는 사람들의 경우 자신의 소득이 적다고 보는 사람은 52.6%에 달한다.

전체 사회 차원에서 소득 불평등의 심각성을 인지한 사람일수록 자신이 능력·노력에 비해 적게 받는다고 평가하는 경향이 있다. 따라서 소득 불평등에 대한 불만이 형성되지 않으면 분배의 불공정성에 대한 불만이 형성되기 어렵고, 분배의 불공정성에 대한 불만은 소득 불평등에 대한 불만에 기초하여 형성된다고 할 수 있다.

미취학 유아와 취학 아동 대상 발달심리학의 실험 결과들을 보면, 평등 감수성과 공정 감수성이 유년 시절부터 형성되기 시작한다는 사실을 확인할 수 있다. 어린아이들은 평등 가치와 공정 가치 가운데 어느 하나를 배척하고 다른 하나를 선택하는 것이 아니라 두 가치를 모두 중시한다. 예컨대, 아이들은 과제 수행 과정에 대해 알지 못하거나 과제 수행에 참여한 두 사람이 비슷하게 기여했다면 동등하게 분배한다. 하지만 두 사람이 과제 수행에 기

〈표 14.7〉 소득 불평등 인식 수준별 소득 공정성 평가

<table>
<tr><th colspan="3" rowspan="2">소득 차이 수준별 %</th><th colspan="2">본인 소득 공정성</th><th rowspan="2">합계</th></tr>
<tr><th>공정
(적정)</th><th>불공정
(적다)</th></tr>
<tr><td rowspan="3">스웨덴</td><td rowspan="2">소득 차이</td><td>작다(평등)</td><td>51.6%</td><td>48.4%</td><td>100.0%</td></tr>
<tr><td>크다(불평등)</td><td>34.8%</td><td>65.2%</td><td>100.0%</td></tr>
<tr><td colspan="2">전체</td><td>39.3%</td><td>60.7%</td><td>100.0%</td></tr>
<tr><td rowspan="3">독일</td><td rowspan="2">소득 차이</td><td>작다(평등)</td><td>69.9%</td><td>30.1%</td><td>100.0%</td></tr>
<tr><td>크다(불평등)</td><td>48.0%</td><td>52.0%</td><td>100.0%</td></tr>
<tr><td colspan="2">전체</td><td>50.4%</td><td>49.6%</td><td>100.0%</td></tr>
<tr><td rowspan="3">스페인</td><td rowspan="2">소득 차이</td><td>작다(평등)</td><td>47.6%</td><td>52.4%</td><td>100.0%</td></tr>
<tr><td>크다(불평등)</td><td>40.1%</td><td>59.9%</td><td>100.0%</td></tr>
<tr><td colspan="2">전체</td><td>40.7%</td><td>59.3%</td><td>100.0%</td></tr>
<tr><td rowspan="3">미국</td><td rowspan="2">소득 차이</td><td>작다(평등)</td><td>59.1%</td><td>40.9%</td><td>100.0%</td></tr>
<tr><td>크다(불평등)</td><td>49.7%</td><td>50.3%</td><td>100.0%</td></tr>
<tr><td colspan="2">전체</td><td>53.0%</td><td>47.0%</td><td>100.0%</td></tr>
<tr><td rowspan="3">한국</td><td rowspan="2">소득 차이</td><td>작다(평등)</td><td>60.9%</td><td>39.1%</td><td>100.0%</td></tr>
<tr><td>크다(불평등)</td><td>47.4%</td><td>52.6%</td><td>100.0%</td></tr>
<tr><td colspan="2">전체</td><td>48.7%</td><td>51.3%</td><td>100.0%</td></tr>
</table>

자료: ISSP 2009년 사회불평등조사.

여한 정도에 차이가 있다면 이를 반영하여 몫을 분배한다. 전자는 균등 원칙이고 후자는 기여도를 반영한 차별적 배분의 공정성 원칙이라 할 수 있는데, 동일 상황에서 평등 원칙과 공정 원칙이 충돌하는 것이 아니라 적용되는 조건이 서로 다르다는 점에서 두 원칙은 상호 보완적이라 할 수 있다(Sloane et al. 2012; Baumard et al. 2012).

평등 원칙과 공정 원칙의 밀접한 상관관계는 행태경제학의 게

임들에서도 확인된다. '최후통첩 게임ultimatum game'과 '독재자 게임dictator game'은 모두 2인 분배 게임인데, 제안자가 먼저 자신과 응답자에게 배분할 비율을 결정한다.[17] 최후통첩 게임은 응답자가 제안을 수용하면 여기에 따라 몫을 나누게 되지만, 거절하면 제안자와 응답자 모두 아무것도 받지 못한다. 반면, 독재자 게임은 무조건 제안자의 제안대로 몫을 나누어 갖는다. 예컨대, 제안자가 전체 몫 100만 원을 자신과 응답자가 각각 60만 원과 40만 원으로 나눌 것을 제안했다고 하자. 최후통첩 게임의 경우 응답자가 수용하면 제안자와 응답자는 각각 60만 원과 40만 원을 받게 되지만, 거절하면 두 사람 모두 한 푼도 받지 못한다. 그러나 독재자 게임이라면 응답자가 수용하건 거절하건 제안자와 응답자는 각각 60만 원과 40만 원을 받는다.

최후통첩 게임에서 제안자가 제시하는 몫의 분배 방식이 일정 수준(예컨대 응답자의 몫 30% 미만)을 초과하는 '불평등한 배분'이라면 응답자는 이를 '불공정한 배분'으로 평가하고 자신의 몫을 포기하는 손실을 감수하면서도 제안자의 제안을 거절하는 것으로 나타났다. 반면, 제안된 분배 방식이 완전 평등에 가까울수록 응답자는 '공정한 배분'으로 판단하여 제안을 수용할 가능성이 높다. 최후통첩 게임의 다양한 실험들에서 제안자가 응답자에게 제안하는 몫은 평균 40~50%로 절반 수준에 근접하는 것으로 나타났다. 이처럼 제안자와 응답자 모두 평등에 근접한 분배 방식을 공정하다고 판단한다. 분배 방식이 평등할수록 더 공정한 것으로

17 최후통첩 게임과 독재자 게임에 대해서는 Güth, W. & Kocher, M(2014), Kahneman, D., J. Knetsch & R. Thaler(1986), Peterburs, Jutta, Rolf Voegler & Roman Liepelt(2017), Grosskopf, B. & R. Nagel(2021), 최정규(2009)를 참조할 것.

평가된다는 점에서, 공정 원칙은 평등 원칙을 대체하는 것이 아니라 평등 원칙에 기초해 있음을 알 수 있다.

응답자의 반응과 무관하게 제안자의 제안이 실현되는 독재자 게임에서도 제안자는 전체 몫을 독차지하지 않고 평균 25% 정도를 응답자 몫으로 제안하는 것으로 나타났다. 이는 제안자가 75대 25의 배분 방식이 100대 0의 완전 불평등 배분 방식보다 더 공정하다고 평가하고 자신이 그보다 더 많이 차지하는 것은 불공정하다고 판단하기 때문이다. 또한 제안자에게 20달러를 주고 배분 선택지를 18대 2와 10대 10의 두 방안을 제시했을 때 제안자의 76%가 10대 10 방안을 선택했다. 이는 평등한 분배 방식이 자신의 물질적 이해관계에는 반하지만 더 공정하다고 판단하기 때문이다. 이처럼 응답자의 거절 확률을 무시해도 되는 일회성 독재자 게임에서도 제안자가 평등한 배분 방식을 공정한 것으로 평가하는 현상은 평등 가치가 공정성 판단의 핵심 기준으로 작용하고 있음을 의미한다.

15장. 한국은 실력주의 사회인가?

소득 분배 관련 공정성 담론의 중심에 '실력주의' 논란이 있다. 한국은 실력주의 사회고, 한국인은 실력주의 신봉자인가?

실력주의의 폐해를 지적하며 비판하는 관점에서는 한국 사회가 실력주의 사회고, 한국인은 실력주의자라고 진단한다. 반면, 한국 사회는 지위 세습 사회에 불과하고 한국인도 실력주의자가 아니라는 진단은 오히려 한국 사회를 실력주의 사회로 호도하는 실력주의 신화·이데올로기를 문제로 간주한다. 실력주의가 지닌 최소한의 긍정적 기능도 실현되지 않았다는 것이다.

그렇다면 '실력주의'란 무엇일까? 실력주의의 사전적 의미는 실력의 지배를 의미한다. 옥스퍼드 사회과학사전에 따르면, 실력주의 용어는 1960년대 사회학자 마이클 영에 의해 대중화되었지만 개념 자체는 플라톤 시대로 거슬러 올라간다.

브리태니커Britannica는 '실력주의meritocracy'를 "개인들이 자신의 능력과 성취abilities and achievements에만 근거하여 권력 지위, 영향력 혹은 보상을 부여받는 정치적, 사회적 혹은 경제적 체계"(Costa 2023)로 정의한다. 실력주의의 특성은 실력주의가 배제하는 기준들에서 명확하게 드러나는데, 브리태니커와 사회과학사전에서 보듯이, 실력주의는 사회·문화·경제적 배경이나 계급, 성별 혹은 인종 같은 정체성 범주의 기준을 배제한다. 이처럼 실력주의는 지위세습이나 정실주의를 거부하고 기회의 균등과 경쟁의 가치를 중시한다.

'meritocracy'는 우리말에서 '능력주의' 혹은 '실력주의'로 번역되고 있는데, '실력주의'는 이정우(2021) 등에서 제한적으로 사용되고 '능력주의'가 더 널리 통용되고 있다. 'merit'의 핵심 구성요소는 능력ability과 노력effort이라 할 수 있는데, 이정우가 지적하듯이 선천적 지능과 후천적 노력은 구분할 필요가 있다. 창의성처럼 선천적 속성과 후천적 현상의 조합으로 형성된 속성의 경우 선천적 속성을 중시하는 협의의 능력 범주로는 분류될 수 없다. 이처럼 능력뿐만 아니라 다른 이질적 속성도 포함하는 'merit' 개념을 협의의 능력ability 개념과 구분하여 사용하면 개념의 혼란을 피할 수 있다.[18]

여기서는 'merit'와 'meritocracy'를 '실력'과 '실력주의'로 옮겨 사용한다. 그래서, 광의의 실력 개념에 기초한 실력주의와 협의의 능력 개념에 기초한 능력주의를 병용하되, 기존 문헌들에서

18 마이클 영(1958)은 'meritocracy'의 'merit'를 지능(intelligence)과 노력의 조합으로 규정했지만, 실제 'merit'는 다양한 의미로 통용된다. 사회과학사전은 모두가 동의할 수 있는 방식으로 'merit'를 정의하고 측정하기 어렵다고 인정한다. 'merit'가 브리태니커에서는 능력(abilities)과 성취, 정치학·국제관계 사전에서는 능력(ability), 사회과학사전에서는 재능과 노력, 사회학사전에서는 능력(ability)과 노력(effort)을 의미한다[사전 출처는 Calhoun(2002), Scott(2015), Costa(2023). Brown et.al.(2018)].

통용되는 '능력주의'가 광의의 실력주의에 해당하면 실력주의로 바꿔 사용한다.

실력주의와 소득 결정 기준

1) 실력주의를 둘러싼 공방

실력주의는 신분·지위 및 토지·재산이 세습되는 봉건시대 유습을 대체하고 개인의 능력과 성과에 따라 사회·경제적으로 보상한다는 점에서 진일보한 것은 사실이지만 봉건시대와는 다른 새로운 형태의 불평등 체제를 고착화한다는 비판을 받고 있다.

국내의 실력주의 비판론[19]은 피케티(Piketty 2020)와 샌델(Sandel 2020)의 논리를 공유하면서 한국 사회도 미국처럼 실력주의 사회이고 한국인은 실력주의자라고 주장하며 실력주의의 폐해를 설명한다. 실력주의 비판론은 실력주의가 이미 한국 사회의 법 제도 및 보상 체계에 내장되어 구조화되었을 뿐만 아니라 지배계급의 공정성 담론으로 확산하며 지배 이데올로기가 되었다고 주장한다. 조선시대 과거제도에서부터 현대의 고시제도, 대학 입시, 입사 시험에 이르기까지 각종 시험제도는 실력주의가 절차적 공정성으로 정당화되는 근거로 제시된다.

실력주의 비판론은 실력주의 보상 방식이 소득 불평등을 발생시키는 원인으로 작동한다고 지적한다. 능력과 성과에 따라 개인들을 평가하고 서열화하여 그에 상응하는 보상을 함으로써 소득

19 실력주의 비판론은 박권일(2021), 장은주(2021), 신광영(2023), 이명호(2021), 정태석(2021), 박수경·조재환(2022)을 참조할 것.

격차가 발생하며 수혜자와 피해자, 승자와 패자가 양산된다는 것이다. 그뿐만 아니라 성과는 능력 이외의 요인들에 의해 좌우될 수 있는데, 능력 자체도 가족 배경의 영향을 받으며 형성된다는 사실을 실력주의는 간과한다고 비판한다.

실력주의 비판론이 강하게 비판하는 실력주의 폐해는 실력주의의 이데올로기적 기능인데, 이들의 주장은 다음과 같이 정리된다.

첫째, 실력주의 사회·경제·정치 질서는 절차적 공정성과 실력주의 원칙을 구현하기 때문에 그 결과로 발생하는 불평등을 정당한 것으로 믿게 한다. 실력주의 질서는 사회 구성원들이 불평등 배분 결과를 수용하고 불평등 체제에 적응하도록 함으로써 사회 양극화와 함께 사회적 균열을 고착화하고 사회 통합을 저해한다. 예컨대, 고능력자, 고성과자, 고평가자는 실력주의 경쟁의 승자로서 보상과 자원을 독식하며 기여에 대한 보상 수준을 넘어서는 지대rent를 보장받는다. 반면 저능력자, 저성과자, 저평가자는 기여 수준에 미달하는 보상의 불이익과 차별 처우를 감내할 뿐만 아니라 패배자로 낙인찍혀 혐오 대상이 되며 모멸감과 열패감에 시달리게 된다.

둘째, 실력주의는 피지배자가 성과를 산출하도록 규율하고 지배자는 안정적으로 성과를 확보할 수 있도록 한다. 이처럼 실력주의는 지배계급의 이데올로기인데 우리 사회의 지배 이데올로기로 되면서 피지배자들이 자신들의 성과가 박탈되며 소득 불평등이 발생하는 메커니즘에 둔감하게 만든다.

셋째, 실력주의 공정성 담론은 불평등 체제의 사회·경제 구조적 문제점들을 외면·경시할 뿐만 아니라 불평등 체제에 대한 저항도 무력화한다. 소득 재분배 정책과 사회적 약자 배상제도에 대한 반대 여론이 확산되는 현상은 지배 세력이 실력주의 공정성 담론을 이데올로기적 무기로 활용한 결과로 설명된다.

실력주의 비판론에 대한 반박은 한국 사회는 실력주의 사회가 아니며 한국 사회의 문제점은 실력주의가 실현되어서가 아니라 실현되지 않아서 발생한 문제라고 지적하며 제대로 된 실력주의의 실현을 촉구하는데, 핵심 논지는 아래와 같다.[20]

첫째, 실력주의는 "개인의 능력에 따라 사회적 지위를 분배하는 보상과 인정 시스템"(이현 2021: 318)으로 정의되며, 균등한 기회 보장, 객관적이고 공정한 경쟁, 가족 배경 등 외적 요인 개입 배제가 핵심인데 한국 사회에서는 이러한 실력주의 원칙들이 지켜지지 않고 있다. 그 경험적 근거로 정유라가 부모의 영향력으로 체육 특기생 자격 획득에 유리한 경기 대회 성적을 거둔 것, 조국 딸의 대학교 의과학 연구실 및 공익인권법센터의 인턴 활동 등을 통한 스펙 쌓기는 평균적인 고등학생들은 상상도 할 수 없는 특전이라는 점을 지적한다.

둘째, 실력주의 원칙은 능력에 대한 정당한 보상을 의미할 뿐이며, 승자 독식주의는 실력주의와 무관하다. 농어촌 학생 특별전형 제도는 김영삼 정부 시기 도입되어 2021년도에는 전국 평균 신입생 정원의 6.8% 수준에 달할 정도로 확대되었다. 이처럼 사회적 약자를 배려하며 승자 독식을 막는 장치가 입시제도의 실력주의와 양립할 수 있다.

셋째, 실력주의 비판론은 "자본주의적 시장 경쟁의 불평등 구조를 외면한 채 누구나 노력하고 능력이 있으면 성공할 수 있다고

---

20 실력주의 비판론에 대한 반대 입장은 이현(2021), 윤평중(2021), 곽영신(2021)을 참조할 것.

주장하는 '실력주의 신화'와 공정한 경쟁을 요구하는 실력주의를 혼동"하고 있다(이현 2021: 315). 비판론의 주장과는 달리 한국 사회를 지배하는 것은 실력주의가 아니라 허구의 실력주의 신화와 자본주의적 경쟁 논리다.

넷째, 실력주의 원칙이 배제되면 그 자리를 대체하는 것은 평등주의가 아니라 부모 배경이 위력을 발휘하는 특권 세습과 정실주의의 도둑 정치kleptocracy가 판을 치게 될 것이다. 자본주의적 실력주의가 대체한 봉건주의적 불평등 체제로 회귀하는 것이다.

따라서 실력주의 비판을 반박하는 논자들(이현 2021; 윤평중 2021)은 균등한 기회와 공정 경쟁에 기초한 실력주의 원칙을 제대로 실현하는 것이 시급하다고 주장한다. 윤평중(2021)은 실력주의 일반 원칙에서 한발 더 나아가 '열린 능력주의(실력주의)'를 제안한다. 열린 실력주의는 공개 경쟁의 형식만 중시하는 이준석류의 '닫힌 능력주의(실력주의)'와는 달리 "평등한 기회와 공정 경쟁을 토대로 정의를 추구"한다. 열린 실력주의는 롤스의 최소 수혜자를 배려하는 차등의 원칙도 수용할 것을 촉구하며 여성 할당제와 청년 할당제를 구체적 제도들로 예시한다.

실력주의를 둘러싼 공방은 쉽게 결말이 나기 어려운데, 그것은 실력주의의 양면성 때문이다. 실력주의는 봉건주의적 신분·지위·토지·재산 세습을 대체함으로써 상대적으로 개인들에게 기회를 개방하고 사회 경제적 상승 이동과 보상의 가능성을 높여주는 긍정적 측면을 지닌다. 하지만 다른 한편으로 차등 분배를 통해 소득 불평등을 발생시켜 불평등 체제를 재생산할 뿐만 아니라 불평등을 정당화하는 이데올로기적 기능까지 수행할 수 있다.

2〉 자본주의와 실력주의 분배 원칙

실제 실력주의가 자본주의 사회들에서 소득 분배 원칙으로 자리 잡고 있는가? 한국은 다른 자본주의 국가들에 비해 실력주의가 더 위력을 발휘하고 있는가?

자원과 보상 배분 수준의 차별화 기준에 따라 시민들이 분배 결과를 수용하는 정도가 달라지며(Saez 2017), 이에 따라 각 사회의 보상 방식은 변화하며 시민들이 그 정당성을 인정하는 수준에서 안정화된다.

ISSP 2009년 조사 결과를 보면, 소득 결정 요인들 가운데 업무 능력인 '일을 잘하는가'를 제일 중요한 기준으로 인정하는데 국가 간 차이는 별로 없다(표 15.1). 업무 능력을 중시하는 정도에서 미국이 가장 앞서고 스페인이 가장 뒤처지는데, 스페인에서는 직업상 책임 크기가 좀 더 중요하게 평가된다. 한국, 독일, 스웨덴은 업무 능력을 중시하는 정도가 비슷했는데, 미국보다 조금 낮지만 스페인보다는 훨씬 더 높은 것으로 나타났다.

설문조사에 제시된 소득 결정 기준들 가운데 가족 부양 요구와 부양 자녀 여부는 필요에 따른 분배를 의미하는데, 다른 네 가지는 업무 수행과 관련된 기준들이다. 직업상 책임 크기와 교육훈련 연수年數는 객관적으로 인정되는 업무 수행 능력의 지표들이고, '일을 잘하는가'는 업무 수행 능력의 결과로서 나타나는 성과를 측정하고, '일을 열심히 하는가'는 노력과 성실성 등 근무 태도를 측정한다. 그런 점에서 이들 네 가지 변인들은 모두 광의의 실력merit 개념을 구성하는 요소들이며, 그 가운데 '일을 잘하는가'는 브리태니커 정의에 포함된 '능력과 성취'로서 협의의 능력ability 개념에 해당된다.

〈표 15.1〉 소득 결정 요인 중요성 평가:
"일반적으로 소득이 결정되는 데 다음 사항들이 얼마나 중요하다고 생각하십니까?"

	필요 요인			실력 요인					②-①*
	가족 부양 요구	부양 자녀 여부	평균	직업상 책임 크기	교육 훈련 연수	① 일을 잘하는가	② 일을 열심히 하는가	평균	
스웨덴	3.27	3.46	3.365	2.06	2.71	1.88	2.19	2.21	0.31
독일	2.35	2.33	2.34	1.91	2.44	1.86	2.10	2.0775	0.24
스페인	2.37	2.46	2.415	1.96	2.18	2.04	2.13	2.0775	0.09
미국	2.57	2.94	2.755	1.88	2.33	1.71	1.82	1.935	0.11
한국	2.57	2.49	2.53	2.11	2.39	1.83	1.85	2.045	0.02

* 값이 클수록 능력이 노력보다 더 중요하다는 인식(1 절대적 중요, 5 전혀 중요하지 않음).
자료: ISSP 2009년 사회불평등조사.

모든 국가에서 실력 요인들이 필요 요인들보다 훨씬 더 중시되고 있어 실력주의가 자본주의 국가들에서 보편적으로 영향력을 발휘한다고 할 수 있다. 그 가운데서도 실력 요인의 상대적 중요성을 가장 크게 강조하는 국가는 스웨덴이고, 그 뒤를 미국이 잇는다. 대표적 복지국가 스웨덴에서 시민들이 필요 요인을 덜 중요하게 평가하는 이유는 시민들의 필요에 맞춰 자원과 서비스를 제공하는 역할은 복지제도 영역으로 국가의 소득 재분배 정책이 담당할 부분으로 간주하기 때문이다. 따라서 시장의 소득 분배 제도는 실력 요인을 중시하고 정부의 소득 재분배 정책이 필요 요인을 중시하는 것은 스칸디나비아형 사회민주주의 모델의 정책 분업 방식을 잘 반영한다.

또한 광의의 실력 요인들 가운데 업무 능력을 중요하게 보는 것은 자본주의 국가 시민들은 협의의 능력주의 원칙을 상당 정도

내면화하고 있으며 능력주의가 해당 사회의 소득 분배 원칙으로 작동하는 현실을 반영한다. 그런 점에서 미국은 능력주의 성향이 가장 강한 사회라 할 수 있는데, 한국은 다른 나라들보다 특별히 능력주의 경향이 강한 것은 아니고 자본주의 사회들의 평균 수준에 해당된다.

모든 자본주의 사회들이 소득 분배 원칙으로 필요 요인에 비해 실력 요인을 중시하는데, 실력 요인들 가운데 노력·성실성의 근무 태도와 협의의 능력 사이의 상대적 중요성 평가에서는 확연한 차이를 보여준다. 스웨덴은 근무 태도보다 능력을 월등히 더 강조하고 독일이 그 뒤를 잇는데, 미국과 스페인은 정도는 약하지만 여전히 근무 태도보다 능력을 더 중시한다.

반면 한국은 능력과 근무 태도를 거의 동등한 수준으로 중시한다. 이처럼 광의의 실력 개념과 협의의 능력 개념을 구분함으로써 한국 사회의 차별성을 잘 포착할 수 있다. 광의의 실력주의와 협의의 능력주의를 구분해보면, 선진 자본주의 국가들 모두 광의의 실력주의를 수용하는 가운데, 협의의 능력주의가 서구 자본주의 국가들에 비해 한국에선 상대적으로 위력이 더 약하다고 할 수 있다.

서구 능력주의와 한국 노력주의

임금 결정 관련 원칙은 실력과 기여 수준에 따라 차별적으로 보상하는 형평equity 원칙, 필요하는 수준에 상응하여 보상하는 필요need 원칙, 기여도나 개인적 필요와 무관하게 모든 피고용자에게 동등한 수준으로 보상하는 균등equality 원칙으로 대별된다. 선행

연구들은 한국인은 임금 체계의 세 원칙 가운데 차등 분배의 형평 원칙을 더 선호하여 실력주의에 따른 소득 불평등을 공정하다고 인식하는 것으로 해석한다(박권일 2021; 곽영신·류웅재 2021). 한국을 포함한 모든 자본주의 국가들에서 형평 원칙을 필요 원칙보다 더 중시한다는 사실은 위에서 확인된 바 있다(표 15.1). 하지만 ISSP 조사에 균등 원칙의 상대적 중요성을 평가할 지표는 포함되지 않았다.

한국인은 업무 능력, 근무 태도, 근속 연수 등 광의의 실력 관련 기준으로 임금 차이를 두지 말아야 한다는 의견은 10%도 안 되어 거의 모든 시민들이 차이를 둬야 한다는 의견이다. 반면, 부양가족 수와 관련해서는 임금에 차이를 두지 말아야 한다는 의견이 45.6%로 높게 나타나서, 차이를 둬야 한다는 의견에 육박했다.

한국인은 임금 결정 원칙들 가운데 균등 원칙에 비해 필요 원칙을 더 우선시하지만, 다른 자본주의 국가들과 마찬가지로 필요 원칙보다 형평 원칙에 압도적으로 높은 정당성을 부여한다. 이는 자본주의 사회의 보상 체계가 실력주의에 입각한 형평 원칙을 중심으로 설계되어 있으며, 실력과 기여에 따라 차등 분배하는 형평 원칙이 자본주의 사회에서 보편적 분배의 정의로 자리 잡고 있음을 의미한다.

서구 자본주의 국가들은 형평 원칙에서도 성실성과 노력을 반영하는 근무 태도에 비해 협의의 능력을 훨씬 더 중시하지만, 한국인은 능력만큼 근무 태도도 중시하는 것으로 ISSP 2009년 조사에서 확인되었다(표 15.1). 2023년 조사에서도 한국인은 업무 능력과 근무 태도를 비슷하게 중시하는 것으로 나타나서, 한국에서는 서구 국가들에 비해 협의의 능력주의가 발휘하는 위력이 더 약하

〈표 15.2〉 한국인의 임금 결정 요인 평가: "같은 업무를 수행하는 사람들의 임금을 결정할 때 다음 각 요인에 따라 임금의 차이가 어떠해야 한다고 보십니까?" (단위: %)

요인별 임금 차이(2023년)	① 업무 능력	② 근무 태도	근속 연수	부양가족 수	②-①
① 임금에 큰 차이를 두어야 한다	38.2	35.9	22.7	9.2	-2.3
② 임금에 약간 차이를 두어야 한다	57.3	57.4	67.6	45.1	0.1
③ 임금에 차이를 두지 말아야 한다	4.5	6.7	9.7	45.6	2.2
합계	100.0	100.0	100.0	100.0	0
①-③	33.7	29.2	13	-36.4	-4.5

자료: 노회찬재단·한국비정규노동센터(2023).

다고 할 수 있다.

임금 결정 요인에 대한 의견을 취업자의 '종사상 지위' 집단별로 보면, 피고용인을 둔 유고용 사업주와 관리 전문직은 업무 능력과 근무 태도를 매우 중요한 기준으로 보지만 노동자는 상대적으로 덜 중요하게 본다(표 15.3). 관리 전문직은 자신의 높은 보수 수준을 정당하다고 평가하는 것이고, 사업주는 이윤 창출의 이해관계를 반영한 것이다. 한편, 노동자는 관리 전문직과 함께 근속 연수를 자영업자나 유고용 사업주에 비해 더 중요한 임금 결정 요인으로 보는데, 이는 피고용 기간에 대한 보상을 중시하는 피고용자들의 이해관계를 반영한다.

업무 능력을 제일 중요하게 꼽으면서 부양가족 수의 중요성을 인정하지 않는 것은 모든 종사상 지위 집단이 같다. 유고용 사업주와 노동자를 비교하면 모두 근속 연수에 비해 업무 능력과 근무 태도를 중시하지만, 사업주가 근무 태도에 비해 업무 능력을 더 중시하는 반면 노동자는 양자를 동등하게 중시한다. 사업주의 선

〈표 15.3〉 종사상 지위 집단별 임금 결정 요인 평가: “같은 업무를 수행하는 사람들의 임금을 결정할 때 다음 각 요인에 따라 임금의 차이가 어떠해야 한다고 보십니까?”

요인별 임금 차이 (2023년)	① 업무 능력	② 근무 태도	근속 연수	부양가족 수	평균	②-①
0 비경제 활동 인구	1.70	1.75	1.94	2.33	1.93	0.05
1 유고용 사업주	1.47	1.59	1.89	2.40	1.84	0.12
2 무고용 자영업자	1.60	1.70	2.00	2.42	1.93	0.1
3 관리 전문직	1.51	1.59	1.79	2.33	1.81	0.08
4 노동자	1.69	1.70	1.78	2.38	1.89	0.01
전체 평균	1.66	1.71	1.87	2.36	1.90	0.05

* 값이 클수록 근무 태도보다 업무 능력의 임금 결정력을 더 중시함 (1 큰 차이 둘 것, 3 차이 두지 말 것).
자료: 노회찬재단·한국비정규노동센터(2023).

호도는 업무 능력, 근무 태도, 근속 연수 순서이며 선호도의 정도 차이도 노동자보다 훨씬 더 크다. 산출 성과를 담보하는 업무 능력을 최우선시하는 반면 성과 산출에 직접적 영향력이 작은 근속 연수를 경시하는 것은 사업주의 이윤 동기를 반영한다.

이처럼 임금 결정 방식과 보상 체계를 결정하는 유고용 사업주가 실력을 중시하고, 그 가운데 근무 태도보다 업무 능력을 훨씬 더 중시하는 것은 우리 사회의 임금 결정 방식이 실력주의의 형평 원칙에 따르되 협의의 능력주의에 충실하도록 설계되었을 가능성이 높음을 의미한다. 또한 사업주의 의견은 집행 의지를 반영하기 때문에 보상 체계는 향후 능력주의가 더 강화되는 방향으로 변화할 것으로 전망된다. 하지만 한국인이 서구 자본주의 국가들에 비해 능력 못지않게 근무 태도도 중시하고, 노동자들이 근무 태도 중시 여론을 주도하기 때문에 사용자가 일방적으로 협의의 능력주의 임금 체계를 관철하기는 어렵다.

한국 사회가 서구 자본주의 국가들과 마찬가지로 광의의 실력주의 사회지만, 서구 국가들이 협의의 능력주의 사회라면 한국은 상대적으로 노력주의 사회 성격이 강하다. 또한 서구 자본주의 국가 시민들을 능력주의자라고 한다면 한국인은 노력주의자라 할 수 있는데, 한국인 가운데 자본가와 노동자는 각각 능력주의와 노력주의를 대표한다. 따라서 향후 보상 체계의 변화 방향은 자본과 노동의 계급 역학관계에 따라 능력주의와 노력주의의 상대적 중요성이 결정된다고 할 수 있다.

어떤 기준으로 얼마를 받아야 하는가: 보상의 형평 원칙

1) 불공정성 불만: 능력 보상, 노력 홀대

본인의 능력·노력 대비 소득이 적다는 사람과 적당하다는 사람은 업무 능력에 따라 임금 차이를 크게 두되, 부양가족 수에 따른 임금 차이는 두지 말아야 한다는 데 의견이 일치한다(표 15.4). 한편 소득이 적다는 사람은 적당하다는 사람에 비해 근무 태도와 근속 연수를 더 중시한다.

자신의 보수 수준이 적정하다는 사람은 근무 태도에 비해 업무 능력을 더 중시하는데, 이는 자신이 받는 보수가 업무 능력에 상응하는 공정한 보상이라 평가하는 것이다. 반면, 적정 수준보다 보수가 적다는 사람은 업무 능력과 근무 태도를 거의 같은 수준으로 중요하게 보고 있어, 적정하다는 사람에 비해 근무 태도가 업무 능력만큼 충분히 보상받지 못한다는 의견이 더 강하다.

실제 생산 과정에서 업무 능력 차이가 성과를 좌우하는 정도

〈표 15.4〉 자신의 소득 수준 적절성 평가에 따른 임금 결정 요인 중요성 인식 차이:
(1 큰 차이 둘 것, 3 차이 두지 말 것)

보수 수준 [2023년]*	빈도	업무 능력	근무 태도	근속 연수	부양가족 수
① 적당**	421	1.65	1.73	1.89	2.38
② 적음	851	1.64	1.66	1.80	2.38
전체	1272	1.64	1.68	1.83	2.38
①-② 비교(t-검정)					
값 차이		.01	.08	.09	.00
t-값		.170	2.174	2.515	.105
유의 확률		.865	.030	.012	.916

* 비경제 활동 인구는 제외하고, 경제 활동 인구만 포함함.
** "소득 적당" 범주에는 "보수 많다" 30명 포함함.
자료: 노회찬재단·한국비정규노동센터(2023).

가 직종별로 달라서, 업무 능력과 근무 태도의 상대적 중요성의 평가에 큰 차이가 날 수 있다. 예컨대 컨베이어벨트를 사용하는 제조업의 경우 업무 능력 차이가 유의미한 성과 차이를 가져오기 어렵지만, 개인의 창의력이 중요한 소프트웨어 개발 등 IT 전문직의 경우 업무 능력 차이는 매우 큰 성과 차이를 가져올 수 있다.

자신의 보수가 적정 수준보다 적다는 사람은 근무 태도와 근속 연수를 제대로 보상받지 못한다는 불만을 표현한다. 이는 현재의 보상 체계가 고용주의 선호도를 반영하여 업무 능력 차이를 성과급과 승진 고과 등을 통해 적극 보상하는 방식으로 설계되었음을 의미한다. 고용주가 업무 능력 중심인 협의의 능력주의에 과도하게 집착하는 반면 노동자들은 성과와 기여를 훨씬 더 종합적으로 평가하고 있음을 확인해준다.

업무 능력 중심인 협의의 능력주의에 기초한 보상 체계에 맞서, 노동자들은 자신의 노력 등 근무 태도에 대한 보상이 미흡하다고 지적하며 정당한 보상을 요구하는 것이다. 이런 노동자 요구를 균등 원칙을 배반하고 차등 분배의 형평 원칙에 기대어 소득 불평등을 조장하는 행위로 매도할 수 있을까?

그러한 노동자들의 요구를 소득 불평등을 조장하는 집단 이기주의로 폄훼하며 억압한다면 기계적 평등주의 담론은 자본이 주도하는 협의의 능력주의 보상 체계를 지속시켜 높은 착취율로 자본소득 분배율을 높게 유지하며 소득 불평등을 심화하는 결과를 가져올 것이다. 결국, 자본은 안정적인 높은 착취율·이윤율로 물질적 이해관계의 실리를 확보하고 기계적 평등주의 담론은 '정신 승리' 프로젝트로 명분만 쌓는, '자본과 기계적 평등주의의 공생' 생태계가 조성될 수 있다.

2) 기여한 만큼 받아야 한다: 수평적 형평과 수직적 형평

실력주의를 둘러싼 찬반 공방은 바람직한 분배 원칙으로 의견이 모이지 않고 더 분화되는 양상을 보여준다.

지배계급이 자본을 중심으로 보수 언론과 함께 협의의 능력주의를 일사불란하게 관철하고자 하는데, 실력주의 비판론은 능력주의에 맞선 대안적 분배 원칙에서 의견이 나뉘고 있다(박권일 2021; 장은주 2021 등). 한편에서는, 불평등이 전혀 없는 사회는 비현실적이며 바람직하지도 않다는 점을 인정하고 실력주의적 보상이 불평등을 고착시키고 지배 관계로 전환되는 것을 막아야 한다고 주장한다. 다른 한편에서는, 기계적 평등의 균등 원칙에 입각하여 동일 가치 노동 동일 임금 요구도 심각한 사회적 역기능을 지닌다고 비판하고, 존 롤스의 공정성 원칙들도 개인의 능력·기여에 기초한 차등적 분배로서 실력주의 프레임에 갇혀 있다며 거부한다.

반면, 실력주의 비판론에 대한 반론은 존 롤스의 차등의 원칙까지 수용한 '열린 실력주의' 대안을 제시하기도 한다. 그러나 차등의 원칙은 지배 세력이 추구하는 협의의 능력주의에 상반된 원칙으로서 두 원칙의 결합은 불가능하고 일부 유사한 취지의 제도·정책들을 부분적으로 차용하는 수준을 넘어서기 어렵다.

능력주의에 맞선 바람직한 대안적 분배 방식은 형평 원칙과 균등 원칙, 평등 가치와 공정 가치의 조합일 것이다. 불평등하고 불공정한 현실에서 평등하고 공정한 사회로 이행하는 과제를 탐구하는 피케티, 사에즈, 롤스 같은 진보적 연구자들도 기계적 평등의 균등 원칙을 바람직하지 않다고 평가한다.

살인자나 성폭행범도 피해자와 균등하게 배분하고, 일과 시간에 열심히 일하는 노동자와 정당한 사유 없이 불성실하게 일하는 노동자에게 동일 임금을 지불하는 것은 사회적으로 수용될 수 없다. 손쉽고 안전한 일을 하는 노동자와 힘들고 위험한 일을 하는 노동자에게 동일 임금을 지급한다면 노동자들은 힘들고 위험한 일을 회피한다.

필요 원칙에 입각한 보상을 보장하는 사회 발전 단계가 요원하다면, 평등과 공정의 원칙을 훼손하지 않는 범위 내에서 능력, 노력, 협력, 성과를 포괄하는 기여도에 상응하여 정당하게 보상하는 형평 원칙에서부터 출발해야 할 것이다. 시민들이 업무 능력, 근무 태도, 근속 연수에 대한 차별적 보상에 동의하면서 기계적 평등에 반대한 것은 능력주의에 세뇌되어 불평등을 정당화하는 것이 아니라 그것이 공정하다고 판단하기 때문이다. 형평 원칙을 우선시하며 기여도에 상응한 보상으로 협의의 능력주의 보상 체계를 대체하며 '수저 계급 사회'의 지위 세습 효과를 차단하되 점차 보상의 격차를 축소하며 균등 원칙의 평등한 배분을 지향하는 것이 분배 방식의 바람직한 변화 방향이라 할 수 있다.

경제학의 기초를 제공한 합리적 선택 이론에 따르면 인간은 이익을 추구하는 이기적 존재로서 편익과 비용의 셈법에 따라 선택하고 행동한다. 공동선이나 공공재는 산출을 위한 노동의 비용과 고통을 개인에게 부과하되 수혜자를 선택하여 차별적으로 보상할 수 없기 때문에 혜택은 사회 구성원 모두에게 돌아간다. 개인으로서는 공동선·공공재의 산출에 기여하지 않고 혜택만 누리는 것이 합리적 선택이기 때문에 사회적으로 무임승차 문제와 외부성 문제가 발생한다. 따라서 사회 구성원 모두가 필요로 하는 공동선 및 공공재 산출과 관련한 개인의 선택과 행위에 대해 긍정적·부정적으로 제재할 필요성이 있다.

아리스토텔레스는 기여도에 따라 공동체의 재화를 분배하는 것이 분배의 정의며 그 핵심은 비례적 평등으로서 동등한 기여에 대해 동등한 몫을 분배하고 동등하지 않은 기여에 대해서는 차별적으로 분배해야 사회적 불만을 피할 수 있다고 했다. 아리스토텔레스의 비례적 평등의 원칙은 데이비드 와일(Weil 2017)이 정리했듯이, 임금 결정 관련 공정성 두 가지, 즉 비슷한 일에 대해 동일 임금을 지급하는 '수평적 형평'과 다른 일에 대해 임금을 차등 지급하는 '수직적 형평'이다.

발달심리학의 실험 결과들(Sloane et al. 2012; Starmans et al. 2017; Brosnan & de Waal 2003)도 기여에 대한 비례적 보상 개념이 이미 유아기에 형성되었음을 확인해준다. 3~4세 어린아이는 물론

19~21개월 영아도 동등하게 과제를 수행했으면 균등 분배에 찬성하지만, 과제 수행을 동등하게 하지 않았으면 반대한다. 영·유아기부터 발달하기 시작한 평등 감수성과 공정 감수성도 기계적 평등의 균등 원칙이 아니라 기여도에 상응하여 보상하는 형평 원칙을 중심으로 형성될 정도로 형평 원칙은 균등 원칙보다 더 공정한 것으로 평가된다. 평등 감수성과 공정 감수성은 모든 문화권에서 영·유아기부터 발달하는 인류 보편적 현상human universal으로 알려져 있는데, 인간뿐만 아니라 다른 동물들에서도 발견된다. 예컨대, 원숭이도 같은 수준의 노력을 했는데 다른 원숭이에게 맛있는 포도를 주고 자신에겐 맛없는 오이를 주면 거절한다는 실험 결과도 있다.

이처럼 한국인이 기여 상응 보상의 형평 원칙을 중시하는 태도는 인류 보편적인 평등 감수성과 공정 감수성을 반영하는데, 서구 자본주의 시민들과 다르지 않다. 한국인도 필요 요인보다 실력 요인을 중시하고 있어 광의의 실력주의가 서구처럼 일정 정도 확산하고 있지만 출신 배경에 밀려 서구에 비해 실력주의의 영향력은 제한적이다. 한편, 서구 자본주의 시민들이 노력을 경시하고 협의의 능력을 중시하는 반면 한국인은 협의의 능력 못지않게 노력도 중시하며 상대적으로 자본보다 노동에 더 친화적인 모습을 보여준다.

16장. 인천국제공항 사태-공동선인가, 불공정인가?

고전적 정치사상가들이 지적했듯이 자연 상태의 인간 사회는 만인의 만인에 대한 투쟁 상황으로서 공동선은 훼손되고 공동체의 존속 자체가 위태롭게 된다. 그래서 국가가 상호 가해 행위를 통제하고 사회 질서를 유지하며 공멸을 막고 공동선을 실천하는 역할을 수행해야 한다.

자본주의 시장은 소득 불평등을 확대 재생산하는 구조적 메커니즘으로 작동하기 때문에, 불평등 완화라는 공동선 과제가 국가에 부과된다. 문재인 정부가 추진한 공공 부문 비정규직의 정규직 전환 정책은 불평등 심화 추세에 맞서 시장의 소득 분배를 더 평등하게 만들려는 선택이었지만 불공정성 비판에 직면하게 되었다. 공정성 논란의 중심에 '인국공(인천국제공항공사)' 사태가 있었다.

인국공의 정규직 전환 정책이 공동선이 아니라면, 불공정한 정책인가? 그렇다면, 불평등을 심화시키며 공동선도 훼손한다는 말인가?

국가의 역할: 공동선과 '기저귀' 정치인

자연 상태의 인간 사회가 만인의 만인에 대한 투쟁 상황이 되는 것은 인간이 개인적 이익을 추구하는 이기적 존재이기 때문이다. 합리적 선택 이론(Olson 1967; Opp 1989; Badaan 2018)에 따르면 인간은 비용과 편익의 크기를 비교하여 이득이 더 클 때 행위를 선택하지만 그렇지 않으면 행위하지 않는다. 그런데 공동선과 공공재는 비배제성non-exclusiveness을 지니고 있어 노력과 비용을 투입하지 않았다고 수혜 대상에서 배제되지 않으며 모두가 혜택을 공유한다. 반면, 공동선과 공공재를 산출하기 위해 투입되는 노력·고통·자원은 개인 부담으로 돌아간다.

개인 입장에선 노력과 비용을 투입하지 않고 공동선과 공공재의 혜택만 누리는 것이 합리적 선택이라서, 사람들은 무임승차자가 되는 경향이 있다. 시장은 이러한 무임승차 문제와 피해를 외부화하는 외부성externality 문제를 해결할 수 없어서 공동선과 공공재를 담보하는 국가의 역할이 요구된다. 그 대가로 시민들은 국가에 책임과 함께 권한을 부여하는 한편 법규를 준수하고, 조세와 병역 등 시민의 책임과 의무를 이행한다. 이것이 국가와 시민의 '상호성 원칙'에 기반한 사회 계약이다. 따라서 불평등과 불공정에 맞서 공정한 질서와 평등한 결과를 보장하는 것도 공동선을 위한 국가의 책임이 된다.

자본주의 사회의 국가는 자본계급적 성격을 지닌 '자본주의 국가'로서 자본주의 생산체제와 시장이 제대로 작동하여 자본가들이 이윤을 축적할 수 있어야 국가는 충분한 세금 수입을 안정적으로 확보하여 필요한 정책들을 집행할 수 있다. 이러한 축적 과제로 인해 자본주의 국가는 자본계급의 이해관계를 충실히 보호하는 계급적 성격을 지니게 된다. 한편 국가는 시민과 체결한 사회 계약의 상호성 원칙에 입각하여 공동선과 공공재 같은 사회 보편 이익을 보호해야 시민들로부터 정당성을 인정받고 권위를 행사할 수 있게 되는 정당성 과제 또한 피할 수 없다.

자본주의 국가가 대변해야 하는 축적 과제의 자본계급 특수 이익과 정당성 과제의 사회 보편 이익은 서로 충돌한다. 불평등 현상은 자본이 주도하는 시장의 분배 방식에 의해 발생하고 그 최대 수혜자는 자본계급이다. 그래서, 불평등을 완화하기 위해 소득 분배 방식을 개혁하여 자본소득 분배율을 떨어뜨리거나 협의의 능력주의 방식을 제어한다면 자본은 고율의 이윤을 안정적으로 확보하기 어렵게 된다. 그래서 불평등 완화 정책은 자본의 저항에 직면하고 국가의 축적 과제 이행도 제약받게 된다.

자본주의 국가의 계급적 성격에 더하여 국가가 공동선을 이행하는 데 제약을 주는 또 다른 요인은 정치인과 관료의 부패다.

2016년 ISSP 정부 역할 조사 결과를 보면, 시민들의 인식에서 정치인의 부패 연관성과 공무원의 부패 연관성은 국가 간 순위가 동일하다(표 16.1). 부패 정도는 스페인이 가장 심하고, 한국은 두 번째, 미국은 세 번째로 그 뒤를 잇는데, 가장 덜한 나라는 스웨덴이고 다음은 독일이다. 부패 연관성의 국가 간 격차는 공무원의 부패보다 정치인의 부패에서 더 크게 나타났다.

모든 국가에서 정치인이 공무원보다 더 부패한 것으로 인식되는데, 유일한 예외는 스웨덴으로서 정치인이 공무원보다 더 청렴하게 인식되고 있다. 스웨덴은 정치인과 공무원 모두 5점 척도의 중간값 3보다 작아서 청렴한 편으로 평가된다. 한국 정치인은 스

〈표 16.1〉 정치인과 공무원의 부패 연관성: "귀하의 생각에 한국에서 얼마나 많은 정치인들/공무원들이 부패와 연관되어 있다고 보십니까?" (1 거의 없다, 5 거의 대부분이다)

	정치인의 부패 연관성	공무원의 부패 연관성
스웨덴	2.44	2.61
독일	2.99	2.76
스페인	4.24	3.41
미국	3.29	3.15
한국	3.86	3.29

자료: ISSP 2016년 정부 역할 조사.

페인 정치인보다 부패 정도가 덜하지만 미국 정치인보다는 훨씬 더 부패한 것으로 인식된다.

정치인과 공무원의 부패 정도가 심각한 수준으로 평가되는 나라들은 소득 불평등이 심한 나라들이고, 스웨덴이나 독일처럼 상대적으로 청렴도가 더 높은 것으로 평가되는 나라들은 불평등도 덜하다. 정치인의 부패와 소득 분배 불평등 사이에 정(+)의 상관관계는 분명한데, 인과 관계는 일방향적이지 않고 상호적이며 순환적인 것으로 해석된다.

마크 트웨인(Mark Twain, 1835~1910)은 불평등이 심각했던 19세기 말과 20세기 초 미국의 '도금 시대Gilded Age'를 살았는데, "빵을 훔친 사람은 감옥에 가지만, 철도를 훔친 사람은 국회의원이 된다"며 미국 정치인의 부패를 질타했다. 2006년 개봉된 영화 〈맨 오브 더 이어〉(Man of the Year)에서 주연 로빈 윌리엄스가 남긴 명대사 "정치인은 기저귀 같아서 자주 바꿔줘야 한다" 역시 마크 트웨인이 남긴 말로 알려져 있다. 놀라운 사실은 정치인의 부패를 풍자한 이 촌철살인의 경구가 마크 트웨인 시대뿐만 아니라 한 세기가 지난 현재의 미국인들에게도 여전히 현실감 있게 받아들여지고 있다는 점이다.

미국 정치인이 기저귀라면 미국 정치인보다 훨씬 더 부패한 존재로 평가되는 한국 정치인은 무엇일까? 기저귀를 더럽힌 오물 자체일까? 교육부 고위 간부인 나향욱 정책기획관은 한국 사회의 99%를 차지하는 "민중은 개돼지로 취급하면 된다." "나는 신분제를 공고화시켜야 한다고 생각한다"(경향신문 2016.7.8)는 망언으로 여론의 질타를 받은 바 있다. 자신들을 협의의 능력주의 평가를 통과한 성공한 1%로 자부하며 99% 민중을 패배자로 규정하는 것은 나향욱만이 아니라 한국 고위 관료들 사이에 널리 확산된 엘리트주의일 것이다.

물론 선출직 정치인들은 나향욱보다 엘리트 의식의 정도가 더 심각하고, 그 점을 시민들은 놓치지 않는다. 2023년 설문조사에서 공무원, 재벌, 노동조합, 정치권 가운데 가장 부패한 세력으로 정치권을 지목한 응답자가 81.2%에 달했다(노회찬재단·한국비정규노동센터 2023). 정치인을 포함한 우리 사회 지배 세력 1%는 민중을 개돼지로 보지만, 민중은 그들을 더러운 기저귀 정도가 아니라 오물 자체로 본다. 신뢰 관계에 기초한 공동선을 보장하는 긍정적 상호성의 사회 계약이 이제 상호 불신과 경멸로 가득찬 부정적 상호성의 관계 속에서 거의 파기 직전 상태다. 그런 1% 지배 세력에 포획된 자본주의 국가가 99% 민중들을 위해 공동선을 보장해 줄 수 있을까? 민중들이 '기저귀' 정치인에게 그런 기대를 걸어도 될까?

불평등 체제와 비정규직 문제

〈한겨레〉가 2017년 5월 대통령 선거 직후 실시한 여론조사에서 사회 통합을 위해 가장 시급히 해소해야 할 문제로 빈부 갈등이 지목되었는데 응답자의 35.9%에 달했다. 이 설문조사에서 불평등과 격차 해소를 위해 문재인 정부가 최우선적으로 주력해야 할 분야는 "비정규직 문제 등 노동 시장 불평등 해결"이 26.6%로 1위를 차지했다(그림 16.1).

2013년 박근혜 정부 출범 시점에 실시한 조사에서는 불평등 해소를 위한 최우선 과제가 "공정한 과세를 통한 부의 세습 방지"(20.6%), "복지 확충을 통한 소득간 불평등 완화"(20.1%) 순이었고, "노동 시장 불평등 해소"는 13.8%에 불과했다(한겨레 2017.5.15). 하지만 박근혜 정부 시기를 거치면서 비정규직 등 노동 시장 불평등 문제가 악화되어 최우선 과제로 된 것이다.

2017년 조사에서 최우선 과제로 비정규직 문제를 꼽은 비율을 보면 지지 정당별 의견 차이는 크지 않지만, 세대 간 격차는 매우 크게 나타났다. 19~29세 청년층은 40.2%로 다른 세대에 비해 비정규직 문제를 훨씬 더 심각하게 봤는데, 이는 청년층의 높은 비정규직 비율에서 비롯된 것이다.

비정규직 문제의 핵심은 피고용자의 절반 이상을 점하는 과도한 비정규직 규모와 정규직-비정규직의 임금 등 노동 조건 격차다.

비정규직 규모는 2000년대 들어 꾸준히 증가하다가 이명박 정부 시기 부침을 겪은 다음 박근혜 정부 시기 다시 증가 추세를 지속했다. 2017년 8월 경제 활동 부가 조사 결과에 따르면, 전체 임금 노동자 1988만 3000명 가운데 비정규직은 841만 2000명으로

〈그림 16.1〉 불평등 해소 위해 주력할 분야(조사 시기 2017.5.12~13)

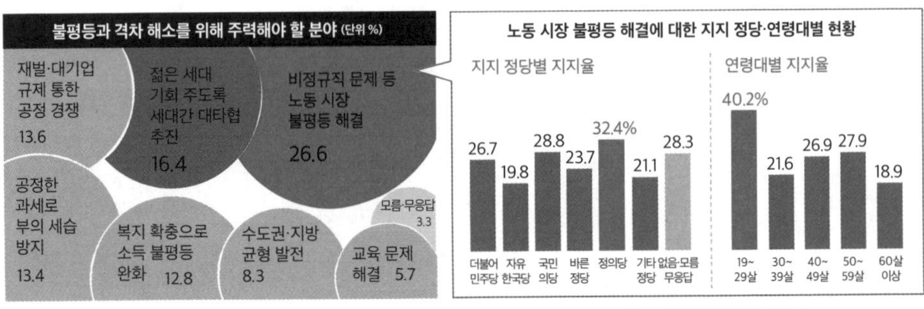

자료: 〈한겨레〉(2017.5.15)

42.3%로 나타났다(조돈문 2018; 한국비정규노동센터 2017). 이는 비정규직 규모에 대한 과소 추정치로서 경제 활동 부가 조사의 측정 오차로 인해 발생한다. 자영업자로 분류된 특수 고용 비정규직, 협력 업체 정규직으로 분류된 사내 하청 비정규직, 비경제 활동 인구로 분류된 학생 알바 노동자는 적게 잡아도 각각 150만, 150만, 100만 정도로 추산된다. 측정 오차를 바로잡으면 비정규직은 1241만 명으로 전체 피고용자 2238만 명의 55.5%에 달한다.

한편 정규직-비정규직 임금 격차는 꾸준히 확대되는 추세인데, 정규직 대비 비정규직 임금 비율은 2001년 53.5%에서 2017년에는 51.0%로 하락했다. 같은 기간 정규직 임금 인상률은 82.9%였는데 비정규직은 74.4%에 그쳐 정규직-비정규직 임금 격차가 확대된 것이다. 정규직은 노조 조직률이 20%대로 임금 교섭을 통해 꾸준히 임금 인상을 이룰 수 있지만 비정규직은 노조 조직률이 2%에 불과하여 임금 교섭 혜택을 받을 수 없다. 그래서, 시장 개입이 없으면 임금 양극화 추세는 피하기 어렵다.

2017년 8월 경제 활동 부가 조사에서 비정규직의 월평균 임금은 156만 원으로 정규직 임금 306만 원의 51.0%였는데, 이는 임금 등 물질적 보상 수준의 격차를 과소 추정한 것이다. 비정규직은 산재보험 이외의 4대 사회보험과 퇴직금 등 복리후생 수혜율이 정규직의 절반 수준에도 미치지 못하고, 사업장 내 각종 편의시설 및 집합적 서비스에 대한 접근권도 제한되고, 잦은 이직과 실업으로 인해 무임금 기간이 길다. 이러한 실수령 임금 이외의 조건들을 고려하면 정규직-비정규직의 실질적인 소득 격차는 2배를 훨씬 넘는다고 할 수 있는데, 비정규직 차별 처우의 핵심은 소득 격차보다 더 심각한 고용 불안정성이다.

비정규직 문제가 소득 불평등과 사회 양극화의 핵심 요인으로 지목되는 가운데 박근혜 정부 시기 더 악화되어 문재인 정부 출범 시점엔 불평등 체제의 최대 과제가 된 것이다.

2017년 대선 과정에서 문재인 후보는 소득 주도 성장 전략을 새로운 경제 발전 정책의 패러다임으로 제시하며 파격적인 비정규직 정책 대안들을 국민에게 약속했다. 상시적 업무의 직접 고용 정규직 채용 원칙, 동일 가치 노동 동일 임금 원칙 등 비정규직 문제 관련 공약들은 비정규직 규모 감축과 정규직-비정규직 차별 해소를 위해 절실한 정책들이었다.

문재인 대통령은 대통령 취임 당일 제1호 업무 지시(2017.5.10)로 '일자리 위원회 설치 및 운영 방안'을 하달했고, 이틀 뒤인 5월 12일 비정규직 비율 85% 사업장인 인천국제공항공사를 방문하여 "비정규직 제로 시대를 열겠다"고 선언하며 비정규직에 대한 정규직 전환 정책을 시작했다.

문재인 대통령이 파격적인 비정규직 정책 공약을 발표하고 취임 즉시 비정규직의 정규직 전환 정책을 추진하게 된 것은 멀게는 2000년대 초반 16차에 달하는 민주노총의 비정규직 권리입법 총파업 투쟁, 가깝게는 불평등과 불공정에 항거하며 "나라다운 나라"를 절규한 촛불 항쟁의 효과였다고 할 수 있다.

문재인 정부는 '공공 부문 비정규직 정규직 전환 가이드라인'(관계부처합동, 2017.7.20)을 통해 상시 지속적 업무와 생명·안전 관련 업무의 정규직 전환 원칙을 발표했다. 가이드라인은 기간제는 물론 파견·용역 등 간접 고용 비정규직도 정규직 전환 대상에 포함하며 이명박·박근혜 정부보다 진일보한 모습을 보였으나, 간접 고용에 해당하는 자회사 방식도 정규직 전환의 한 유형으로 설정하는 과오를 범했다. 가이드라인은 3단계의 단계별 전환 대상을 지정하고, 각 공공기관은 기관별로 심의·협의 기구를 설치하여 정규직 전환을 추진하도록 했다.

문재인 정부가 2017년 7월 20일 가이드라인 수립 시점부터 2018년 8월 말까지 1년여 기간 동안 정규직 전환을 완료한 인원은 자회사 상용직 방식을 포함하면 8만 5043명으로 전환 대상의 48.6%, 자회사 방식을 제외해도 7만 7634명으로 전환 대상의 44.4%에 달했다. 이는 이명박 정부 5년의 정규직 전환 6만 4000명, 박근혜 정부 4년의 8만 1000명을 초과하는 규모로 전환 실적은 긍정적으로 평가할 수 있다.

공공 부문 1단계 전환 대상으로 852개 공공기관을 발표했는데, 그 가운데 언론의 집중적 주목을 받은 곳은 인국공이었다. 인국공은 비정규직 제로 시대가 선언된 대통령의 첫 방문지였다는 상징성을 지녔고, 일부 관리직을 제외하면 거의 모두 비정규직을 사용하는 전형적인 비정규직 오남용 사업장이며, 정규직과 비정규직의 임금 등 노동 조건 격차도 극심했다.

〈표 16.2〉 인천공항 정규직과 외주 위탁 분야별 인건비 수준 비교(2016년 기준).

정규직	평균 연봉 (100만 원)	신입 사원 초임	
		연(100만 원)	
원청 정규직 ①	88.5	42.2	
외주 하청	평균 인건비 (연, 100만 원)	최하위 직급 실지급액	
		연(100만 원)	월(만 원)
공항 운영	34.6	29.4	245
보안 방재	33.9	29.6	246
환경 미화	31.0	26.0	210
시설 유지	42.6	35.5	290
평균 ②	37.1	31.4	262
②/① [외주 하청/원청 정규직]	41.9%	74.4%	74.4%

자료: 인천국제공항공사(2017a: 10), 황선웅(2017), 배규식(2017)에서 산정함.

인국공 외주 하청 비정규직의 평균 연봉은 3710만 원으로 정규직 평균 연봉 8850만 원의 절반에도 못 미치는 41.9%에 불과했다(표 16.2). 외주 하청 비정규직의 초임에 해당하는 최하위 직급 임금은 연봉 3140만 원으로 정규직 신입 사원 초임 연봉 4220만 원의 74.4%에 달한다. 정규직의 경우 근속 연수에 따라 임금 수준이 크게 상승하는 반면 비정규직의 경우 근속 연수에 상응하는 임금 상승이 수반되지 않는다. 정규직과 비정규직의 임금 격차는 공사 측과 정규직 노동자들이 비정규직의 희생 위에서 이룩한 재정 흑자를 고이윤과 고임금으로 나눠 갖는 전형적 담합 구조를 보여준다.

인국공의 비정규직은 모두 상시적이며 생명·안전 관련된 업무에 종사하고 있어 정규직 전환 조건을 이중으로 충족했다. 인국공 사장은 대통령의 "비정규직 제로 시대" 선언 이후 협력사 비정규직의 전원 정규직 전환 "1만 명 연내 정규직화"를 약속했고, 가이드라인에 따라 8월 31일 노·사·전문가 협의회를 구성했다. 협의회는 전환 방식을 논의 과정에서 직접 고용 전환 대상, 채용 방식, 처우 수준을 둘러싸고 노사 간 이견으로 난항을 거듭했다.

마침내, 인국공은 2017년 12월 26일 1만 명 가까운 비정규직 가운데 국민의 생명·안전 관련성 높은 소방대와 보안 검색 관련 분야의 30%를 직접 고용하고 나머지 70%를 자회사를 통해 고용하기로 민주노총 산하 비정규직 노조와 합의했다. 정규직 전환 방식은 적격 심사를 거친 뒤 채용하는 '제한 경쟁 채용' 방식으로 하되 관리직 이상의 직급에 대해서는 경쟁 채용 방식으로 하기로 했으며, 탈락자는 자회사 방식 등을 통해 고용을 보장하기로 했다(한겨레 2017.12.26). 인국공에서 2018년 9월 말까지 정규직 전환하기로 결정된 인원은 9785명이었는데, 자회사 방식이 70%, 직접 고용 방식이 30%였다(이용득 2018).

정규직 전환을 둘러싼 프레임 전쟁

1) 당사자 비판: 정규직 노조

인국공의 비정규직 정규직 전환 정책은 순조롭게 진행되기는커녕 안팎의 거센 반발에 부딪혔는데, 반대 세력에는 정규직 노조와 취준생(취업 준비생) 같은 이해 당사자뿐만 아니라 미통당(미래통합당)과 보수 언론 등 외부 세력도 가세했다.

정규직 노조인 인천국제공항공사노동조합은 한국노총 소속으로서 간접 고용 비정규직의 직접 고용 정규직 전환 방식에 반대하며 1기 노·사·전문가 협의회의 참여를 거부한 채(매일노동뉴스 2018.2.14) 격한 성명서를 수차 발표했다: "공사 직원 채용은 공개 채용이 원칙이다!"(2017.11.10) "정일영 사장과 임원진은 모두 사퇴하라!"(2017.12.12).

정규직 노조는 "'대통령이 직접 다녀간 비정규직 제로(zero) 1호 공공기관'이라는 타이틀은 공사의 자랑이 아닌 부담감과 압박감의 상징이 됐고 (…) 직원들에게 또다른 야근 사유와 한숨거리로 자리매김했다"며 문재인 정부의 공공 부문 비정규직 정규직 전환 정책을 반대하며 자신들을 희생양으로 만들었다고 비판했다.

정규직 노조는 정규직 전환 정책에서 반드시 지켜야 할 기본 원칙으로 "사회 정의 실현과 공공기관의 지속 가능한 경쟁력 유지를 위해 공공 부문의 일자리는 모든 국민에게 평등한 기회를 제공해야 한다는 것"이라며 비정규직 일자리의 정규직화는 찬성하나 비정규직 노동자의 정규직화는 반대한다는 입장을 표명했다. 정규직 노조 조합원들은 2017년 11월 23일 정규직 전환 방안 관련 공청회에도 대거 참석하여 "취준생들에게 공정한 사회를 물려주고 싶다"며 다음과 같은 피케팅도 했다. "무임승차! 웬 말이냐! 공정 사회! 공개 채용!" "결과의 평등 NO! 기회의 평등 YES!"(김민주 2017). 비정규직 정규직화 반대 명분을 공공기관 취업을 선호하는 취준생들에서 찾은 것은 자신들의 반대 명분이 취약함을 인정한 것이다.

인국공의 비정규직 30% 직고용 정규직화 합의가 이루어진 2017년 12월 현재 인국공의 인력 규모는 직영 정규직 1433명과 외부 위탁 비정규직 9868명이었다(인천국제공항공사 2017: 8). 비정규직의 30%가 정규직화되면 2960명으로 기존 정규직의 2배 규모다. 당시 정규직은 한국노총, 비정규직은 민주노총으로 조직되어 있어서, 비정규직의 30%가 정규직화되면 인국공 내 다수 노조 지위를 빼앗길 수도 있다. 이러한 위기의식으로 인해 한국노총 산하 정규직 노조는 비정규직 정규직 전환을 막을 수 없다면 비정규직의 정규직 전환 비율이라도 최소화하기 위해 공사 측을 압박하고 공사 사장의 즉각 사퇴까지 촉구한 측면이 있다.

2〉 당사자 비판: 취업 준비생

인국공 정규직 노조는 취준생들의 공기업 선호도에서 반대 명분을 찾았는데, 공기업 취준생들의 온라인 카페 '공준모(공기업을 준비하는 사람들의 모임)'(https://cafe.naver.com/studentstudyhard)의 자유 게시판에도 2017년 12월 26일 비정규직 정규직 전환 노사합의 직후 이를 비판하는 게시글과 댓글이 상당수 게시되었다.

어느 취준생의 "인국공 채용 인원 50% 이하로 줄었다는 거 실화인가요?"(2017.12.28)라는 게시글에 달린 댓글들 "총액 임금제 상황에서 아주 별개라고는 할 수 없어요. 독립된 자회사라면 모를까 기존 인원의 2배를 직고용하는 상황에서는 당연히 앞으로 인원 늘리는 데 부담이 되죠." "직접적인 연관이 있습니다. 정부에서는 늘어나는 인건비 지원하지도 않고 1200명 회사에 3000명을 추가로 늘려버렸으니까요"는 정규직 전환 정책으로 인해 인국공 신규 채용 규모가 크게 줄게 된다는 우려를 토로했다.

이미 취업한 회원이 취준생들에게 "진짜 아닌 거 같은데…"(2017.12.31)라는 게시글에서 "요즘 인국공, 각종 지방 공기업, 오늘은 서교공(서울교통공사)까지 계약직을 전부 정규직화하네요…. 좋은 대학 가려고 노력하고, 토익 점수, 자격증 만들려고 그렇게 노력했는데, 그 노력들이 역차별로 오는 것 같아 가슴이 아픕니다. 정말 이건 아닌 거 같네요…"라고 썼다. 이 글에 달린 댓글들 "이런 식으로 정규직 전환시키니 요즘 보면 죽을 둥 살 둥 공부하는 사람들만 불쌍한 것 같아요." "민원 넣고 국회의원들한테 문자 전화 넣고 뭐라도 하세요!! 그래야 듣는 척이라도 합니다"처럼 비정규직 정규직 전환 정책이 취준생을 역차별한다고 평가하고, 취준생들 사이에 전환 비정규직에 대해 느끼는 상대적 박탈감이 에스앤에스(SNS) 상호 작용을 통해 고양되고 있었다.

어느 공공기관 계약직 재직자가 올린 "요즘 이슈인 비정규직 정규직 전환에 대하여…"(2018.1.4)라는 게시글은 "지금 제 옆자리엔 저보다 늦게 입사해서 최하위 평가받았던 분이 정규직되어 앉아 있네요 ㅎㅎ…. 요는 이게 아니라, 전환 과정이 공정성을 찾아볼 수가 없고 정말 복불복, 로또라는 겁니다. 그리고 그 피해는 취준생이 집니다"라며 정규직 전환 대상자의 선정 과정은 불공정하고 능력이 아니라 행운이 좌우한다고 지적한다. 댓글들은 "좋은 글이네요. 공개 채용에 동의합니다"처럼 게시글에 공감하며 공개 채용 방식을 제안하고 있다.

3〉 외부 반대 세력: 미래통합당

미통당은 인국공 사태를 비판하며 문재인 정부의 "공공 부문 비정규직 제로" 정책을 겨냥했고 비정규직 정규직 전환 정책은 신규 채용을 줄여 취준생의 일자리만 빼앗는다며 다음과 같이 비난했다. "청년들에게 공정성 시비와 역차별 논란을 불러일으킨 이른바 '인국공' 사태를 계기로 문재인 정부의 야심작인 '공공 부문 비정규직 제로' 정책의 허구성이 드러나고 있다"(2020.7.1 김은혜 대변인 논평).

미통당은 "공기업 비정규직의 정규화 그만해 주십시오"라는 청와대 국민청원을 인국공 국민청원으로 명명하고 청년 분노 확산의 근거로 삼아 "인천국제공항 사태 청와대 청원자가 25만 명을 돌파했다. (…) 기득권으로 자녀를 승승장구하게 한 '아빠 찬스' 조국 전 장관은 엄호하면서, 노력한 죄밖에 없는 청년들에게 외치는 '공정'에는 말값이 부여되어 있지 않다. 대통령이 약속했던 '특권과 반칙 없는 세상'은 정권의 안녕이 아닌 청년의 절규를 지금부터라도 듣는 것에서 시작해야 한다"(2020.6.28 김은혜 대변인 논평)며 문재인 정부가 특권과 반칙의 아빠 찬스 조국은 지켜주고 열심히 노력하여 취업하려는 청년들만 희생시키는 불공정한 정권으로 매도한다.

미통당은 "비정규직이 정규직이 되는 것을 문제 삼는 사람은 아무도 없다. 대통령의 말 한마디에 로또 당첨되듯 하는 정규직 채용 방식의 공정성에 문제를 제기하는 것이다. 또한 열심히 공부하고, 경쟁해서 필기시험에 합격하는 것만큼 공정하고 상식적인 것이 있는가"(2020.6.26 황규환 부대변인 논평)라며 비정규직 정규직화 자체를 비판하기보다 정규직 채용 절차의 불공정성을 문제삼으며 필기시험 방식 공개 경쟁의 공정성과 대비시켰다.

미통당은 상징성 큰 인국공 사태를 활용하여 문재인 정부의 공공 부문 비정규직 정규직 전환 정책 자체를 비판하고자 했다. 또한 국민청원에 대한 폭발적 호응에 기대어 비정규직 정규직화 정책은 청년 취준생들의 취업 기회를 박탈하고 공개 경쟁의 필기시험과 대비되는 채용 절차의 불공정성을 부각시켜 청년 취준생들의 상대적 박탈감과 정권에 대한 배신감을 부추겼다. 특히 평범한 청년 취준생의 취업 기회 박탈을 조국 딸의 '아빠 찬스'와 대비시켜 문재인 정부가 기득권 세력의 반칙과 특권의 편에 서는 반면 미통당은 피해자 취준생의 편에 서 있는 정당으로 청년층에 다가가는 기회로 활용하고자 했다.

4〉 외부 반대 세력: 보수 언론

대표적 보수 언론 〈조선일보〉는 문재인 대통령의 "비정규직 제로 시대 선언" 직후 사설 "'비정규직 0' 말처럼 쉽다면 '비정규직 금지법' 왜 못 만드나"(조선일보 2017.5.15)를 통해 공공 부문 비정규직 정규직 전환 정책의 문제점으로 인건비 증가를 지적하며, 정부에 재정 부담만 안겨줘 국민 증세를 가져올 뿐이라고 경고하며 정책의 실패를 예단했다.

〈조선일보〉는 "정규직 전환 과정에서 공공기관 임직원과 노조의 '친인척 고용 세습', 산하 협력 업체 직원들의 공공기관 정규직화 등 편법과 꼼수, 특혜가 판을 치고 있는 것으로 드러나고 있다. (…) 인천공항공사에선 작년 7~8월 협력 업체 간부 두 명이 각각 자신의 회사에 아들 두 명을 비정규직으로 입사시킨 사실이 추가로 드러났다. 회사 간부들의 동생과 조카 등이 채용된 사례도 14건 확인됐다"(조선일보 2018.10.20)고 친인척 입사 비리 등 불법·비리를 부각시키며 전체 전환 대상 비정규직의 자격을 문제삼았다.

〈조선일보〉의 인국공 사태 기사는 주로 취준생과 정규직 노조의 반발, 그리고 청와대 국민청원과 '부러진 펜 운동' 등 비정규직 정규직 전환 반대 뉴스들을 집중적으로 보도했다. 특히 "청년들은 바늘구멍 같은 공채 시험에 매달리는데 이들은 시험도 안 보고 손쉽게 최고 인기 공기업 정규직이 되는 것이 형평성에 맞느냐는 반발도 폭발하고 있다. (…) 비정규직 중에서도 극히 일부에만 특별한 기회가 돌아가 '일자리 로또'라는 말까지 나오고 있다. '이게 공정이고 평등이냐'는 물음에 당국이 답변해야 한다"(조선일보 2020.06.24 사설)는 사설처럼 시험 절차 없이 정규직으로 되는 비정규직과 공채 시험 준비하는 취준생을 대비시키며 정규직 전환 정책은 공정성과 형평성은 물론 평등 가치도 위반한다고 비판한다.

〈조선일보〉 정장열 편집장은 "공평하게 경쟁을 한 후 탈락하면 받아들일 수 있지만 처음부터 불공평한 경쟁은 받아들일 수 없어요"라는 어느 청년의 발언을 언급하며 "정유라 사태에 분노하고, 조국 전 장관 딸 문제로 열받았던" 취준생이 이제 인국공 사태로 격분하고 있다고 지적한다(주간조선 2614호, 2020.06.26). 인국공 사태의 핵심은 공정 경쟁 없는 불공정한 과정이며, 청년 세대는 정유라 사태, 조국 사태에 이어 인국공 사태까지 줄곧 피해를 입으며 불공정성에 대한 분노가 폭발하여 국민청원 운동과 부러진 펜 운동으로 표출된 것으로 분석한다.

흥미롭게도 〈조선일보〉가 정규직 노조와 취준생의 반발을 기사화하면서 주로 취준생의 불이익과 불공정성에 대한 반발을 소개하는 반면, 정규직 노조 관련 보도는 공개 경쟁 채용 방식 요구 정도에 한정한다. 문재인 대통령의 인국공 "비정규직 제로 시대" 선언에 즉각 인건비 부담을 지적하며 "결국 늘어나는 인건비를 국민 세금으로 채워줄 수밖에 없다. (…) 비정규직을 정규직화하는 곳에선 정규직의 양보가 반드시 필요하다"(조선일보 2017.05.15 사설)고 할 정도였으면, 공공 부문에서 정규직-비정규직 임금 격차가 가장 큰 기관으로 분류되는 인국공에 대해 정규직 임금 양보를 강력하게 촉구했을 법한데 그런 사설은 나오지 않았다.

5) 인국공 비판론의 프레이밍

문재인 정부의 비정규직 정규직 전환 정책에 대한 정규직 노동자들의 반발은 교육 기관이나 서울교통공사처럼 비정규직의 2배가 넘는 고임금 기득권 지키기에 급급한 정규직 이기주의에 불과하다. 인국공 정규직 전환 비판에 특이한 점이 있다면 정규직 노조가 비정규직 정규직 전환을 반대한 데는 다수 노조 지위를 빼앗기지 않으려는 의도도 작용했다는 사실이다.

정규직은 정규직 이기주의라는 명분의 취약함 때문에 공개 경쟁의 공정성을 고리로 취준생의 반대 입장을 활용하고자 했고, 보수 야당과 보수 언론 역시 정규직보다는 취준생의 반발을 이용하여 정부 정책을 비판하는 전략을 취했다. 실제 현장에서 비정규직 정규직 전환 정책의 집행을 어렵게 하는 것은 정규직 노동자·노동조합의 이기주의인데, 인국공 비판론은 문제의 핵심을 비정규직과 취준생의 갈등 구도로 바꿨다.

미통당과 보수 언론 등 외부 반대 세력은 인국공 사태를 이용하여 정부의 비정규직 정책을 비판하고 정권에 대한 반대 여론을 확산시키려는 의도로 정규직 전환 정책이 취준생에 주는 피해에 초점을 맞췄다. 결국 기득권 세력의 불평등 체제를 유지하고 정권에 대한 반대 여론을 강화하기 위해 청년들의 분노를 조장·악용했다고 할 수 있다.

첫째, 반대 세력은 비정규직 정규직 전환 방식을 절차의 불공정성으로 비판했다. 청년층은 공정한 절차로 발생한 결과라면 자신에게 불이익을 주더라도 결과를 수용할 수 있는데, 정규직 전환 정책은 공개 경쟁 시험이란 공정한 절차를 거치지 않았기 때문에 수용할 수 없다는 것이다. 공개 경쟁 입사 시험은 능력을 검증하는 유일하게 공정한 절차로 규정되고, 그 절차가 없으면 불공정하다고 평가되었다.

둘째, 반대 세력은 취준생을 취업 기회를 상실한 피해자로 규정하며 취준생과 비정규직의 대립 구도로 프레이밍했다. 정규직 전환 정책으로 신규 채용 규모가 축소되면 공공기관 같은 좋은 일자리의 취업 기회가 사라진다며 정규직 전환 비정규직을 취준생의 일자리를 빼앗는 존재로 규정했다. 정규직 전환 대상 비정규직은 수년 혹은 10년 이상된 불법·탈법적 간접 고용 오남용 관행의 피해자인데 가해자로 바뀌고, 능력 검증 절차 없이 정규직이 되고 있어 그 피해는 열심히 입사 시험 준비하는 취준생들에게 돌아간다는 것이다.

셋째, 외부 반대 세력은 정규직 양보론과 관련하여 이중성을 보여주었다. 이들은 원만한 기업 활동과 정규직-비정규직 임금 격차 축소를 위해 정규직 양보를 요구해왔고, '비정규직 제로 시대' 선언 직후 〈조선일보〉도 사설을 통해 정규직 전환 정책으로 수반되는 인건비 증가는 해당 업체·기관의 재정 부담을 가중하기 때문에 정규직의 양보가 필요하다고 주장했다. 인천공항 정규직-비정규직 임금 격차가 2배 이상인데도 정규직 노조의 전환 정책 반대 활동은 집중적으로 보도하면서 정규직 양보는 물론 인국공 정규직-비정규직의 임금 격차나 정규직과 공사측의 담합 구도에 대한 심층 보도·분석은 싣지 않았다.

넷째, 외부 반대 세력은 인국공 사태를 정유라 사태, 조국 딸 입시 논란과 연계시켜 과도하게 정치화했다. 이러한 시도의 즉각적 효과는 취준생을 포함한 '흙수저' 청년들의 상대적 박탈감을 자극하고 분노를 확산시키는 것이다. 반대 세력은 정유라·조국과 인국공을 연계시킴으로써 문재인 정부의 정규직 전환 정책을 구태의연한 특권과 반칙의 불공정성으로 규정하는 한편, 수저 계급 사회의 보통 청년들을 특권과 반칙의 피해자로 대비시켜 비정규직 정책과 함께 문재인 정부 자체에 대한 반감을 조장하고자 했다.

다섯째, 책임 있는 정당과 언론이라면 비정규직 정규직 전환 정책을 비판할 때 비정규직 오남용 문제의 해결 방안에 대해서도 논의할 텐데 그렇게 하지 않았다. 비정규직이 전체 피고용자의 절반 이상을 점하는 상황에서 이러한 구조적 문제를 해결하기 위한 정책 대안을 제시하고 경쟁하는 것이 정당의 역할이고, 대안의 쟁점들을 예각화시켜 공론화하며 해법을 찾도록 하는 것이 언론의 역할인데, 그러한 책임 있는 모습은 보여주지 않았다.

인국공 비판론의 이데올로기적 왜곡

1〉 청년 세대 일자리 문제와 공공기관

시민들은 청년 세대의 가장 심각한 문제로 일자리 문제를 지적하는데 2018년 76.2%, 2023년 60.1%로 청년 문제의 핵심을 차지하고 있다. 일자리 문제에서는 일자리 부족보다 일자리의 질과 고용 차별이 더 중요하다고 본다(표 16.3). 청년 세대의 최우선 당면 과제는 일자리 문제이고, 그 핵심은 비정규직 문제라는 의미다.

문재인 정부 출범 당시 시민들은 불평등 문제를 해소하기 위해 주력할 최우선 과제로 비정규직 문제 등 노동 시장 불평등 해결을 꼽았는데, 그 의견이 청년 세대에서 매우 강했다는 사실(그림 16.1)은 이러한 문제의식을 잘 보여준다. 우리 사회 최대 현안이

〈표 16.3〉 청년 세대 당면 과제: "귀하께서는 우리나라의 청년 세대가 당면한 문제 중 가장 심각한 문제는 무엇이라고 생각하십니까?"

	일자리 부족	일자리 질과 고용 차별	주거 문제	등록금 등 학비 부담	결혼 문제	기타	합계
2018년	34.8%	41.4%	9.4%	4.4%	7.6%	2.4%	100.0%
2023년	23.3%	36.8%	21.2%	4.1%	12.4%	2.4%	100.0%
2018~2023년 증감	-11.50%	-4.60%	11.80%	-0.30%	4.80%	0.00%	

자료: KBS(2018), 노회찬재단·한국비정규노동센터(2023).

비정규직 문제라고 사회적 합의가 이루어져 있는 가운데 문재인 정부가 출범 즉시 공공 부문 비정규직의 정규직 전환 정책을 추진한 것은 사회 보편 이익을 위한 공동선 실천이라 할 수 있다.

공공기관 임직원 현황을 보면 문재인 정부 시기 임직원 정원과 현원 모두 꾸준히 증가했다. 공공 부문 비정규직 정규직 전환 목표는 2020년 말까지 20만 명을 단계적으로 전환 완료하여 목표치의 97.3%를 달성했다(고용노동부 2019, 2020, 2021). 같은 기간 공공기관은 매년 평균 3만 명 안팎의 인력을 별도로 신규 채용했다.

공공기관 임직원 규모는 문재인 정부 시기 정원과 현원 모두 매년 증가했다. 2018년 12월 말과 2021년 12월 말 사이 정원은 37만 9294명에서 43만 8484명으로 5만 9190명이 증가했고, 현원은 35만 5769명에서 41만 1527명으로 5만 5758명 증가했다. 연평균 증가 규모는 정원 1만 9730명, 현원 1만 8586명이었다. 하지만, 윤석열 정부 들어 감소 추세를 시작했는데, 2023년 한 해 동안 정원은 8994명, 현원은 890명 감소했다(표 16.4). 신규 채용도 문재인 정부 2018~2021년 연평균 3만 3094명에 비해 2023년은 2만

〈표 16.4〉 공공기관 임직원 현황, 2018~2023년(12월 말 기준, 단위: 명)

구분	2018년	2019년	2020년	2021년	2022년	2023년	2022~23년 증감
정원	379,294	415,694	430,643	438,484	445,056	436,062	-8,994
현원	355,769	388,810	404,705	411,527	415,835	414,945	-890
신규 채용	33,618	41,183	30,645	26,931	25,349	21,009	-1,582

자료: 공공기관 경영정보 공개시스템(ALIO, https://www.alio.go.kr/).

1009명으로 1만 2085명이나 감축했다. 이처럼 윤석열 정부 출범 이후 정원이 축소되면서 신규 채용 규모가 자연 감원 부분을 충원하는 수준에도 미치지 못하여 현원이 감축된 것이다. 이는 청년 취준생들의 공공기관 일자리 취업 기회가 현저히 축소되었음을 의미한다.

인국공의 일반 정규직의 신규 채용 규모 변화를 보면, 문재인 정부 시기 비정규직 정규직 전환을 추진하면서도 일반 정규직을 국민의힘 계열 이명박·박근혜 정부와 윤석열 정부 시기보다 훨씬 더 많이 신규 채용했다. 2010~2016년 연평균 신규 채용 규모는 69명이었는데, 문재인 정부 시기 2017~2021년엔 108명으로 1.6배 증가했다(표 16.5).

한편 무기계약직의 경우 2020년부터 2023년까지 신규 채용된 인원은 총 88명이다. 2023년 말 기준 현원은 263명인데 그 가운데 신규 채용 인원을 제외한 나머지 175명은 비정규직에서 정규직으로 전환된 인원인데, 이는 정규직 전환 결정 30%에 턱없이 미달하는 숫자다.

문재인 대통령이 2017년 5월 12일 인국공을 방문하여 비정규직 제로 시대를 선언하고 그해 12월 26일 1기 노·사·전문가 협의

〈표 16.5〉 인천국제공항공사 연도별 인력 현황, 2010~2023년(12월 말 기준, 단위: 명)

	일반 정규직			무기계약직		
구분	정원	현원	신규 채용 인원	정원	현원	신규 채용 인원
2010년	872	860.000	22.000	0	0.00	0
2011년	915	898.750	64.000	0	0.00	0
2012년	1,091	936.750	72.000	0	0.00	0
2013년	1,091	973.125	71.625	0	0.00	0
2014년	1,154	1,040.750	109.625	0	0.00	0
2015년	1,154	1,053.000	67.750	0	0.00	0
2016년	1,256	1,161.250	78.750	0	0.00	0
2017년	1,453	1,265.750	116.250	0	0.00	0
2018년	1,623	1,365.080	131.000	8	3.00	0
2019년	1,627	1,480.500	149.000	8	8.00	0
2020년	1,668	1,538.890	75.000	268	234.55	14
2021년	1,666	1,584.850	70.000	268	230.83	15
2022년	1,651	1,600.250	36.000	273	243.88	32
2023년	1,660	1,608.63	38.000	280	263	27

자료: 공공기관 경영정보 공개시스템(ALIO, https://www.alio.go.kr/).

회는 정규직 전환 대상 비정규직 9785명 가운데 소방대, 야생동물, 보안 검색, 보안 경비 담당 노동자 2940명을 직접 고용 전환하고, 공항 운영 및 시설·시스템 관리 담당 노동자 6845명은 2개의 자회사를 설립하여 고용하기로 합의했다. 하지만, 2020년 2월 28일 공사 측은 3기 노·사·전문가 협의회를 통해 1기 협의회에서 직접 고용 전환하기로 합의되었던 2940명 가운데 소방대와 야생동물 통제 담당 노동자 241명만 직접 고용하는 것으로 결정했다. 직접 고용 전환 규모를 대폭 축소하면서 제외한 보안 검색과 보안 경비 담당 노동자들은 자회사 방식으로 고용하기로 했다.[21]

문재인 정부 사회·경제 개혁의 상징이 되었던 인국공의 정규직 전환정책 결과는 참혹하다.

첫째, 문재인 대통령이 비정규직 제로 시대 선언으로 정규직 전환 대상 비정규직 9785명의 전원 정규직 전환이 기대되었지만, 그 가운데 노·사·전문가 협의회에서 최종적으로 직접 고용 전환 결정된 규모는 241명으로 2%에 불과했다. 그마저도 모두 직접 고용으로 전환되지 못한 것은 공개 경쟁 채용 과정에서 20% 정도가 탈락했기 때문이며, 운 좋게 직접 고용되어도 기존 정규직과는 차별 처우되는 무기계약직 형태였다.

둘째, 직접 고용 전환에서 배제되어 자회사로 고용된 노동자들은 여전히 간접 고용 비정규직 형태를 벗어나지 못했으며 불법 파견의 소지가 크다. 직접 고용 대상으로 결정되었다가 취소된 보안 검색 노동자는 1902명이었다. 이들은 항공기 탑승객과 공항 출입자들이 보호 구역 내에 들여오는 휴대 물품, 위탁 수하물이나 항공 화물에서 무기나 폭발물 등 위험 물질을 탐지·수색하는 업무를 담당한다. 이들은 모두 상시적으로 필요하고 시민들의 생명·안전을 책임지는 직무라서 정규직 전환 기준을 이중으로 충족함에도 정규직 전환 대상에서 제외된 것이다. 보안 검색 노동자 1202명이 제기한 근로자 지위 확인 소송에서 인천지법은 2024년 5월 2일 불법 파견 사실을 확인하고 공사 측에 직접 고용 의무가

21 인국공의 2020년 3기 노·사·전문가 협의회 합의 사항과 이후 과정에 대해서는 인천국제공항공사(2017b, 2020). 인천지방법원(2024), 매일노동뉴스(2021.5.13/7.6, 2024.5.2/5.7)을 참조할 것.

있다며 원고 승소 판결했다.

불법 파견 판결을 받은 보안 검색 노동자들처럼 인천공항에서 근무하는 자회사 노동자들은 모두 민간 부문의 사내 하청 같은 간접 고용 비정규직이라서 불법 파견에 해당하는 노동자들이 상당수에 달할 것이다. 그런 점에서 인천지법 판결은 자회사 방식을 정규직 전환의 한 유형으로 규정한 문재인 정부 정규직 전환 가이드라인의 기만적 성격을 다시 한번 확인해주었다.

2) 누가 무임승차자인가: 비판론의 왜곡과 진실

인국공의 비정규직 정규직 전환 정책에 대한 비판론은 진실을 의도적으로 왜곡하는 이데올로기적 행위로 진행되었는데, 네 가지 쟁점에서 확인된다.

첫째 쟁점은 공개 경쟁 시험과 능력주의 문제다. 비판론은 정규직 전환 정책이 공개 경쟁 시험 절차를 택하지 않아서 능력이 검증되지 않은 노동자들이 정규직으로 채용된다고 지적했다.

신규 채용 절차는 채용 분야의 다양성으로 인해 개별 응모자들의 업무 수행 능력을 직접 검증하기 어려워 일반적 내용의 문제들을 모아 입사 시험을 실시한다는 점에서 입사 시험은 차선책일 뿐이다. 따라서 높은 입사 시험 성적이 우수한 업무 수행 능력을 보장하지 못한다. 반면 비정규직 노동자들은 해당 업무를 평균 7년 이상 수행하며 업무 수행 능력을 인정받은 노동자들이었다(김성희 2012, 2015; 뉴스1: 2017.7.10).

인국공의 직접 고용 정규직 전환 업종은 고객의 생명·안전 관련성이 높은 필수 업무를 중심으로 지정되었다. 인국공의 보안 검색원이나 특수 경비원 자리에 7년 이상 인천공항에서 해당 보안 검색·특수 경비 업무를 수행해온 노동자와 실무 경험 없이 토익 점수가 더 높은 취준생 가운데 누구에게 연평균 2000만 명에 달하는 인천공항 이용 승객들의 생명·안전을 맡기는 것이 더 합리적이고 공정한가? 인천공항 이용 고객들은 어느 편이 더 안전하다고 선택할까?

협의의 능력주의 원칙에 따르면 취준생 토익 점수보다 해당 업무 담당 노동자의 입증된 업무 수행 능력이 더 적절한 평가 기준이라는 점에서 반대론자들이 시험 점수를 우선시하는 태도는 능력주의 원칙에도 반하는 것이다. 그것은 시험이 능력 평가의 절대적 기준이라 믿는 시험 능력주의의 신화이며 이데올로기일 뿐이다(김동춘 2022; 이현 2021; 박권일 2021).

둘째 쟁점은 비정규직 정규직 전환 정책의 불공정성 문제다. 비판론은 취준생 취업 기회 제한 등 불공정성을 지적했는데, 문재인 대통령도 제1회 청년의 날 기념사에서 "때로는 하나의 공정이 다른 불공정을 초래하기도"(2020.9.19)했다고 공정성의 양면성을 인정했다. 정말 대통령이 '시행착오'를 인정할 정도로 불공정했는지는 롤스의 공정성 원칙으로 판단할 수 있다.

평등한 자유의 원칙은 시민의 기본권을 보편적으로 보장해야 하는데, 인국공의 간접 고용 비정규직은 불법·탈법적 비정규직 오남용 관행의 피해자로서 기본권을 보호받지 못했다. 비판론이 비난했던 2017년 12월 인국공 노·사·전문가 협의회 합의에서 간접 고용 비정규직의 30%를 직접 고용 전환 대상으로 설정한 것은 기본권 피해를 배상함으로써 공정성을 실현하지만, 간접 고용 비정규직의 나머지 70%는 자회사 전환 대상으로 분류되어 간접 고용을 벗어나지 못하게 되었다. 따라서, 불공정성이 있었다면 간접 고용 비정규직의 30%를 직접 고용으로 전환하는 것이 아니라 70%를 직접 고용 전환 대상에서 제외한 것이다.

제2원칙의 차등의 원칙에 비추어 보면, 인국공의 간접 고용 비정규직은 정부의 외주화 독려 정책의 피해자이며 비정규직 오남용 체제의 최소 수혜자다. 이들은 비정규직 고용 형태의 불이익도 감수하며 인국공의 성공적 운영에 기여했지만 인국공은 이들을 고용 불안정과 저임금으로 대우하며 근속 연수도 보상해주지 않았고, 직접 고용 정규직 전환 대상도 30%로 제한했다. 이렇게 인국공의 정규직 전환 정책은 차등의 원칙을 구성하는 배상의 원칙과 상호성의 원칙을 모두 위반했다.

한편, 정규직 전환 대상 비정규직의 일자리는 신기술 도입 혹은 자연 감원 등으로 만들어진 새로운 일자리가 아니라 비정규직 노동자들이 담당해온 일자리다. 정규직 전환이 집행되면, 비정규직 노동자는 자신이 담당하는 일자리를 그대로 수행하되 고용 형태만 정규직으로 바뀌는 것이기 때문에, 취준생 등 다른 사람의 취업 기회엔 전혀 영향을 주지 않는다. 이처럼 정규직 전환 정책은 롤스 제2원칙의 기회균등의 원칙을 실천한다. 전환 정책이 없었다면 해당 일자리는 기존의 비정규직이 계속 담당했을 것이고 취준생의 취업 기회와 관련한 논의 대상조차 되지 않았을 것이다.

현대자동차 등 제조업 사업체에서 논란이 되었던 불법 파견 비정규직도 마찬가지인데, 노동자는 불법 파견으로 판정되어 직접 고용으로 전환된 뒤에도 자신이 담당해온 업무를 계속 담당한다. 따라서 취준생이나 정규직은 물론 보수 언론도 불법 파견 비정규직의 정규직 전환에 대해 취업 기회 제한으로 불공정하다고 비판하거나 항의하지 않았던 것은 취준생의 일자리를 빼앗는 것이 아니었기 때문이다. 인국공의 비정규직 정규직 전환도 현대자동차의 불법 파견 노동자 정규직 전환과 마찬가지다. 인국공은 현대차와 달리 정규직과 비정규직의 직무가 엄격하게 분리되어 있어, 정규직 전환 전후에 담당 업무가 달라지지 않기 때문에 취준생의 취업 기회 제한 소지는 현대차보다도 더 적다.

이처럼 인국공의 비정규직 정규직 전환 정책은 기회균등의 원칙에 부합한다. 인국공이 공정성 원칙을 위반한 부분이 있다면 그것은 직접 고용 정규직 전환 비율을 100%가 아니라 30%로 제한한 것과 그동안 간접 고용 비정규직을 오남용해온 관행이다.

셋째 쟁점은 전환 비정규직과 취준생 가운데 누가 무임승차자인가 하는 문제다. 비판론은 정규직 전환 대상 비정규직 노동자를 무임승차자로 비난했다.

문재인 대통령은 후보 시절 상시적 업무와 생명·안전 관련 업무의 정규직 고용 원칙을 대선 공약으로 선언했고, 시민들은 불평등 문제를 해결하기 위한 최우선 과제로 비정규직 문제를 지목했다. 시민들의 비정규직 문제 심각성 인식, 문재인 후보의 전향적 비정규직 대선 공약, 그리고 이를 이행하기 위한 비정규직 정규직 전환 정책은 어쩌다 갑자기 발발한 해프닝이 아니었다.

비정규직 문제가 사회적 관심사로 되기 시작한 것은 1997~98년 외환 위기와 뒤이은 경제 위기 속에서 현실화된 정리해고와 고용 불안감 때문이었다. 2003년 노무현 정부가 출범하면서 비정규직 문제를 해결하기 위해 노동 관계법 개혁을 추진했는데, 민주노총은 비정규직 권리 입법을 요구하는 총파업 투쟁을 16차례나 단행했다. 2006년 말 한국노총과 경총의 야합으로 평가되는 노동 관계법 제정·개정 이후 생산 현장은 자본의 공세와 비정규직의 저항으로 첨예한 갈등이 이어졌다. 비정규직 노동자들은 텐트를 치고 농성하고, 철탑으로 올라가고, 단식하는 투쟁을 지속했는데, 그 과정에서 비정규직 노동자와 노동조합 활동가 다수가 구속과 해고, 때로는 목숨까지 던지는 희생을 감수해왔다. 그러한 투쟁과 희생이 없었다면 문재인 정부의 비정규직 정규직 전환 정책도, 취준생 피해자 운운하는 '인국공 사태'도 없었을 것이다.

인국공 비정규직 노동자들은 민주노총, 공공운수노조 등과 함께 참여의 비용과 부담을 감수하며 투쟁에 결합했었지만, 인국공 정규직 노조나 취준생들은 투쟁에 참여하지 않았다. 그들은 윤석열 정부가 공공기관 정원과 현원을 감축하며 좋은 일자리 취업 기회를 없앨 때도 침묵했다. 무임승차자는 투쟁에 참여한 비정규직 노동자들이 아니라 정규직 노조와 취준생들이다. 그들은 일반 정규직의 좋은 일자리 취업 기회를 축소하지 않으면서 비정규직 정규직 전환 정책을 추진한 문재인 정부는 비판하면서도, 비정규직 정규직 전환도 하지 않으면서 일반 정규직의 좋은 일자리 취업 기회를 축소하는 윤석열 정부에 대해 침묵하는 것은 이율배반적인 보수 편향적 정치 행위에 불과하다.

넷째 쟁점은 공동선의 사회 보편 이익과 특수 이익의 문제다. 문재인 정부는 시민들이 최우선시하는 비정규직 문제 해결이라는 공동선을 실현하기 위해 비정규직 정규직 전환 정책을 추진했는데, 비판론은 피해자만 양산한다고 비판했다.

비정규직이 전체 피고용자의 절반 이상을 점하는 상황에서 사회 보편 이익은 정규직의 좋은 일자리를 만들고 비정규직 오남용 사례를 없애서 비정규직 규모를 줄이는 것이다. 따라서 비정규직 일자리를 정규직 일자리로 바꾸고 비정규직 노동자를 정규직으로 전환하는 정책이 공동선 실천이다. 문재인 대통령은 선거 공약으로 상시적 업무와 생명·안전 관련 업무의 정규직 전환을 약속했는데, 인국공의 경우 그 절반만 정책화한 것에 불과하다. 인국공의 모든 업무는 상시적 업무이고 생명·안전과 무관한 업무가 없건만 그 가운데 30%만 한정해서 생명·안전 관련 필수 업무로 규정하여 직접 고용 정규직 전환 대상으로 설정한 것이다.

정규직 노동자와 취준생은 상시적 업무를 전환 대상 선정 기준에서 제외한 것을 당연시하는 한편, 생명·안전 관련 업무 일자리에 대해서도 정규직 노조는 최소화할 것을 요구했다. 취준생은 일자리의 정규직화는 환영하되 해당 일자리를 담당해온 비정규직 노동자의 정규직화는 반대했다. 정규직 노조는 전형적인 정규직 이기주의이고, 취준생은 일자리의 정규직화를 실시하되 해당 일자리를 담당하던 노동자를 내쫓고 그 자리를 차지하겠다는 것이다. 정규직 노조와 취준생은 전체 사회의 비정규직 규모 감축이라는 사회 보편 이익이 아니라 자신들의 특수 이익만 추구한 것이다.

취준생을 일자리 빼앗긴 피해자로, 전환 비정규직을 일자리 빼앗는 가해자로 만든 것은 보수 야당과 보수 언론이었다. 실제 전환 비정규직과 취준생은 비정규직 오남용 노동 시장의 피해자로서 비정규직의 나쁜 일자리를 줄이고 정규직의 좋은 일자리를 증대하는 것이 공통된 이익이다. 그래서 일반 시민도 비정규직 문제를 개인의 능력 문제가 아니라 사회의 구조적 문제로 규정한다. 그런데, 보수 야당과 보수 언론은 취준생과 전환 비정규직의 대립 구도로 프레임화하면서 인국공 사태를 개인적 이해관계의 제로섬 게임으로 설정하고 비정규직 오남용 문제를 탈쟁점화함으로써 비정규직 문제의 정책적 해결을 더 요원하게 만들었다.

17장. 재벌 혐오감, 재벌은 억울한가?

지배 세력과 피지배 세력의 관계는 상호성에 입각한 사회 계약 관계이기 때문에, 지배 세력 가운데 최대 수혜자라 할 수 있는 자본가들도 자신들이 누리는 특전적 지위에 상응하는 사회적 책임을 이행해야 한다. 개별 자본가는 피고용자와 명시적인 고용 계약을 체결하지만, 재벌을 정점으로 하는 자본가들이 지배 세력을 구성하며 시민들과 체결하는 사회 계약은 묵시적 형태를 띠지만 내용은 명시적 형태의 국가-시민사회 계약과 유사하다.

한국 자본가들은 개발 독재 시대의 자원 빈곤 국가에서 수출 주도 고속 경제 성장을 이뤄냈으며 그 과정에서 많은 일자리를 창출했고 이 가운데 재벌 그룹 일자리들은 구직 청년들에게 꿈의 직장이다. 반면, 재벌은 2016~17년 촛불 항쟁에서 불공정한 반칙과 특권으로 사회를 지배하는 적폐 세력으로 규정되었을 만큼 한국 사회의 재벌 혐오감도 뿌리 깊다.

재벌 혐오감이 한국인의 "유별난 평등주의"의 산물이라면 재벌은 억울하겠다. 재벌 혐오감은 국민 탓인가, 재벌 탓인가?

재벌과 기업의 사회적 책임

1〉 재벌 대기업 집단의 빛과 그늘

1960년대 박정희 정권은 산업화를 통해 농업 중심 경제를 제조업 중심 경제로 전환하며 빈약한 내수 시장을 활성화하기보다 해외 시장 수출을 통해 고속 경제 성장을 추진하기 시작했다. 정부는 경제 개발 계획과 정책 금융을 통해 수출 잠재력을 지닌 기업들에 희소한 물적 자원을 집중 투입하는 전략을 취했는데, 이 과정에서 생산·수출을 주도한 대기업들이 재벌 그룹으로 성장했다. 1960~70년대 경공업 중심 초기 산업화 단계를 지나 1980년대 중화학 공업 중심 산업화가 추진되며 재벌 그룹 중심으로 경제력은 급격하게 집중되었다. 1990년대 말 외환 위기와 뒤이은 경제 위기 속에서 중소기업은 물론 상당수 대기업들이 도산하면서 생존한 재벌 그룹의 경제적 지배력은 더욱 강화되었다.[22]

고속 경제 성장과 경제·산업 구조 변화의 과정에서 대기업의 수출 시장 경쟁력은 가격 경쟁력에서 시작하여 품질 경쟁력과 기술 경쟁력으로 발전했다. 삼성전자는 저화질·저가의 TV 판매에서 고품질·고가의 스마트폰 판매로 진화했고, 현대차는 고장 잦은 저가 포니에서 고품질·고가의 소나타를 거쳐 전기 차 시장에서도 두각을 나타내게 되었다.

---

22 재벌 체제의 공과와 재벌 개혁 과제에 대해서는 박상인(2019, 2022), 전성인(2021), 이병천(2020), 송원근(2016a)을 참조할 것.

재벌 그룹 대기업들은 괄목할 만한 성장 신화를 이어갔지만 협력 업체 중소기업들에 대한 기대했던 낙수효과는 발생하지 않았다(박상인 2019; 김주일 2014). 현대·기아차와 협력 업체들의 영업 이익률을 비교하면, 1차 협력 업체들 가운데 대기업의 영업 이익률은 현대·기아차의 70%, 중기업은 40~50% 수준에 불과하고, 2차 협력 업체는 30%에도 못미친다. 삼성전자와 협력 업체들의 영업 이익률을 보면, 협력 업체 영업 이익률은 삼성전자의 절반 수준에 불과한데 영업 이익률 격차는 점점 더 커지는 추세다. 한국은행의 2010~2022년 기업 경영 분석 자료(https://ecos.bok.or.kr/#/)를 보면, 대기업의 영업 이익률은 최저 4.4%와 최고 7.6% 사이에서 한국 경제의 성장률을 반영하며 부침하는 반면, 중소기업의 매출액 대비 영업 이익률은 호황기에도 3% 수준을 벗어나지 못했다. 그래서 대기업과 중소기업의 영업 이익률 격차는 경제 호황기에 더 커져서 2배 정도에 달한다. 독일 등 서구 국가들에선 중소기업 이윤율이 대기업보다 더 큰 경우도 많다는 점에서, 한국의 대기업에 훨씬 못 미치는 중소기업 이윤율은 원·하청 업체 간 불공정 거래의 심각성을 보여준다.

재벌 그룹 대기업은 협력 업체들과 성장의 과실을 공유하지 않으며 신기술을 공동 개발하거나 기술 혁신을 유도하지 않고 기술 탈취를 일삼으며 단가 후려치기로 가격 경쟁력만 강요한다. 협력 업체 중소기업들은 시장에서 결정되는 원재료 가격과 원청 업체의 부품 단가 인하 요구로 인해 인건비 절감 압박을 받는다. 원청 대기업이 흑자 성장을 이어가도 협력 업체들은 취약한 기술 경쟁력과 낮은 이윤율로 늘 도산의 위험에 시달리고, 노동자들은 고용 불안정과 저임금을 벗어나기 어렵다.

2〉 법질서와 시민의 재벌 인식

대기업 집단의 시장 질서 및 법질서 준수 정도를 국가 간 비교할 수는 없지만, 일반 사기업에 대한 시민 인식은 비교할 수 있다. 사기업의 법 규정 위반 및 세금 회피 정도에 대한 시민 인식을 보면, 세금 회피 시도에서는 국가 간 차이가 작지만, 법 규정 위반에서는 국가 간 차이가 크게 나타났다(표 17.1). 사기업의 세금 회피 시도는 모든 국가에서 인지되고 있는데 스페인과 독일이 강한 편이고, 스웨덴과 미국은 상대적으로 약한데, 한국은 그 중간에 위치하며 스웨덴·미국에 조금 더 가깝다.

한편 사기업의 법과 규제 위반 정도에서는 국가 간 차이가 크게 나타났는데, 법 규정 준수를 가장 잘하는 국가는 스웨덴으로 평가받고 있다. 반면 사기업은 스페인과 한국에서 법 규정 위반 정도가 가장 심한 것으로 평가된다.

사기업의 법 규정 위반과 세금 회피 태도를 종합하면, 스페인 자본이 가장 불량하고, 스웨덴 자본이 가장 모범적인 것으로 평가된다. 한국은 세금 회피 시도는 중간 정도지만 법 규정 위반 정도는 스페인만큼 심각한 수준으로 평가된다. 사기업들이 법 규정을 위반한다면, 그것은 중소기업이 아니라 시장 지배력을 보유하고 정치권력에 대한 접근성이 높은 대기업들을 지목하는 것이며, 한국에서는 재벌을 의미한다.

사기업에 대한 부정적 인식은 시장의 지배를 받는 중소기업이 아니라 시장을 지배하는 대기업, 특히 재벌 그룹에 일차적 책임이 있다. 2003년과 2023년 사이 "기업은 노동자와 소비자를 희생해서 돈을 번다"는 의견에 동의하는 비율이 65.0%에서 79.2%로 증가했다(표 17.2).

〈표 17.1〉 사기업의 법 규정 위반 및 세금 회피 여부: "일반적으로, 주요 사기업들은 얼마나 자주 다음의 일을 행한다고 보십니까?" (1 거의 항상, 4 거의 없다) [중간값 2.5]

	법과 규제 위반*	세금 회피 시도	평균값
스웨덴	1.79	2.32	2.055
독일	1.51	1.97	1.740
스페인	1.09	1.89	1.490
미국	1.63	2.32	1.975
한국	1.13	2.20	1.665

* "법과 규제 준수"로 측정되었으나, "법과 규제 위반" 값으로 전환하여 "세금 회피 여부"와 함께 위법성 척도로 바꾸었음.
자료: ISSP 2016년 정부 역할 조사.

시민들이 자본가를 보는 관점은 자신보다 소득과 재산이 많을 뿐만 아니라 자신의 소득·후생의 이해관계를 희생시키며 부와 특전을 누리는 집단이라는 것이다. 자본과 노동자·소비자 사이의 관계는 단순한 '경제적 불평등'의 등급 차이가 아니라 '경제적 수탈economic oppression'의 인과 관계다.[23] 시민들은 노동자 혹은 소비자로서 자신들과 자본의 관계는 포지티브섬 게임이 아니라 제로섬 게임이며, 자신들을 이윤 축적의 피해자로 보는 것이다. 기업이 노동자·소비자를 희생시키며 이윤을 극대화하는 경향이 강화되고 있는데, 시장에서 소비재 상품의 가격을 결정하고 노동자의 임

23 백화점에서 쇼핑을 마치고 계산대 앞에 앞뒤로 줄을 선 갑이 을보다 소득이 더 크다면 이는 경제적 불평등인데, 갑의 높은 소득과 을의 낮은 소득 사이에 인과 관계를 전제하지 않는다. 하지만 갑이 을의 지갑에서 돈을 훔쳐 가서 갑의 소득이 많아지고 을의 소득이 줄었다면 갑의 높은 소득과 을의 낮은 소득 사이엔 인과 관계가 성립한다. 이는 단순한 경제적 불평등이 아니라 경제적 수탈에 기초한 불평등이며, 갑과 을은 단순한 소득 등급의 차이가 아니라, 서로 사회적 관계를 맺고 있다. 자본가가 휘발윳값, 신발값이나 라면값을 올려서 소비자의 소득을 더 많이 가져가서 이윤을 증대한다면, 자본가와 소비자의 관계는 경제적 수탈의 관계다. 경제적 불평등과 경제적 수탈에 대해서는 라이트(Wright 1994, 1997)를 참조할 것.

〈표 17.2〉 기업 이윤과 노동자·소비자 관계에 대한 시민 인식(%): "기업은 노동자와 소비자를 희생해서 돈을 번다"

동의·반대 의견	2003년*	2023년*	증감
적극/대체로 동의	65.0	79.2	14.2
적극/대체로 반대	35.0	20.8	-14.2
합계	100	100	

* 경제 활동 인구에 한정하여 분석함.
자료: 조돈문(2003:187-189; 2011: 323-327), 노회찬재단·한국비정규노동센터(2023).

금과 노동 조건을 결정하는 유형 설정자(pattern setter)는 중소기업이 아니라 대기업이고, 그 정점에 재벌이 있다.

재벌은 총수와 그 가족·혈족이 지배하는 대규모 기업 집단을 의미한다. 복수의 대기업들이 하나의 복합체로 연합된 대기업 집단은 다른 자본주의 국가들에도 많지만, 한국 재벌은 총수 일가가 대기업 집단에 절대적 지배력을 행사한다는 특성을 지닌다. 또한 총수 일가가 소유 지분으로 재벌 그룹의 지배·경영권까지 독점하며 세습하는 악습이 한국 재벌의 보편적 특성으로 되어 있지만, 소유-경영 분리가 제도화된 서구 자본주의 국가들에서는 찾기 힘들다. 재벌이 자본의 집중과 시장경제에 대한 지배력으로 경제적 영향력을 행사할 뿐만 아니라 기업 집단의 물적 자원을 이용한 정경 유착으로 막강한 정치적 권력도 행사하며 법질서를 유린하는 것도 서구 자본주의 국가들에서는 유례를 찾기 힘들다. 이에 재벌에 대한 부정적 인식이 형성되며 재벌 혐오감이 확산되고 있다. 재벌 혐오감은 대체로 재벌 총수 일가에 대한 거부감을 표현하며, 재벌 기업 집단 자체에 대한 인식과는 구분된다.

우리나라 재벌들이 지나치게 힘이 세다는 의견에 동의하는 비율이 87%로서 반대하는 의견의 7배나 된다(노회찬재단·한국비정규노동센터 2023). 재벌이 경제적 기여에 비해 과도한 권력을 행사한다는 부정적 평가가 널리 확산되어 있음을 알 수 있다.

재벌 개혁을 위해 가장 시급한 정책은 "재벌 총수 일가에 대한 편법 상속 및 증여, 부당 이득에 대한 처벌 및 과세 강화"라는 의견이 2012년과 2023년 조사에서 각각 46.3%와 42.9%로 압도적 1위로 꼽혔다(표 17.3). 다음으로 2012년 조사에서는 "경제력 집중을 완화시킬 입법 실시(출자 총액 제한, 순환 출자 금지, 금산 분리 등)"와 "계열사 부당 지원 및 일감 몰아주기에 대한 이득 환수 및 과세 강화"가 비슷한 수준으로 높게 나타났는데, 2023년 조사에서는 계열사 부당 지원 제재가 훨씬 더 높게 나타났다.

총수 일가 비리 제재, 경제력 집중 완화, 계열사 부당 지원 제재를 합하면 2012년 79.7%, 2023년 77.3%가 된다. 재벌 개혁의 핵심은 시장에서의 역할 규제보다 재벌 체제 자체의 내적 문제이며, 총수 일가의 지배·경영권 세습과 그에 따른 불법 비리가 재벌 체제의 최대 리스크라고 시민들은 평가한다. 이는 재벌에 대한 부

〈표 17.3〉 재벌 개혁을 위해 가장 시급한 정책

	총수 일가 비리 제재	경제력 집중 완화	계열사 부당 지원 제재	중소상공인 업종 재벌 규제	대기업 규제 강화	합계
2023년	42.9%	12.8%	21.6%	11.5%	11.1%	100.0%
2012년*	46.3%	17.2%	16.2%	9.9%	9.5%	99.3%
2012~23 증감	-3.4%	-4.4%	5.4%	1.6%	1.6%	

* KBS(2012) 조사에는 무응답 0.7%가 포함되어 있음.
자료: KBS(2012), 노회찬재단·한국비정규노동센터(2023).

정적 정서가 단순히 시민들의 평등주의 신념에서 비롯된 것이 아니라 재벌 체제 자체의 문제점에 근거하며, 총수 일가의 전근대적 세습 행태와 불법 비리가 그 핵심임을 의미한다.

3〉 부와 특권의 대물림

프랑스어 '노블레스 오블리주noblesse oblige'는 귀족들이 누리는 사회적 특권에는 책임이 따른다는 개념으로, 귀족들이 평소에 특권을 누리며 살지만 국가가 위기에 처하면 전장에 나가 목숨을 바쳐 나라와 백성들을 지키는 데 앞장서는 현상을 지칭했다. 이후 귀족의 도덕의식과 솔선수범을 표현하는 용어로 세계적으로 널리 사용되면서 현대적 사회관계에 맞게 일반화된 개념으로 확대되었다.[24] 이제 '노블레스 오블리주'는 부자와 정치인 등 사회 지배 세력은 자신들이 누리는 특권과 권력에 상응하여 시민들이 기대하는 도덕적 의무를 포함한 사회적 역할을 수행해야 한다는 원칙을 의미하는 일상 용어가 되었다.

노블레스 오블리주는 모든 지배 세력 구성원들에 보편적으로 적용되는 상호성 원칙의 사회 계약을 의미하는데, 생산적 자산의 소유권에 기초하여 시장 권력을 행사하는 자본가의 경우 '기업의 사회적 책임CSR, corporate social responsibility'으로 구체화된다.

기업의 사회적 책임은 기업 활동이 주주들에 대한 법적 의무를 이행하는 수준을 넘어 피고용자, 고객, 협력 업체, 공동체와 생태 환경까지 고려해야 한다는 개념이다. 이는 시민들의 기대를 반영하는데, 그 근거는 기업과 기업의 소유주·경영진이 이윤과 자

---

24 스피크와 라플로르 공저(Speake & LaFlaur, 2002) 『옥스퍼드 외국 용어 사전』과 옥스퍼드 대학 출판부(Oxford University Press,2006)의 『옥스퍼드 용어 사전』을 참조할 것.

산을 축적하기 위해 사회·경제적 인프라와 인적 자산을 활용하면서도 그 결과물은 사적으로 전유하기 때문이다. 그러한 과도한 특전에 대한 대가를 지불해야 하는데, 그것이 기업의 사회적 책임이다. 기업이 법의 정신을 적극적으로 지키고, 높은 도덕적 기준을 유지하며 국제적 행동 규범을 준수함으로써 개별 기업 수준을 넘어 이해 당사자들과 전체 사회에 긍정적으로 기여해야 한다는 원칙이다.[25]

스칸디나비아형·대륙형 조정 시장경제 모델에서는 주주뿐만 아니라 피고용자, 협력 업체, 고객, 은행, 지역 사회 등 다양한 이해 당사자들이 기업 경영에 발언권을 행사할 수 있도록 기업 지배 구조가 제도화되어 있다. 반면, 영미형 자유시장경제 모델에서는 기업 지배 구조가 주주 이해관계를 대변하도록 설계되어 있어 기업이 주주 이해관계만 고려하고 기업의 사회적 책임을 회피하는 경향이 강하다. 따라서 기업 소유주와 경영진의 사회적 책임 위반 혹은 도덕적 해이 문제는 조정 시장경제 모델 국가보다 영미형 자유시장경제 모델 국가에서 더 자주 발생한다. 일반 노동자와 기업 최고 경영진의 보수 격차도 영미형 국가에서 훨씬 더 큰데, 최고 경영진이 자신의 급여를 과도하게 책정한 결과다. 기업의 사회적 책임을 촉구하고 감시하는 사회 운동이 영미형 자유시장경제 모델 국가들을 중심으로 활발하게 전개되는 것도 그 때문이다.

미국 경제 주간지 〈포브스Forbes〉가 각국 최고 주식 부자 40명을 상속형과 자수성가형으로 구분하여 비교한 결과를 보면, 한국의 상속형 부자 비율은 2007년과 2017년 사이 77.5%에서 62.5%

---

25 히리와 눈이 공저한 『옥스퍼드 인사 관리 사전』(Heery & Noon, 2017)과 하심자데 등의 『경제학 사전』(Hashimzade et al., 2017)을 참조할 것.

로 조금 감소했지만 여전히 매우 높은 수준이다(한국 팍스경제TV 2017.1.4). 주식 부자는 자본가들인데, 양국 모두 상속형 비율이 감소하고 있지만, 2017년 기준으로 보면, 미국은 자수성가형이 상속형의 3배나 되는데, 한국은 여전히 상속형이 많아 자수성가형의 1.7배 정도다.

KBS가 2015년 전후하여 한국인의 병역 면제자 비율을 조사한 결과, 일반인은 6%에 불과하지만, 재벌가는 평균 33%로 일반인의 5.5배에 달하는데, 삼성 재벌의 경우 73%로 일반인의 12배가 넘는다. 그래서 "있는 자의 재산을 지키기 위해 없는 자의 자식들이 군대를 간다"는 비난을 받게 된다(명로진 2020: 157).

한국의 대기업은 하청 업체들과 이윤을 균점하는 데 매우 인색하여 중소기업에 비해 이윤율이 월등히 더 높지만, 고용 창출 효과는 더 작고 간접 고용 비정규직은 더 많이 사용한다. 대기업의 초과 이윤은 주가 부양을 위한 주주 배당으로 많이 허비되지만 협력 업체나 노동자들은 제대로 보상받지 못한다. 재벌은 노동자와 소비자의 희생으로 이윤을 챙기면서(노회찬재단·한국비정규노동센터 2023), 사회적 책임은 이행하지 않는 것이다.

서울 삼풍백화점이 1995년 6월 29일 오후 5시 57분 붕괴했다. 이 사고는 사망자 502명, 실종자 6명, 부상자 937명에 달하는 참혹한 인명 피해를 냈다. 그러나 삼풍백화점의 이준 회장을 포함해 경영진은 한 명도 죽지 않았는데, 사전에 붕괴 위험을 보고받았음에도 백화점 고객들은 대피시키지 않은 채 자신들만 건물을 빠져나갔기 때문이다. 당시 TV에서 특집 방송으로 참혹한 사고 현장을 계속 보도하는 가운데 이준 회장의 인터뷰가 소개되었다. 그는 "사람이 많이 죽었는데 어떻게 생각하십니까?"라는 질문을 받고 "이보시오, 기자 양반. 나는 돈을 잃었소"라고 답변했다. 그의 발언과 뻔뻔한 얼굴 표정은 시민들을 더욱 분노케 했다(한겨레 2016.6.28; 뉴스1 2022.11.04).

하지만 대한민국 법원은 자본의 살육 행위에 매우 관대했다. 이준 회장은 업무상 과실 치사 혐의로 징역 7년 6개월 형의 선고를 받았다. 이준 회장과 경영진이 건물 붕괴 사실을 사전에 인지했다는 점, 자신들만 대피하고 고객들을 대피시키지 않았다는 점에서 명백한 살인 행위였다. 7년 6개월 형은 대량 살육의 죗값으로는 너무 저렴했다. 삼풍백화점 붕괴로 목숨을 잃은 희생자 숫자를 고려하면 사망·실종자 한 명의 목숨값은 5.4일에 불과했다. 일반 시민의 평생 삶이 재벌의 일주일 값어치도 안 된다는 셈법이다.

한국의 자본가들과 재벌 총수 일가들의 불법·불의 행태에 대한 보도는 끊이지 않았고, 이는 2015년 개봉된 영화 〈베테랑〉의 소재가 되기도 했다. 영화 속 주인공 재벌 3세 조태오는 "허구적 인물이다. 그러나 관객들에겐 낯설지 않다. (…) 폭행, 마약, 승계 투쟁, 엽색, 폭주 (…) 조태오는 비뚤어진 재벌가 자제들이 연루된 실제 사건들의 '영화적' 종합판에 가깝다"(경향신문 2015.8.26)는 평가를 받았다.

〈베테랑〉은 1341만 명의 관객 동원으로 역대급 흥행에 성공했는데, 성공 비결은 류승완 감독이 언론 시사회에서 한 발언에 잘 나타난다. "나도 뉴스를 보고 살아가는 사람인데 (…) 내가 가진 분노나 상실감들에 대해 많은 분이 같은 느낌을 가질 거라고 생각한다"(경향 2015.8.26). 〈베테랑〉이 사회적 공감대를 형성할 수 있었던 것은 재벌가 자제들이 부와 특권을 대물림하며 불법·불의를 일삼는 데 대해 시민들이 분노했기 때문이다.

'초일류 기업'의 민낯–삼성 재벌의 불법 경영권 승계

삼성전자는 스마트폰과 반도체로 수출을 주도하며 외화벌이에 앞장서는 한국의 대표적 성공 신화이며, 세계 시장의 높은 시장 점유율을 자랑하는 명실상부한 '세계 초일류 기업'이다. 또한 세계 명소들을 첨단 광고로 도배하며 한국을 알리는 국민적 자존심이기도 하다. 한국거래소에 상장된 주식의 시가 총액이 2022년 말 기준 2082조 원인데,[26] 삼성그룹 계열사들 가운데 삼성전자만 따져도 2023년 7월 말 기준 424.4조 원으로 한국거래소 시가 총액의 20%가 넘는다. 그것이 글로벌 초일류 기업 삼성전자의 위상이다.

삼성 재벌은 자본계급의 최정점으로서 경제적 영향력을 이용하여 국가 권력을 좌지우지하며 초법적 존재로 우리 사회를 지배하며 빛과 함께 그림자도 보여준다(조돈문·이병천·송원근 2008; 조돈문·이병천·송원근·이창곤 2014). 삼성전자가 세계 초일류면, 삼성 재벌도 '세계 초일류'인가?

1〉 '삼성 엑스(X) 파일'과 노회찬 의원

삼성 재벌이 한국 사회를 지배하는 것은 시장경제 영향력뿐만 아니라 불법 비자금과 뇌물을 통해 국가 권력의 구석구석을 철저하게 관리한 결과라는 사실을 확인해준 것은 소위 '삼성 엑스(X) 파일' 사건이었다. 삼성그룹 이학수 비서실장과 〈중앙일보〉 홍석현 사장이 1997년 15대 대선을 앞두고 서울 신라호텔에서 만나 신한국당 대선 후보 이회창을 포함한 유력 정치인들, 정부 기구와

26 대한민국 전자정부 지표누리(https://www.index.go.kr/unity/potal/main/EachDtlPageDetail.do?idx_cd=1079) 참조.

사법부 및 검찰 간부들에 대해 금품을 살포하는 방식을 모의하는 대화를 안기부(국가안전기획부) 도청 전담 조직이 불법 도청한 녹취 파일이 2005년 공개된 사건이다.

노회찬 의원은 2005년 8월 18일 보도 자료를 통해 "삼성이 명절 때마다 소위 '떡값' 리스트를 작성해 체계적으로 검사들에게 떡값을 제공했으며, 리스트를 작성한 사람은 정 아무개 전무대우 고문"이라고 밝히고 뇌물 수수 검사 일곱 명의 실명과 함께 '떡값' 액수까지 공개했다. 노의원은 "석조한테 한 2000 줘서 아주 주니어들, 회장께서 전에 지시하신 거니까"라는 녹취 내용을 근거로 이건희 회장이 말단 검사들에 전달할 떡값까지 직접 지시한 정황을 지적했다.

검찰은 2007년 5월 21일 명예 훼손 및 통신 비밀 보호법 위반 혐의로 노회찬 의원을 기소했다. 법원은 2009년 2월 9일 1심에서 유죄를 선고했고, 2009년 12월 4일 항소심에서는 무죄를 선고했지만, 대법원이 2011년 5월 13일 파기 환송하자 서울중앙지법은 2011년 5월 13일 파기 환송심에서 징역 4월, 집행 유예 1년, 자격 정지 1년을 선고했다. 여야 국회의원 159명이 현재 통신 비밀 보호법 개정을 논의하고 있으니 법 개정 시점까지 선고를 연기해달라는 탄원서를 제출했지만, 대법원은 이를 무시하고 2013년 2월 14일 전원 합의체 재상고심에서 징역 4월, 집행 유예 1년, 자격 정지 1년형을 확정하여 노회찬 의원은 국회의원직을 상실했다.

검찰은 불법 비자금 전달을 지시한 이건희 삼성 회장, 불법 자금 전달 방식을 기획·모의한 이학수 삼성 부회장과 홍석현 〈중앙일보〉 사장, 수년간 떡값을 받은 정황이 드러난 전·현직 검사들은 모두 불기소 처분했다. 삼성이 이회창 후보 동생에게 수십억 원의

불법 자금을 전달한 사실은 확인되었지만 공소 시효가 지났다는 이유로 기소하지 않았다.[27]

2〉 '이재용·박근혜 게이트'와 사법 정의

삼성 엑스 파일에서 모의되었던 삼성 재벌의 불법 비자금에 의한 국가 권력 통제 관행은 국정 농단 사건 '이재용·박근혜 게이트'[28]에서 다시 실체를 드러냈다. 박영수 특별 검사는 2016년 12월 21일 공식 수사를 시작해 이듬해 2월 28일 수사를 마무리하며 이재용 부회장 등 17명을 기소했다. 특검은 "이 사건은 우리 사회에서 가장 고질적인 정경 유착 범죄로, 이 고리를 끊지 않으면 국민이 원하는 경제 성장도, 선진국 진입도 어려울 것이다"라고 선언하고 박근혜 전 대통령이 세 차례의 단독 면담을 통해 총수 일가의 승계 작업 등 삼성 현안을 돕는 대가로 이재용 부회장이 정유라 씨 승마 지원과 영재센터 후원을 합의했다고 판단했다. 특검은 이재용 부회장이 박근혜 대통령 측에 총 298억 원의 뇌물을 제공하고 213억 원의 공여도 약속했다고 보고 이재용 부회장에게

---

27 삼성 엑스 파일 사건 관련해서는 매일노동뉴스(2005.8.18), 한겨레(2013.2.14), 경향(2013.2.15), 박갑주(2014), 조현연(2020a, 2020b)을 참조했음.

28 당시 언론은 국정 농단 사건을 '박근혜·최순실 게이트'로 불렀다. 법원은 "정치권력과 자본 권력의 부도덕한 밀착이 사건의 본질"이라 규정했는데, 언론의 명명 방식은 정치권력을 지배하는 자본 권력, 즉 삼성 재벌의 실체를 은폐하는 프레이밍으로 사건 본질을 왜곡했다. 사건의 핵심은 국가 권력이 삼성 재벌 총수 일가의 사적 이해관계를 위해 동원되었다는 점이다. 박근혜 대통령은 부여받은 권한을 남용한 것이지만, 이재용과 최순실은 국가 권력 행사 권한을 전혀 부여받지 않았음에도 자신들의 사적 이해관계를 실현하기 위해 지적 능력과 판단력이 부족한 최고 권력자를 조종하여 자신들이 기획한 범죄 행위를 집행하도록 했다. 국정 농단 사건을 기획하고 교사한 주범은 이재용과 최순실이었으며, 국정 농단을 통해 실현한 사적 이해관계의 크기는 이재용 측이 압도적으로 더 크다. 따라서 정치권력과 자본 권력의 유착 관계와 실현된 사적 이해관계의 크기를 고려하면 이 사건을 '이재용·박근혜 게이트'로 부르는 것이 적절하다.

12년 형을 구형했다.

서울중앙지법 형사27부는 2017년 8월 25일 사건의 본질을 "정치권력과 자본 권력의 부도덕한 밀착"이라고 보고 박근혜 대통령과 이재용 부회장 사이에 부정한 청탁과 뇌물 공여가 있었다고 판단했다. 삼성물산과 제일모직의 합병은 "이재용 부회장의 삼성전자 또는 삼성생명에 대한 지배력 확보라는 목적 아래 이루어지는 지배 구조 개편 작업"이라고 규정하고, "경영권 승계라는 포괄적 현안에 대한 도움이라는 대통령의 직무 집행 대가를 바라고 묵시적이고 부정한 청탁을 했다고 인정된다"고 판단했다. 1심 재판부는 "대한민국 최고 정치권력자인 대통령과 대규모 기업 집단이 관련된 정경 유착이라는 병폐가 과거사가 아닌 현실이라는 사실로 인한 신뢰감 상실은 회복하기 쉽지 않다"고 선고 이유를 설명하며 뇌물액 89억 2227만 원을 인정하고 그 대부분을 횡령액으로 간주하여 징역 5년을 선고했다.

항소심은 2018년 2월 5일 뇌물·횡령액을 36억 원만 인정하며, 징역 2년 6월에 집행 유예 4년을 선고했고, 이재용 부회장은 석방되었다. 그러나 대법원 전원 합의체는 항소심과 달리 "부정한 청탁은 묵시적 의사 표시로도 가능하고, 청탁의 대상인 직무 행위의 내용이 구체적일 필요도 없다"며 경영권 승계 작업을 위한 묵시적이고 부정한 청탁과 함께 뇌물을 제공했다고 판단했다. 대법원은 2019년 8월 29일 항소심에서 무죄로 판단한 뇌물·횡령액 가운데 50억 원 이상을 유죄로 인정하고 항소심 판결을 파기 환송했다.

서울고법은 2021년 1월 18일 파기 환송심에서 이재용 부회장이 삼성그룹 경영권 승계 지원을 청탁하며 회삿돈을 횡령하여 조성한 뇌물 86억 8000만 원을 제공한 혐의를 유죄로 인정하고 징역 2년 6월을 선고하고 법정 구속했다. 이재용 부회장 측과 특검 측 모두 재상고를 포기하여 이재용 부회장의 2년 6월 징역형은 최종 확정되었다. 법무부는 가석방 대상 기준을 형기의 '80% 이상'에서 '60% 이상'으로 완화하고 같은 해 8월 13일 이재용 부회장을 가석방했고, 대통령은 2022년 8월 12일 '8·15 광복절 특별 사면'으로 사면해주었다.[29]

이재용 부회장의 1심 선고가 있던 날 노회찬 의원실은 보도 자료(노회찬 의원실 2017.8.25)를 발표하며 이재용 부회장 실형 선고를 환영하지만 미르·K스포츠재단 공여금은 전형적인 정경 유착의 뇌물죄에 해당함에도 무죄 판단한 것에 유감을 표명했다. 노회찬 의원실은 징역 5년 선고를 "의미 있는 판결이지만, '절반의 정의'에 그쳤다"고 평가하며 "특검의 주장이 받아들여지고, 미국 법원이 재판했다면 최소 징역 24년 4개월이 선고되었을 것"이라 발표했다.

보도 자료에 따르면, 이재용의 뇌물죄는 미국의 연방 양형 기준 매뉴얼U.S. Sentencing Commission Guidelines Manual 2016 제18편 제11장 제201조 뇌물죄에 해당한다. 이재용 부회장의 범죄 수준(offense level)은 공무원이 아닌 뇌물죄 피고인의 기본 범죄 수준 12단계, 1회를 초과한 뇌물 제공 행위에 대한 2단계 가중, 뇌물 가액 2500만 달러(약 283억 원) 이상으로 22단계 가중, 민감한 의사 결정 권한을 가진 고위직 공직자를 대상으로 하여 4단계 가중이 적용된다. 범죄 수준을 모두 가중하면 총 40단계로 합산되어 형량은 최소 징역 24년 4개월에서 최대 30년 5개월이 된다. 이 형량은 뇌물

29 이재용 부회장의 국정 농단 관련 재판 과정은 한겨레(2017.8.2./8.7/8.25/, 2019.8.29, 2021.1.19/8.9, 2022.8.12)와 연합뉴스(2021.1.18/8.9)를 참조할 것.

죄만 고려한 것이고, 24년 4개월은 최소 형량이라서 횡령죄와 국외 재산 도피죄 등을 추가하면 형량은 훨씬 더 가중될 수 있다.

대법원과 파기 환송심이 인정한 뇌물·횡령액 86억 8000만 원을 기준으로 뇌물죄만 적용해도 범죄 수준이 총 36단계가 되어 최소 15년 8개월에서 최대 19년 7개월의 징역형이 된다. 한편 횡령죄에 대해서도 동일한 양형 기준 매뉴얼을 적용하면, 범죄 수준은 총 25단계가 되어 형량은 최소 4년 9개월에서 최대 5년 11개월의 징역형이 된다.[30] 그런데 이 사건은 뇌물죄와 횡령죄가 동시에 적용되는 경합범競合犯 사안으로서 복잡한 산정 과정을 거쳐야 하지만, 뇌물죄와 횡령죄의 형량을 단순 가산하면 최소 20년 5개월에서 최대 25년 6개월이 되어 한국 최종 형량의 10배 수준이 된다.

이재용 부회장의 국정 농단 1심 선고가 내려지던 2017년 8월 25일 서울중앙지법에서는 삼성 총수 일가와 관련된 다른 범죄 행위 선고가 형사29부에서 진행되었다. 이건희 삼성전자 회장의 성매매 의혹 동영상 유포 관련 재판이었다.

2011년 12월 11일 중국 국적 여성 김 모 씨가 이건희 회장의 성매매 의심 동영상을 촬영했고, 이 사실을 알게 된 CJ제일제당 전 부장 선 모 씨로부터 촬영 장비와 경비를 지원받아 2012년 3월 31일 다시 성매매 현장의 동영상을 촬영했다. 성매매는 2013년 1월부터 6월까지 서울 논현동 빌라와 삼성동 저택에서 여러 차례 이루어졌고 여성 4~5명은 성매매 대가로 매회 500만 원씩 받았다고 한다. 선 씨 일당은 이건희 회장 성매매 동영상으로 삼성을 협

30 특검 공소 사실의 뇌물 가액을 기초로 미국 법원 양형 기준을 적용한 형량은 당시 노회찬 의원 비서로 활동하던 신유정 변호사가 산정하여 노회찬 의원실 보도 자료(2017.8.25)에 정리한 내용이고, 대법원과 파기 환송심이 인정한 뇌물·횡령액을 기초로 미국 법원 양형 기준을 적용한 형량은 신유정 변호사가 별도로 산정하였음(신유정 2023).

박하여 9억 원을 받아냈고, 이건희 회장도 협박 사실을 알고 있었던 것으로 추정되었다.

주범 선 모 씨는 특정경제범죄 가중처벌법상 공갈 등의 혐의로 구속 기소되었는데, 2017년 8월 25일 징역 4년 6월을 선고받았고, 공범들은 각각 징역 3년, 4년, 8개월의 형을 선고받아서 형기 합계는 12년 2개월에 달했다. 주범 선 모 씨와 공범들은 2심에서도 유죄 판결을 받았고, 대법원 2부는 2018년 4월 12일 항소심 형량의 4년 6개월, 3년, 4년, 8개월을 확정했다(한겨레 2017.9.9; 뉴시스 2018.4.12; CBS 노컷뉴스 2018.4.12).

성매매 동영상 유포 협박으로 9억 원을 뜯어낸 CJ제일제당 전 부장 선 모 씨 등은 4년 6개월 등 도합 12년 2개월의 실형을 선고받은 반면, 특검 공소 뇌물 가액 443억 원의 이재용 부회장은 2년 6개월 형을 선고받은 다음 가석방되었고 마침내 특별 사면까지 받았다. 박근혜 정부는 이건희·이재용 총수 일가의 지배 경영권 세습을 위해 국민연금의 삼성물산-제일모직 합병 찬성을 강제하여 2200만 명의 노후를 위태롭게 했다. 피해자 숫자로 봐도 이건희 성매매 동영상의 피해자는 1인인데 국정 농단의 피해자는 최소 2200만 명이고, 범죄 가액으로 봐도 이건희 성매매 동영상은 9억 원인데 이재용-최순실 게이트의 뇌물 가액은 특검 공소 기준 443억으로 그 48배에 달하고 대법원 인정 기준 86억 8000만 원으로만 봐도 그 10배가 된다. 한 사람의 성매매 동영상 유포 협박 사건과 국가 최고 권력을 농락한 국정 농단 사건 사이 범죄 행위의 상대적 경중에 대한 행형行刑의 비례성은 역전되어 나타났다.

3〉 삼성 지배·경영권 세습과 '에버랜드 장물'

'최순실·이재용 게이트' 국정 농단 사건의 핵심은 박근혜 정부가 삼성 재벌 총수 일가의 지배·경영권 세습을 위해 제일모직과 삼성물산의 합병이 성사되도록 국민연금공단 등 국가 권력을 동원하여 지원한 것이다.

2014년 5월 10일 이건희 회장이 심근 경색으로 입원하면서 이건희-이재용의 삼성 재벌 세습 작업을 서두를 필요성이 대두되었다. 삼성그룹의 핵심 삼성전자에 대한 이재용 부회장의 지분이 0.6%에 불과하여 이재용 부회장의 지분·영향력을 증대하는 것이 총수 일가의 최대 현안으로 되었다. 그래서 삼성그룹 계열사들 가운데 삼성전자 지분을 가장 많이 보유한 삼성생명과 삼성물산이 삼성그룹 지배 구조 재편의 구심점이 된 것이다.

이재용 부회장은 제일모직에 대한 지분 23.2%를 이용하여 제일모직이 지분 19.3%를 보유한 삼성생명의 삼성전자 주식 7.2%를 통해 삼성전자에 대한 영향력을 행사해야 하는 한계가 있었다(그림 17.1). 한편 삼성물산은 삼성전자 주식 4.1%를 보유하고 있었기 때문에 제일모직과 삼성물산을 통합하면 이재용 부회장의 삼성전자에 대한 영향력은 그만큼 강화될 수 있었다.

2014년 9월 15일 박근혜 대통령과 이재용 부회장의 1차 독대에서 뇌물을 대가로 삼성 재벌 승계 작업을 돕는다는 암묵적 합의를 이룬 이후 이재용 승계 작업은 급격하게 전전되기 시작했다. 삼성그룹은 이재용 부회장이 지분 20% 이상씩 보유한 삼성SDS와 에버랜드(이후 제일모직으로 사명 변경)를 그해 11월과 12월 각각 상장하여 이재용 남매에게 천문학적 액수의 평가 차익을 안겨주었다. 이렇게 이건희 사후 유산 상속세 납부 재원과 그룹 계열사

〈그림 17.1〉 삼성물산 합병 전후 삼성그룹 지배 구조 변화

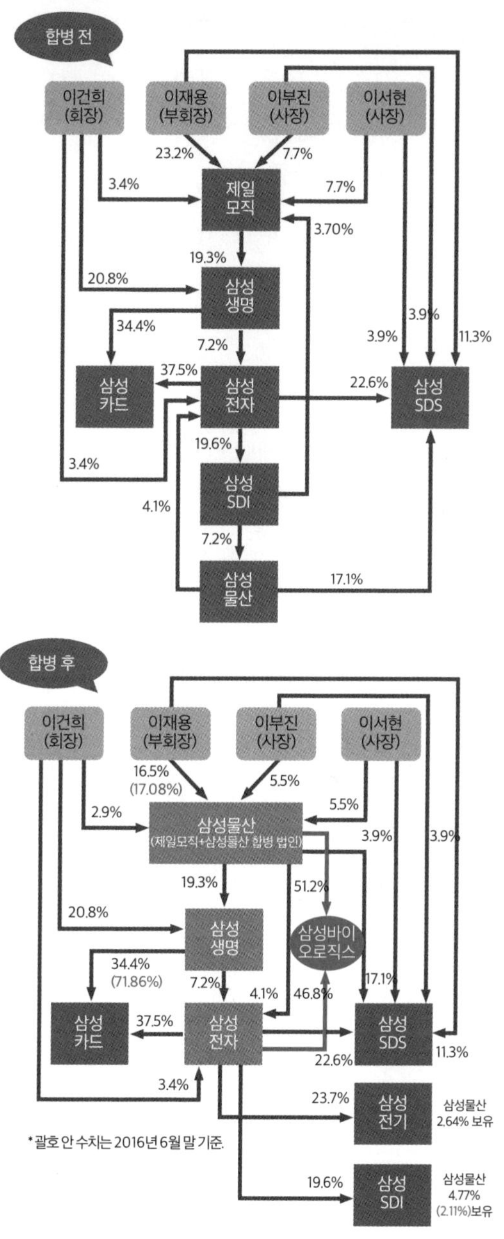

자료: 송원근(2016b).

지분 분할 및 구조 재편의 물적 기초가 확보될 수 있었다.

삼성그룹은 2015년 5월 26일 제일모직과 삼성물산의 합병을 결정하고 그 비율을 1 대 0.35로 확정했다.[31] 이 합병 비율은 이재용 부회장의 높은 지분율 확보를 위해 삼성물산 자산 가치를 8.7조로 저평가한 것인데, 이는 삼성물산 총자산 가치 30조의 29.2%에 불과했다. 이재용 일가는 삼성물산 지분은 없지만 제일모직 지분은 이재용 23.2%를 포함하여 합계 42.0%를 보유하고 있었다. 제일모직의 고평가로 삼성전자 및 삼성그룹 계열사들에 대한 지배력 강화는 물론 막대한 금전적 이득까지 얻게 된다. 반면 국민연금은 합병 전 삼성물산과 제일모직의 주식을 각각 11.21%와 5.04%를 보유하여 삼성물산의 저평가는 국민연금에 지배력 약화는 물론 막대한 금전적 손실까지 안겨주게 된다.

당시 한국기업지배구조원(현 한국ESG기준원)과 세계 최대 의결권 자문사인 ISSInstitutional Shareholder Services 등 관련 기관들도 1 대 0.35 합병 비율 산정의 부적절성을 지적하며 국민연금에 합병 반대를 권고했다. 당시 국민연금 자문 기관들은 적정 합병 비율을 1 대 1 정도로 산정했는데, 1 대 0.35 비율로 합병되면 합병 후 재상장 시점의 시가 총액 기준으로 이재용 일가는 3조 원 정도 이득을 보지만 국민연금은 5000억 원 정도 손실을 본다.

국민연금은 자문 기관들의 반대 의견과 삼성노동인권지킴이, 민교협, 민변, 참여연대 등 시민사회 단체들의 기자 회견과 릴레이 1인 시위 등 항의 활동에도 불구하고 의결권 행사 전문 위원회

---

31 제일모직-삼성물산 합병과 지분 구조 변화 및 국민연금 역할에 대해서는 한겨레(2015.5.26/7.17/8.12, 2017.3.6), 매일경제(2015.5.27), 홍순탁(2016), 조돈문(2017)을 참조했음.

32의 논의·결정 과정을 거치지 않고 내부 기구인 투자 위원회에서 합병안 찬성을 독단적으로 결정했다. 국민연금은 2015년 3월까지도 합병안에 반대했었는데, 청와대와 보건복지부의 압력을 받으며 7월 10일 합병안 찬성으로 입장을 선회했고 뒤이어 7월 17일 삼성물산 주주 총회에서 찬성 투표하여 합병안을 통과시키는 데 결정적 역할을 했다.

삼성그룹은 제일모직 고평가와 삼성물산 저평가를 관철하기 위해 삼성물산 주가를 의도적으로 억제했다. 2015년 다른 건설사들은 줄곧 흑자를 기록하고 있었지만, 유독 업계 1위 삼성물산만 적자 행진을 계속하며 주택 물량 공급 계획 발표도 합병 주주 총회 이후로 미뤘는데, 삼성물산 대주주인 국민연금은 이를 방조했다. 국민연금은 합병 발표 이전엔 삼성물산 주식을 매각하여 삼성물산 주가 상승을 억제하는 데 기여했고, 합병 발표 이후엔 삼성물산 주식을 매입하여 주주 총회의 찬성표 수를 증대했다. 이처럼 삼성물산 합병과 총수 일가 지배권 강화 작업은 삼성 재벌과 국민연금의 합작품이었으며 국민연금은 삼성 총수 일가의 지배·경영권 세습을 위해 2200만 가입자들에게 막대한 금전적 피해를 안겨주며 국민의 노후를 위태롭게 했다.

이재용 부회장이 제일모직-삼성물산 합병으로 삼성전자와 삼성그룹의 지배력을 강화한 것은 제일모직(구 에버랜드) 지분과 삼성SDS 지분 덕분이었는데, 전자로 통합 삼성물산 지분을, 후자로 물적 자원을 확보했다. 삼성그룹은 에버랜드와 삼성SDS 주식형

32 〈국민연금 기금 의결권 행사 지침〉은 "기금 운용 본부가 찬성 또는 반대하기 곤란한 안건은 주식 의결권 행사 전문 위원회에 결정을 요청할 수 있다"고 규정하고 있고, 제일모직-삼성물산 합병 건과 유사한 SK와 SK C&C의 합병 건에 대해서도 의결권 행사 전문 위원회의 결정에 따라 '반대'를 의결한 바 있다.

사채를 각각 1996년과 1999년에 헐값으로 발행하여 이재용 남매에게 몰아주었다. 2000년 6월 29일 법학 교수 43명은 이건희 삼성그룹 회장 등을 업무상 배임죄(형법 356조)로 형사 고발했다. 삼성SDS 신주 인수권부 사채BW 헐값 발행 건의 경우, 법원은 "현저하게 불공정한 가액으로 제3자에게 신주 등을 발행하는 행위는 이사의 임무 위배"였다며 제3자 배정 부분을 유죄로 판정했다. 법원은 이건희 회장에게 징역 3년, 집행 유예 5년을 선고하여, 주범 이건희 회장은 실형을 면제받았고 범죄 수익 수혜자 이재용 남매는 불법 발행된 주식형 사채 지분을 반환하지 않았다.[33]

한편, 대법원 2부(주심 김지형 대법관)는 2009년 5월 29일 삼성SDS건은 유죄를 인정하면서도 '삼성에버랜드 전환 사채CB 헐값 발행을 통한 경영권 불법 승계' 혐의(특정경제범죄 가중처벌법의 배임)에 대해서는 무죄를 확정했다. 에버랜드 전환 사채 사건은 1996년 10월 주당 8만 5000원대인 에버랜드 전환 사채를 주당 7700원에 발행했고, 이건희 회장 등 개인 주주와 삼성물산 등 법인 주주들이 실권한 실권주를 이재용 남매에게 몰아준 사건이다. 이건희 회장은 전환 사채를 이재용 남매가 최대 지분을 확보할 수 있도록 적정가보다 훨씬 낮은 가격으로 발행하여 이재용 남매에게 몰아줌으로써 회사에 970억 원의 손해를 입힌 혐의를 받았다. 이에 대해 대법원은 "에버랜드 CB 발행은 주주 배정 방식이 분명하고 기존 주주가 스스로 CB의 인수 청약을 하지 않기로 선택했기 때문에 CB 저가 발행으로 에버랜드가 손해를 입지 않았다" "전환 가액이 시가보다 낮더라도 이사로서 임무를 위배한 게 아니다"

---

33 삼성 에버랜드와 삼성SDS 주식형 사채 발행과 재판 과정에 대해서는 한겨레(2009.5.29/6.19, 2011.3.17, 2013.3.15, 2023.8.21), 한겨레21 제763호/제911호, 민중의소리 2017.8.22를 참조할 것.

며 저가 발행은 인정했지만 이재용 남매에게 전환 사채를 몰아준 것은 주주들의 선택이었기 때문에 무죄라고 판시했다.

당시 삼성그룹 법무팀장을 맡았던 김용철 변호사는 삼성그룹 측이 신고한 에버랜드의 1996년 10월 30일 이사회는 개최되지 않았고 법원에 제출된 이사회 회의록도 조작된 것이며, 김 변호사 자신이 삼성그룹 임원들을 대상으로 허위 진술하는 방식을 직접 교육했다고 증언한 바 있다(김용철 2010). 결국 헐값 발행하여 이재용 남매에게 몰아준 삼성SDS와 에버랜드의 주식형 사채는 이재용 남매가 범죄 행위를 통해 부당 취득한 '장물'임에도 국가는 몰수하지 않았고 발행 회사들에 반환되지도 않아서, 이재용 부회장이 삼성전자를 포함한 삼성그룹 계열사들에 대한 지배·경영권을 세습·독점하는 수단으로 활용되었다.

한국 재벌은 왜 지탄받는가

1〉 '강도 남작' 후예의 사회적 존경

한국 재벌 3·4세들은 SK그룹 3세 최철원의 야구 방망이 '맷값 폭행' 사건은 물론 한진그룹 조양호 회장의 맏딸 조현아의 '땅콩 회항' 사건, 범 LG가 3세 구본호의 세입자 강제 축출 횡포와 사기·횡령 사건, 현대가 3세의 '모닝콜 초인종 누르는 법' 등 A4 140장 분량의 매뉴얼과 운전기사 폭행·폭언 갑질 사건, 대림산업 3세의 운전기사 폭언·폭행 사건 등으로 사회적 지탄을 받으며 재벌 그룹의 미래와 한국 경제에 끼칠 부정적 영향의 우려로 시민들을 불안하게 한다(한겨레 2015.3.31; 에너지경제신문 2016.5.26; KBS

2016.7.27).

재벌 3·4세 11명을 대상으로 전문가들이 지배·경영권 승계에 중요한 경영 능력과 재산 축적 정당성을 평가한 결과를 보면, 모두 낙제점이다. 재벌 3·4세들의 경영 능력은 100점 만점에 평균 35.79점에 불과했고, 부의 이전과 재산 축적 과정의 정당성은 10점 만점에 2.74점으로 경영 능력보다 평가 결과가 더 나빴다. 전문가들의 56%는 총수 자녀에게 경영권을 승계하는 것이 바람직하지 않다고 평가하여 바람직하다는 평가 14%의 4배에 달했는데, 경영권 세습의 가장 큰 문제점으로 경영 능력 부재(36.7%)와 불법·편법적인 부의 상속(30.8%)을 지적했다.

삼성그룹 이재용 부회장은 경영 능력 평가에서 35.75점으로 하위권이었고, 재산 축적 정당성은 1.6점으로 꼴찌였다. 평가 시점이 2015년 3월 30일로 이재용·박근혜 게이트가 발발하기 훨씬 전이었는데, 이재용·박근혜 게이트 이후에 평가했다면 이재용 부회장은 훨씬 더 나쁜 점수를 받았을 것이다. 실제, 이재용 부회장은 이미 'e삼성'으로 경영 능력 입증에 실패했다는 평가를 받았었다. 2000년 5월 벤처 지주회사인 e삼성 등을 설립하여 인터넷 관련 사업을 맡았으나 사업 실패로 10개월 만에 포기하고 타 계열사들에 막대한 손실을 안겨준 바 있다. 이재용 부회장을 비롯한 재벌 3·4세들은 도덕적 기준과 노블레스 오블리주는 물론 경영 능력을 봐도 재벌 그룹 지배·경영권을 세습하면 안 된다는 것이 전문가 의견이고, 일반 시민의 상식도 다르지 않을 것이다.

삼성그룹 이건희 회장은 1993년 6월 7일 독일 프랑크푸르트에서 삼성그룹 핵심 경영진 200여 명을 모아놓고 "국제화 시대에 변하지 않으면 영원히 2류나 2.5류가 될 것이다. 지금처럼 잘해봐야 1.5류다. 마누라와 자식 빼고 다 바꾸자"는 '신경영'을 선언하며 "나부터 변해야 한다"고 강조했다(한겨레 2006.9.19; 2013.5.31). 하지만 삼성그룹을 위시한 재벌 총수 일가들은 임직원에겐 엄격한 능력주의와 창의성을 요구하지만, 정작 자신들은 능력주의 기준조차 지키지 않고 창의성과 기업가 정신은 물론 경영 능력도 없는 3·4세들에게 지배·경영권을 세습하는 유습을 버리지 못했다. 또한, 도덕성과 사회적 책임 경영을 강조하면서도 삼성 재벌 총수 일가는 무노조 경영 방침에 이어 노동조합 탄압 전략으로 노동자들의 노동3권을 유린하고 백혈병 등 각종 희귀 병명의 직업병으로 노동자들의 목숨을 빼앗고 있다.

세계 모든 시대, 모든 나라에서 자본가들이 경영 능력 부족과 재산의 축적·상속 정당성 결여로 지탄받는 것은 아니다. 조정 시장경제 모델 국가들은 기업의 지배 구조에 이해 당사자들의 이해대변 방식이 내재화되어 있고 시장에 대한 사회적 규제가 유효하게 작동하는 반면, 그렇지 않은 자유시장경제 모델 국가들에선 자본가들이 사회적으로 지탄받는 경우가 많다.

미국의 19세기 말 '도금 시대Gilded Age'에 고속 경제 성장 추세 속에서 불법·위법적 수단으로 막대한 부를 축적한 록펠러, 카네기, 밴더빌트 등이 그랬다. 그들은 자본 축적 방식은 물론 노동조합 탄압과 개인 행동거지도 불량하여 '강도 남작robber barons'으로 불리며 사회적 경멸·지탄의 대상이 되었다(이정우 2021: 65-68). 미국 자본주의는 21세기에도 여전히 유럽 국가들에 비해 자본과 시장에 대한 사회적 규제가 취약하여 엔론과 월드컴 같은 대형 비리 사건들이 터지곤 한다. 하지만, 마이크로소프트의 빌 게이츠, 애플의 스티브 잡스, 아마존의 제프 베이조스, 페이스북의 마크 저커

버그, 테슬라의 일론 머스크 등 미국을 대표하는 억만장자 자본가들은 자본의 세습이 아니라 창의성과 기업가 정신으로 부를 축적하여 '강도 남작' 같은 오명은 얻지 않았다.

미국 자본주의의 불평등·불공정성과 1% 부자의 탐욕에 대한 비판과 독설로 유명한 미국 민주당 사회주의자 대선 후보 버니 샌더스는 "존경하는 자본가가 있느냐?"는 기자들의 질문에 즉각적으로 빌 게이츠라고 대답한 바 있다. 실제, 빌 게이츠는 BBC 인터뷰(BBC 2011.6.12/2014.3.19/2016.1.31)에서 자신의 시간을 50%는 돈 버는 데, 50%는 돈 쓰는 데 사용한다며, 자신이 어린이 결핵에 대한 세계 최고의 전문가가 된 과정을 설명했다. 빌 게이츠는 자신이 권위 있는 단체들에 꾸준히 기부금을 보냈고 해당 단체도 성실하게 사업했지만 어린이 결핵 환자가 줄어들지 않는다는 사실을 확인하게 되었다. 이후 빌 게이츠는 어린이 결핵 환자 퇴치 방안을 의학적으로 탐구하기 시작했고, 노벨 의학상 수상자 등 세계 최고 전문가들에게 문의하며 견문과 지식을 확대했지만 더 이상 자신의 질문에 대한 답변을 얻기 어려운 단계에 이르게 되었다. 결국 본인이 직접 연구하게 되었고, 그렇게 최고의 전문가가 되었다.

미국의 아웃도어 브랜드 파타고니아Patagonia는 유기농 원재료를 이용하여 오염을 최소화하고 친환경적 의류를 만들고 매년 매출의 1%를 환경 단체에 기부하는 것으로 유명하다. 창업주 이본 쉬나드 회장이 "우리는 파타고니아를 통해 만드는 재무적인 이익을 모든 자원의 원천인 지구 환경을 보호하는 데 사용하려 한다"며 회사 소유권을 100% 기후 변화 대응과 환경보호 활동에 기부하겠다고 발표하자, 직원들은 "자부심·책임감과 같은 영감이 충만해졌다"고 화답했다. 기업의 사회적 책임은 구성원들의 신뢰·

협력 분위기를 조성하고 사회 변화를 주도할 수 있음을 확인해주었다(한겨레 2022.9.15/12.19).

미국 자본가들이 도금 시대에 얻었던 '강도 남작' 타이틀은 이제 젊은 나이에 재벌 그룹 지배·경영권을 세습하고 세상을 '훈육'하겠다며 야구 방망이를 휘두르는 한국의 불법·비리·악행 〈베테랑〉 '조태오'들에게 빼앗긴 것으로 보인다.

2〉 이타주의의 상징이 된 스웨덴 자본가

한국 재벌은 노동자와 소비자는 물론 협력 업체 중소기업까지 희생시켜 이윤을 창출하는 경제적 수탈 행위로 막대한 소득과 자산을 축적하며 사회·경제적 특권뿐만 아니라 병역 면제, 특별 감형 등 온갖 불법·탈법적 특혜까지 누린다. 그러나 재벌은 그에 상응하는 노블레스 오블리주나 사회적 책임은 이행하지 않는다.

과거 국가 주도 고속 성장기에 자본은 국가에 대한 의존도가 높았지만, 이후 개발 독재 시대 축적된 자본 덕분에 재벌은 상당한 자율성을 누릴 수 있게 되어 기업의 사회적 책임을 위한 조건은 크게 개선되었다. 하지만 정치권력과 자본 권력의 정경 유착은 여전하다. 삼성 재벌 창업주 이병철 시대 정경 유착 관계는 국가가 주도하여 재벌 측에 강제된 측면이 컸다면, 이건희 시대 삼성 엑스 파일 사건이나 이재용 시대 '이재용·박근혜 게이트'에서 확인된 정경 유착 관계는 더 이상 국가 주도형이 아니라 자본이 기획하여 국가 권력을 농락하는 자본 주도형으로 바뀌었을 뿐이다.

재벌 3·4세들의 경우 가출 청년 막노동자로 시작하여 세계적인 자동차 공장과 조선소를 만들고 소 떼를 몰고 판문점을 넘은 정주영 같은 창업주 재벌 1세의 기업가 정신이나 창의성은 찾기 어렵고, 재산 축적과 총수 지위 세습은 물론 전문가들의 경영 능력 평가도 낙제 점수를 받는 수준이다.[34]

2016년 12월 국정 농단 국정조사 청문회에서 박영선 의원은 시민들의 문자 메시지를 소개하며 "이재용 부회장은 모르는 게 많고, 부족한 게 많고, 기억이 잘 안 나고, 기억력이 별로 안 좋은 것 같다. 이재용 부회장보다 기억력이 훨씬 좋고 아는 게 많은 전문경영인에게 경영권을 넘기는 게 어떻겠냐"고 묻자 이재용 부회장은 "저보다 훌륭한 분이 있으면 얼마든지 경영권 넘기겠습니다"고 답변했고, "제가 항상 하는 일이 저보다 우수한 분을 회사로 모시고 오는 거다. 우수한 분이 있다면 다 넘기겠다"며 재차 강조했다. 같은 청문회에서 이재용 부회장은 최순실 게이트 관련 책임을 묻는 질문에 "제 책임이 있으면 물러날 수 있다"고 답했고, 삼성전자 기흥 공장에서 일하다 백혈병을 얻어 산재로 사망한 황유미 씨 등 삼성 계열사 노동자들에 대해 "저도 아이 둘 가진 아버지로서 가슴 아프다." "모든 일에 막중한 책임을 느끼고 있고 (…)"라고 답했다(한겨레 2016.12.6; 경향신문 2016.12.7/2017.1.19).

산업안전보건연구원 조사 보고서(김은아 외, 2019)에 따르면, 삼성전자 등 국내 여섯 개 반도체 사업장에서 1998년부터 2016년까지 직업성 암으로 사망한 노동자 숫자만 따져도 1178명이나 되는데, 그 가운데 삼성전자 노동자가 500명은 넘을 것으로 추정된다.

---

34 이창민 경영학 교수는 현재 최고 경영자로 재벌그룹을 지배하고 있는 창업주 3~4세들에 대해 "그들은 회사를 세우지 않았으며, 창업가 정신이 있는 것도 아니며, 경험이 풍부하지도 않다. 더구나 치열한 경쟁을 통해 최고 경영자에 오르지 않았다. 이들이 최고 자리에 오르려면 엄격한 평가 등 절차는 별론으로 하더라도 정당화 논리는 있어야 한다. (…) 3~4세 총수들의 카리스마에는 객관적 실체가 있을까? 과거의 경영 실적은 없다. 있는 경우에도 실패가 많고, 창업자 고 정주영 회장의 고난·역경·실패와는 결이 달라도 한참 다르다"(한겨레 2024.3.21)고 지적한다.

반올림은 시민사회단체들과 함께 강남역 8번 출구에서 1022일간 노숙 농성 투쟁을 전개했지만, 삼성전자 측은 반올림이 요구한 재발 방지 대책을 하나도 수용하지 않았다.

반올림은 삼성전자와 직접 교섭을 시작하며 노동자 건강권 실현 대책으로 첫째, 각 사업장에서 취급하는 방사선 발생 장치 및 노출 평가 관리 현황과 유해 화학 물질의 이름, 사용량, 유해 위험성 정보 및 방제 계획에 대한 정보 공개와 알 권리 보장, 둘째, 사업장별 취급하는 화학 물질과 유해 물질에 대한 종합 진단 실시, 셋째, 사업장별 유해 화학 물질에 대한 정보 수집 및 노출 평가 등 전반적 관리 방침을 수립·실행하기 위한 화학물질 안전보건위원회 설치, 넷째, 사업장별 안전 보건 관리 실태 등에 대한 외부 감사단의 감사 등을 요구했지만(반올림 2013.12.17), 삼성전자 측은 모두 거부했다. 삼성전자가 최종적으로 합의한 것은 제3의 기관에 산업 안전 보건 발전 기금 500억 원을 기탁하여 산업 안전 보건 인프라를 구축하는 것 정도였다(조정 위원회 중재 판정서 2018.11.1).

이재용 부회장은 '이재용·박근혜 게이트' 국정 농단 사건에서 총수 일가의 지배·경영권 세습을 위해 불법 비자금을 조성·배포한 범죄 사실이 인정되어 삼성그룹 내 공금 횡령죄와 국가 권력 상대 뇌물죄로 징역 2년 6월형을 선고받았다. 또한 재벌 3·4세들의 전문가 평가에서 이재용 부회장은 재산 축적 정당성에서는 꼴찌, 경영 능력에서도 나쁜 점수를 받았다. 이처럼 국정 농단 사건에서 법적 책임으로 유죄를 선고받았고 삼성그룹 총수로서 지위 세습 정당성은 물론 경영 능력도 부정적으로 평가받았지만, 이재용 부회장은 전문 경영인에게 경영권을 넘기기는커녕 이후 2022년 11월 1일 삼성전자 회장으로 취임했다.

스웨덴의 전통적인 부호 발렌베리 가문Wallenbergs은 산하 계열사들의 경제적 비중이 20세기 후반 스웨덴 주식 시장 시가 총액의 40% 정도를 점했고, 2022년 스웨덴 GDP의 10%를 점할 만큼 스웨덴 경제에 막대한 영향력을 행사하는 기업 집단을 거느리고 있다.[35] 발렌베리가家는 계열사들에서 취득한 수익을 비영리 법인인 발렌베리 재단들Wallenbergsstiftelserna에 투입하여 기초 과학 연구 지원 등 공익을 위해 활용한다. 그중 규모가 가장 큰 크누트·알리세 발렌베리 재단은 1917년 설립 이래 100여 년 동안 매년 기초 과학 연구와 교육 사업에 지원해온 금액이 연평균 28억 SEK(약 3630억 원) 정도다.

발렌베리가가 사익을 추구하지 않은 탓으로 스웨덴 억만장자 명단에 이름이 없다. 또한 최고 경영진을 선임할 때는 발렌베리가 소속 여부와 무관하게 최고의 경영 능력을 보유한 인재를 선발하여 경영 책임을 맡기는 전통을 지켜오고 있다. 이처럼 발렌베리가는 이윤의 사회화와 공익적 활용을 중시하고 노동자들을 위한 연대 임금 정책의 평등주의 원칙을 존중하지만 최고 경영진에 대해서는 엄격한 능력주의 기준을 적용한다. 반면 삼성 등 한국 재벌들은 계열사 공금에서 비자금을 조성하여 불법 횡령하는 한편 임직원들에게는 능력주의와 창의력을 강조하면서도 자신들은 능력주의에도 못 미치는 혈연 중심 세습이라는 전근대적 폐습을 버리지 못한다.

임노동자 기금제를 설계하여 사회주의로 이행하기 위한 민주적 방법을 제시한 스웨덴 노총(LO)의 전략가 마이드너(Meidner,

---

35 발렌베리가(家)에 대해서는 Burja(2022), Billing(2014), Schult(2010), 장승규(2014), 발렌베리 재단 홈페이지(https://www.wallenberg.org/)를 참조할 것.

1998)는 발렌베리가가 건전한 산업 자본가로서 불법·비리나 비생산적 지대를 추구하지 않으며 스웨덴의 산업 발전에 크게 기여했다고 평가했다. 발렌베리가는 사회민주당 정부와 협력적 관계를 유지할 뿐만 아니라 노동조합과도 건전한 공존·상생의 관계를 견지한다고 평가했다. 마이드너는 발렌베리가 소유 은행이 발렌베리 계열 사업체의 노동조합이 파업 기금을 빌리러 가면 기꺼이 대출해줄 것이라고 단언했다. 무노조 경영과 노동조합 탄압으로 악명 높은 삼성 재벌과는 정반대로 발렌베리가는 사회적 존경을 받을 뿐만 아니라 노동조합 활동가들로부터도 긍정적 평가를 받고 있다.

스웨덴 수도 스톡홀름 중심부의 베르셀리 공원에는 발렌베리가의 라울 발렌베리Raoul Wallenberg를 위한 지구의 모양의 조형물과 다양한 추모 조각품들이 설치되어 있다. 라울 발렌베리는 2차 대전 중 헝가리에 외교관으로 체류하며 나치 비밀경찰을 피해 유태인 3만 명 이상을 안전지대로 도피시키는 데 성공했지만 전쟁이 끝난 뒤 소련 비밀경찰에 체포되어 살해된 것으로 알려져 있다.

이와 같은 추모 공원과 조형물들은 스톡홀름과 예테보리 등 스웨덴 도시들과 헝가리 부다페스트 등 세계 곳곳에서 발견되며, 그의 삶을 기록한 서적과 영상들도 다수 제작되었다. 그에 대한 추모의 마음은 멀리 미국에서도 확인되는데, 〈잊혀진 영웅 발렌베리〉Wallenberg-A Hero's Story, 1985라는 TV 시리즈가 제작되어 방영되었으며, 뉴저지주 주도 트렌턴에는 그를 추모하는 도로명 발렌베리가Wallenberg Ave도 있고, 미시간주 홀로코스트 추모 센터의 홍보 책자는 표지에 "악과 파괴의 상징 아돌프 히틀러"와 "이타주의와 연민의 상징 라울 발렌베리"라는 표제어와 함께 히틀러와 발렌베리의 사진을 나란히 배치하여 대비시켰다. 일제 치하 조선총독부의 비호하에 양조장을 설립하여 운영하는 한편 일본 제국이 중국 침략을 위해 건설한 교통·수송 인프라를 이용한 삼성상회의 유통·무역업으로 엄청난 규모의 자본을 축적한 삼성 재벌 1세 이병철 창업주와는 좋은 대조를 이룬다.

노블레스 오블리주와 기업의 사회적 책임은 상호성 원칙을 반영한다. 재벌-시민의 관계도 특전을 누리는 재벌에 대한 시민의 기대에 재벌이 도덕적 의무와 사회적 책임으로 부응하면 시민은 존경과 사랑으로 화답하는 상호성의 관계다. 유럽 귀족들은 전쟁이 발발하면 앞장서서 조국과 백성을 지키고, 스웨덴의 라울 발렌베리는 2차 대전 기간 나치의 잔혹한 폭력이 횡행하는 가운데 유태인의 목숨을 구하기 위해 위험을 감수했지만, 한국의 재벌 총수 일가는 불법·탈법적 수단들을 동원하여 세금을 포탈하거나 병역을 면제받고 사회적 약자들에게 폭력을 휘두르며 갑질하기 바쁘다. 한국 재벌들은 묵시적 사회 계약의 상호성 원칙을 위반해왔고, 재벌 혐오감은 거기에 뿌리를 두고 있다.

3〉 상호적 공정성 위반과 "눈에는 눈, 이에는 이" 정서

지배자-피지배자의 사회 계약은 암묵적으로 체결되는 것인데, 상호성 원칙이란 권리와 의무를 서로 공정하게 교환하는 것, 즉 '상호적 공정성'을 의미한다(Moore 1978: 26, 506-507; Dohmen et al. 2009; Fehr & Falk 2001; Schweinitz 1979; 최정규 2009).

상호성 원칙은 무조건적 신뢰·협력 관계가 아니라 조건부 신뢰·협력 관계다. 상대방의 호의·신뢰에는 호의·신뢰로 대하여 신뢰와 협력의 관계가 형성되지만, 상대방의 악의·불신에는 악의·

불신으로 대하여 불신과 갈등의 관계가 형성된다. 전자는 상대의 행위를 보상하는 긍정적 상호성이고, 후자는 상대의 행위를 응징하는 부정적 상호성이다.

긍정적 상호성과 부정적 상호성은 모두 행위자들이 상호적 공정성reciprocal fairness을 실천하는 것인데, 상호성과 관계의 성격을 규정하는 것은 사회적 관계에서 힘의 우위를 지니며 지배력을 행사하는 쪽이다. 지배-피지배 관계에서도 지배자가 상호성 원칙에 입각하여 피지배자의 기대에 부응하면 긍정적 상호성의 관계가 지속되지만, 지배자가 이득만 취하고 피지배자 혹은 전체 사회에 비용과 피해만 부과한다면 지배-피지배 관계는 부정적 상호성으로 바뀐다.

스웨덴 발렌베리가는 스웨덴인의 존경과 사랑을 받고, 미국 빌 게이츠가 사회주의자 대선 후보로부터 존경의 찬사를 받는 상황은 긍정적 상호성의 관계다. 반면 한국 재벌은 경제적 수탈로 이득을 취할 뿐만 아니라 온갖 불법·비리·악행으로 명백하게 상호성 원칙을 위반하고 있다. 상호성 원칙을 위반하는 재벌들은 시민들의 마음속에 신뢰와 존경이 아니라 불신과 질시의 정서가 자라게 한다. 재벌 혐오감은 그렇게 형성되었고, 시민들의 상호적 공정성 원칙이 발현된 것이다.

삼성 재벌 등 한국 재벌들이 상호성의 원칙을 위반할 때 국가권력은 상호적 공정성을 담보하기 위한 최소한의 역할도 수행하지 않았다. 삼성 재벌의 비자금으로 조성된 뇌물이 정치권, 검찰, 사법부에 대량 살포되고 그 뇌물 수수자 명부가 '엑스 파일'로 공개되었지만 비자금을 조성하며 공금을 횡령한 이건희 회장 등 삼성 재벌 총수 일가나 불법 비자금을 뇌물로 수수한 인사들은 한

명도 처벌되지 않고, 뇌물 수수 검사 명단을 공개한 노회찬 의원만 유죄 판결을 받고 의원직을 상실했다.

'이재용·박근혜 게이트' 국정 농단 사건에서 하수인 격에 해당하는 박근혜 대통령은 징역 20년, 벌금 180억 원과 추징금 35억 원을 선고받았을 뿐만 아니라 헌법재판소에서 탄핵 심판을 받고 대통령직까지 박탈당했다. 반면, 국정 농단 사건의 주범인 이재용 부회장은 아둔한 대통령을 이용하여 국가 권력을 농락함으로써 삼성그룹 총수직 세습이란 사리사욕을 챙겨 국정 농단 사건의 최대 수혜자가 되었음에도 고작 2년 6개월 형을 선고받았다. 그나마 형기도 다 채우기 전에 가석방되었으며 2022년 8월에는 특별 사면되었고 같은 해 11월엔 삼성전자 회장직에 취임했다. 그것은 이재용 부회장이 에버랜드 전환 사채 불법 발행 사건의 범죄 수익에 기초하여 이재용·박근혜 게이트의 국정 농단으로 성사된 삼성물산-제일모직 합병을 통해 삼성전자 등 삼성그룹 계열사들에 대한 지배력을 강화한 결과다.

사법 정의는 물론 국가 권력의 공동선 의무까지 삼성 재벌 총수 일가의 이해관계를 위해 제물로 바쳐지는 나라 '삼성 왕국', 〈베테랑〉 '조태오들의 나라'에 사는 시민들의 법 감정은 어떠할까?

명로진(2020: 65-73)은 재벌들의 갑질 행태들을 열거하며 함무라비 법전을 도입하여 '동해보복법同害報復法: 탈리오 법칙 Lex Talionis'을 적용하는 것이 옳다고 지적한다. "저 유명한 '눈에는 눈, 이에는 이' 조항이다. 이 법에 따르면 (…) 김만식 씨(몽고식품 회장)는 낭심을 걷어차여야 한다. 이명희(신세계그룹 회장) 씨 얼굴에는 침을 뱉어야 한다. 최철원 씨는 야구 방망이로 얻어맞아야 한다"며 시행 방식을 구체적으로 명기했다. 이 원칙에 따르면 SK 계열 최철원

대표는 야구 방망이로 13대를 얻어맞고 입속에 두루마리 휴지를 문 채 주먹 세례를 받아야 하고, 삼풍백화점 이준 회장은 502번의 죽음과 6회의 실종을 맛봐야 한다. 시민들이 상호성 원칙 위반에 대해 느끼는 분노와 무력감은 동해보복법의 필요성에 대한 정서적 공감대가 형성되기 쉽게 했다.

재벌 등 지배 세력에 대한 부정적 정서는 과거 청산 없는 지배 세력의 연속성에 대한 시민들의 부정적 상호성 반응이기도 하다. 해방 이후 남한에 단독 정부가 수립된 이래 제대로 된 과거 청산이 없었기 때문에 조선총독부 시절부터 권위주의 시기를 거쳐 오늘에 이르기까지 지배 세력의 구성은 크게 바뀌지 않았다. 국가 권력이 "대일본 제국 최후의 군인"으로 불리던 다카키 마사오(박정희)나 윤봉길 의사 폭탄으로 처단된 일본 육군 대장의 원수를 갚겠다던 시라카와 요시노리(백선엽)를 비호해도 국민 정서는 친일파에 맞서 홍범도와 윤봉길을 지킨다.[36] 이는 상호적 공정성 원칙 위반에 대한 부정적 상호성의 제재다. 한국 현대사의 거듭된 과거 청산 실패는 부정적 상호성의 에너지가 역사 발전을 추동하지 못하게 했는데, 부정적 상호성의 긍정적 동력은 촛불 항쟁에서 확인할 수 있다.

36 박정희와 백선엽에 관해서는 명로진(2020)과 이정우(2023)를 참조할 것.

5부

불평등 체제의 불안정성

18장. 촛불의 분노, 항쟁으로 끝났는가?

불평등과 불공정에 대한 민중의 불만이 촛불 항쟁으로 폭발하여 정치권력과 자본 권력의 정경 유착을 대통령 탄핵으로 응징하고 선거를 통해 후임 대통령을 선출했다. 촛불 대선을 통해 출범한 문재인 정권은 기대되었던 사회·경제 개혁을 단행하지 않았다.

촛불 민중의 불만은 촛불 항쟁의 분노로 분출되고 끝났는가? 상호적 공정성 원칙은 촛불 항쟁 이후를 어떻게 설명할까?

평등과 공정의 가치, 대중의 분노

1〉 촛불 항쟁과 '평등과 공정'

2016년 말 시작된 촛불 항쟁은 이재용·박근혜 게이트로 촉발되어 연인원 1000만 명 이상이 참여하는 전 국민적 항쟁으로 진행되었다. 촛불 항쟁은 국정 농단 사태의 책임을 물어 박근혜 정권의 퇴진을 요구했고 집권 여당 의원 상당수도 대통령 탄핵에 동참하며 헌법재판소의 만장일치 판결로 정권을 퇴진시켰다.

국내 언론은 물론 외신도 대체로 촛불 항쟁을 국가 권력에 항거하여 정권 퇴진을 성사시킨 정치적 사건으로 취급했다. 반면, 2017년 1월 스위스 세계경제포럼(다보스포럼)에서 〈99%를 위한 경제An economy for the 99%〉 보고서를 발표한 옥스팜Oxfam, Oxford Committee for Famine Relief의 위니 비아니마 총재Winnie Byanima는 "한국의 촛불시위를 '불평등'에 대한 대중의 분노가 표출된 경제 사건"으로 규정했다.

비아니마 총재는 "지난 30년간의 세계화는 결과적으로 불평등과 양극화를 심화시켰다"고 지적하고, "올해 다보스포럼은 그 어느 때보다 글로벌 리더들 간에 기존 방식으로 자본주의를 유지할 수 없고, 단순한 경제 성장만으로 문제를 해결할 수 없다는 인식이 팽배했다"며 불평등 문제를 해결하기 위한 공감대가 폭넓게 형성되었음을 확인해주었다. 비아니마 총재는 불평등 문제를 해결하기 위한 전향적 조치를 촉구하며 구체적 정책 대안으로 대기업과 부자의 조세 부담률 증대와 임금 인상을 제안하기도 했다(중앙일보 2017.2.1).

비아니마 총재뿐만 아니라 국내에서도 촛불 항쟁이 불평등과 불공정에 대한 분노를 표출한 투쟁으로서 정치적 사건인 동시에 경제적 사건이며 우리 사회에 '평등과 공정'이라는 시대적 과제를 확인시켜 주었다는 분석들이 공감을 불러일으켰다(노회찬 2017, 2018; 이정전 2017; 프레시안 2017.2.7). 촛불 항쟁의 성격과 시대적 과제는 노회찬의 연설과 글들(노회찬 2017.2.9; 2018: 36-39; 시사오늘

2017.4.7)에 잘 정리되어 있다.

노회찬은 "불평등이 불공정으로 이어지는 상황, 이러한 현상이 수십 년간 쌓이고 쌓인 상태에서 박근혜와 최순실 등이 얽힌 국정 농단 사건이 터졌습니다"라고 지적한다. 촛불 항쟁에서 시민들이 많이 들었던 팻말 "이게 나라냐" 구호가 의미하는 바는 "우리 사회의 문제는 무엇이냐, 불공정과 불평등이다"라고 설명하며 촛불 항쟁이 외친 시대적 과제는 "불평등을 평등으로, 불공정을 공정으로"였다고 규정한다.[37] 노회찬은 "한국의 불평등은 단순한 불평등이 아니라 불공정을 통해 확산된 불평등"이라는 특징을 지니고, "심각한 것은 이 같은 경제적 불평등이 불공정한 경쟁과 정책 결정을 통해 더욱 악화되고 있다는 사실"이라고 지적하며 (불)평등과 (불)공정의 상관관계를 정확하게 설명했다.

2〉 '수저 계급 사회'의 사회 계약 위반

2016년 말 발발한 촛불 항쟁은 불평등과 불공정 현실에 대한 분노가 표출된 것인데, 불평등 심화 추세 속에서 누적된 불만이 이재용·박근혜 게이트의 국정 농단 사건으로 폭발한 것이다.

피케티(Piketty 2014)가 잘 보여주었듯이 자본주의 사회는 자산 불평등이 점점 심화하며 세대 간 '부의 대물림' 효과가 커져서 소득 불평등은 악화되고 세대 간 계급 위치가 대물림되는 세습 자본주의 단계로 접어들게 된다. 교육 효과를 통해 사회적 지위 상승을 이루는 '개천에서 용 나기' 프로젝트는 점점 가능성 희박한 신

---

37 노회찬이 언급한 촛불 시대의 과제는 세 가지였는데, 세 번째 과제 "전쟁의 위협으로부터 평화의 정착으로"는 광화문 광장에서 직접 표현된 과제는 아니었다고 설명한다(노회찬 2018: 36-39).

화가 되었다. 불안정한 저임금의 비정규직 일자리가 노동 시장의 절반 이상을 차지하여 청년층의 정규직 취업 가능성은 매우 낮고 천정부지로 치솟는 부동산 가격으로 평생 직장 생활하며 근로소득을 저축해도 수도권에서 아파트 한 채 매입하기도 어려운 세상이 되었다.

노동 시장의 좋은 일자리 부족 문제에 이어 주거 문제와 결혼 문제가 청년 세대의 최대 걱정거리가 되면서(표 16.3), 연애, 결혼, 출산을 포기한 '삼포 세대', 거기에 더해 취업, 내 집 마련, 인간관계, 건강, 희망 등도 포기한 'N포 세대'라는 자조적 표현들이 청년 세대를 지칭하는 유행어가 되었다. 급기야 절망적인 사회상을 표현하는 '헬조선' '이생망'(이번 생은 망했다)은 청년 대다수가 우리 사회의 미래와 함께 자신의 전망에 대한 기대까지 포기한 상황을 잘 표현한다. 헬조선과 이생망은 정유라와 재벌 3·4세 '조태오'와 같은 세대로 살지만 금수저가 아니라 흙수저로 태어난 청년들 얘기다.

노회찬(2018: 35-40)은 정유라의 "억울하면 부모 잘 만나라. 돈도 실력이다"라는 발언에 시민들이 분노했던 것은 그것이 한국 사회의 참모습이었기 때문이라 지적했다. 정유라는 '금수저' 청년으로서 헬조선·이생망의 흙수저 청년들에게 "(너희들의) 이번 생은 망했다"고 확인해주며 세상을 원망하지 말고 체념하라고 경멸조로 충고한 것이다.

성공하는 데 출신 배경이 중요하다는 것은 일반 시민들 모두 우리 사회의 '참모습'으로 정확하게 파악하고 있었지만(제12장 참조), 국정 농단 사건에 연루된 정유라가 당당하게 발언했던 것은 '금수저' 청년들에게 승자의 정체성과 당당함이 보편화되어 있음을 의미한다. 또한 지배계급 불평등 이데올로기가 어느 정도 지배 이데올로기화하면서 '흙수저' 청년들을 포함한 불평등 체제의 피해자들도 지배계급의 이데올로기적 호명에 호응하라는 것이다. 그것은 불평등 체제의 피해자도 지배 질서를 수용해야 정서적 불안정과 물질적 불이익을 최소화할 수 있다는 심리학의 '정의로운 세상론'과 '체제 정당화론'이 확인해준 사실이기도 하다.

이재용·박근혜 게이트는 국가 권력의 정상인 대통령과 시장 권력의 정상인 삼성 재벌 총수가 불법 비자금을 매개로 국가 권력을 농단한 사건으로 정경 유착의 불법성과 불공정성을 상징적으로 보여줬다. 이재용·박근혜 게이트는 '수저 계급 사회'의 불평등과 불공정성을 겪으며 누적된 시민들의 불만을 광장으로 불러내고 촛불을 들게 하는 계기가 되었다.

집합 행동은 사회 구조적 문제로 불만이 확산하고 사회 현실의 불의에 맞선 평등·공정 같은 일반화된 신념이 공유된 상황에서 시민들의 불만과 분노를 항쟁으로 분출하게 하는 촉발 요인precipitating factor을 필요로 한다(Smelser 1963; Tily 1978; Zald & McCarthy 1979). 촛불 항쟁의 방아쇠를 당긴 촉발 요인이 바로 국정 농단 사건 이재용·박근혜 게이트였다. 정유라는 국정 농단 사건에서 이재용 부회장과 함께 상당한 범죄 수익을 챙긴 수혜자였는데, 정유라의 발언은 시민들이 든 분노의 촛불에 기름을 끼얹었다.

이재용·박근혜 게이트는 박근혜 대통령과 이재용 부회장을 중심으로 한 정치권력과 자본 권력의 정경 유착으로 우리 사회의 보편 이익이 아니라 재벌 집단의 특수 이익을 위해 국가 권력을 농락한 사건이다. 국가 권력이 시민을 위한 공동선 실행 의무를 포기한 것은 국가 권력과 시민 사이에 체결된 사회 계약을 위반한 것이다. 촛불 민중은 박근혜 대통령의 책임을 물어 탄핵을 관철했고, 특별 검사와 국회 청문회를 통해 전경련과 이재용 부회장 등 관련 재벌들의 책임도 물었다. 그런 점에서 촛불 민중은 피암시적인 감정 상태의 전염과 무의식적 모방 과정을 통해 형성되는 르봉(Le Bon 1895)의 '군중crowd'과는 달리 집회 과정에서 집합적 요구를 중심으로 상호 소통하며 질서를 유지하고 절도를 지켰다.

촛불 항쟁 방정식

1〉 상대적 박탈감 이론의 기대-현실 괴리

시민들은 국가가 공동선을 실행하고 재벌은 사회적 책임을 이행할 것으로 기대했지만, 국가와 재벌은 기대를 배반했다. 결국 촛불 항쟁이 발발하게 되었다.

기대와 현실의 괴리는 프랑스 혁명이나 러시아 혁명 같은 사회 혁명뿐만 아니라 민중 봉기나 집회·시위 같은 다양한 집합 행동의 발생을 설명해왔고, 이를 이론화한 것이 '상대적 박탈감 이론Theory of Relative Deprivation'이다(Davies 1962; Gurr 1970).

상대적 박탈감 이론은 좌절이 크고 위협이 클수록 인간은 더 공격적으로 반응한다는 심리학의 기본 명제에 기초하는데, 박탈감엔 두 유형이 있다. 하나는 사람들이 기대하고 원하는 가치 지향은 별로 변화하지 않았는데 현실 세계에서 성취할 수 있는 가치 수준이 하락하여 발생하는 '현실 퇴보형 박탈감decremental deprivation'이다. 다른 하나는 현실적으로 가치를 실현할 수 있는 역량은 변화하지 않았는데 사람들의 기대 수준만 상승하여 발생하는 '기대 고양형 박탈감aspirational deprivation'이다. 천재지변, 경제 위기, 전쟁, 광우병 쇠고기 수입, 후쿠시마 오염수 방출, 이재용·박근혜 게이트처럼 급격한 상황 악화로 시민들이 큰 좌절감을 느끼는 경우가 전자고, 식민 지배 해방, 대통령 직선제 시행, 독재 정권 퇴진, 박근혜 탄핵과 촛불 항쟁 성공 같은 긍정적 계기로 시민들의 기대감이 크게 상승하는 경우가 후자다. 이렇게 기대와 현실의 괴리가 발생하면 시민들은 불만이 커져서 기대 충족을 요구하는 집합 행동에 참여하면서 사회 불안정이 심화한다.

현실 퇴보형 박탈감과 기대 고양형 박탈감을 기대와 현실의 괴리, 즉 가치 기대와 가치 실현 역량의 괴리로 일반화한 것이 상대적 박탈감 이론의 'J-곡선'이다(그림 18.1).

상대적 박탈감 이론의 J-곡선은 사회 혁명이 왜 특정 시점, 특정 사회에서 발발했는가를 설명하여 대표적 혁명 이론으로 자리를 잡으며 집합 행동에 대한 일반 이론으로 발전했다. 상대적 박탈감 이론은 기대와 현실의 괴리가 사회 운동으로 발전한 현상은 잘 설명하지만, 왜 기대와 현실의 괴리가 비슷한 수준인데 어떤 경우엔 집합 행동이 발발하지만 다른 경우엔 그렇지 않은지를 설명하지 못한다. 그런 점에서 상대적 박탈감 이론은 특정 상황으로 결과를 설명하는 '기능적 서술functional description'에는 유용하지만, 인과 관계를 전제하면 '기능적 설명functional explanation'의 오류를 범하기 쉽다.

2〉 합리적 선택 이론과 체제 정당화론의 '집합 행동 불참'

'합리적 선택 이론Rational Choice Theory'은 인간이란 이기적 존재로서 동일 조건에서 행위을 선택할지, 않을지는 비용-편익의 분석 결과에 따른다고 설명한다(Olson 1965; Opp 1989). 인간은 기대와 현실의 괴리로 좌절하지만, 좌절한 인간이 모두 집합 행동에 참여하는 것은 아니다. 집합 행동에 참여하는 것은 시간, 기회 비용, 공권력의 폭력, 구속과 해고 등 참여자 개개인에게 비용을 부과하지만, 집합 행동의 성과로 얻는 민주화, 후쿠시마 오염수 방류 저지, 박근혜 탄핵과 이재용 구속, 정경 유착 근절 등은 공동선 혹은 공공재로서 집합 행동 참여자뿐만 아니라 참여하지 않은 사람들, 심지어는 집합 행동에 반대한 사람들도 혜택을 받는다. 따라서 개인의 합리적 선택은 비용을 수반하는 집합 행동에 참여하지 않고 집합 행동의 혜택만 누리는 것이다. 모든 시민이 비용-편익 분석으로 합리적 선택만 한다면 집합 행동은 발생하지 않는다.

체제 정당화론(Jost 2019; Lerner 1980)에 따르면, 체제의 정당성을 인정하면 기대 수준을 현실화하여 기대와 현실의 괴리도 축소되고, 불확실성과 불이익의 위험에서 벗어나 정서적 안정감과 현

〈그림 18.1〉 상대적 박탈감 이론의 J-곡선

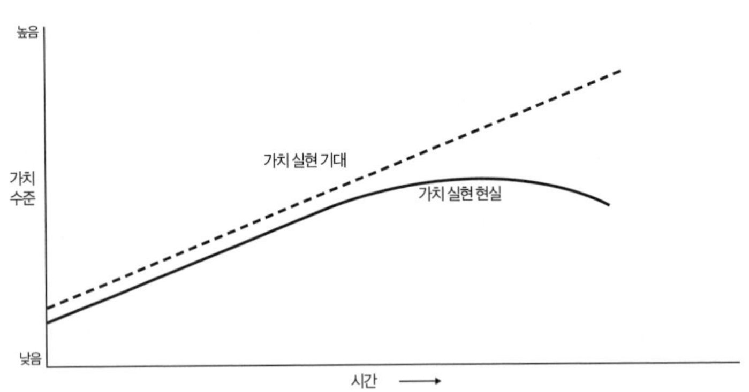

자료: 데이비스(Davies, 1962).

실적 이득까지 얻을 수 있다. 기대와 현실의 괴리를 느끼면서도 비용-편익 분석으로 집합 행동 불참을 선택하는 사람일수록 체제의 정당성을 인정하게 될 가능성이 높고, 그럴수록 집합 행동 발발 가능성은 더욱더 작아진다.

3〉 배링턴 무어의 상호성 원칙: 체념 vs 의분

사회적 불의 상황에서 불이익을 받는 사람들조차 저항하지 않는 경우가 많다. 왜 사람들은 사회적 불의에 직면했을 때 때로는 저항하고 때로는 침묵하는가? 이는 집합 행동과 사회 변동을 설명하려는 사회과학자들이 던진 질문인데, 그 대표적 연구 흐름이 배링턴 무어(Moore 1978) 등의 '상호성 원칙론Principle of Reciprocity' 연구다.

배링턴 무어도 인간은 현재 상황이 정당하지 않고 정의롭지 못하더라도 불가피하다면 체념하고 지배 질서에 정당성을 부여하는 경향이 있다고 인정한다. 현재 상황이 불가피한 조건이라면 지배 질서에 대한 저항은 성공 가능성도 작고 편익도 크지 않다. 반면 현재 상황을 불가피하게 만드는 국가 권력과 계급 역학관계는 저항의 비용을 극대화하여 지배 질서의 피해자들조차 부당함과 불의를 인식하면서도 집합 행동에 나서기 어렵게 만든다. 이처럼 배링턴 무어가 사회적 불의 상황에서 항쟁이 발발하지 않는 현상을 설명할 때는 체제 정당화론이나 합리적 선택 이론과 다르지 않다.

하지만, 배링턴 무어는 불가피하다고 체념하는 정서가 극복되는 메커니즘을 찾았는데, 그것은 지배자가 피지배자와 명시적 혹은 암묵적으로 체결한 사회 계약을 위반할 때 작동한다. 지배자가 자신의 이해관계만 취하고 그 비용과 피해는 피지배자 혹은 전체 사회에 안겨준다면 이는 권리만 누리고 의무는 이행하지 않는 행위로서 지배자-피지배자 사회 계약의 상호성 원칙을 정면으로 위반하는 것이다.

상호성 원칙이 반복적으로 위반되고 사회 계약이 실질적으로 파기되었다는 판단에 이르게 되면, 시민들은 체념의 정서를 깨고 도덕적으로 분노하게 된다. 특히 시민들이 느끼는 기대-현실 괴리가 지배자의 상호성 원칙 위반으로 야기되었다면 분노는 더 커진다. 이처럼 기대-현실 괴리의 크기보다 기대-현실 괴리의 원인, 특히 지배자의 상호성 원칙 위반 책임이 시민들이 체념의 정서를 깨고 비용-편익 계산의 합리성을 넘어서게 한다. 그러한 상호성 원칙에 기반한 도덕적 분노, 즉 '의분sense of injustice'이 노동자들을 1848년 유럽 노동자 항쟁이나 나치 체제에 대한 저항 투쟁에 나서게 했다.

4〉 최후통첩 게임과 공정성

배링턴 무어가 지적한 상호성 원칙 위반에 대한 의분 현상은 사회적 불의 상황뿐만 아니라 일상적 사회관계에서도 쉽게 발견된다는 실험 결과들이 있다.

최후통첩 게임은 응답자가 수용하면 제안자가 제안한 대로 제안자와 응답자의 몫이 배분되지만, 응답자가 거부하면 제안자와 응답자 모두 아무것도 받지 못하는 게임이다. 40년 이상 반복된 최후통첩 게임 실험 결과, 제안자는 대체로 응답자에게 30~40%를 제안하는 경향이 있고, 응답자의 몫이 40%를 넘으면 거의 모두 제안을 수용하는 것으로 나타났다. 응답자의 몫이 작아질수록 수용률은 하락하는데, 대체로 응답자의 몫이 20% 미만이면 거의 모두 거부하는 것으로 확인되었다(Grosskopf & Nagel 2021; Güth & Kocher 2014; Peterbus et al. 2017; Kahneman et al. 1986).

제안자가 대체로 30% 이상 제안하는 것은 너무 작으면 응답자가 거부할 테니 승낙률을 높이기 위한 전략적 선택의 측면이 있다. 제안자와 응답자 모두 분배의 공정성 개념을 공유하는 것이다. 게임을 지켜보는 관찰자들이 있으면 응답자가 불공정 제안을 거절하는 비율은 더 높아지는데, 이는 사회적으로 수용되는 공정한 배분 비율이 있음을 의미한다. 따라서 이를 위반하는 제안을 수용하는 행위는 본인의 공정성 원칙에 저촉될 뿐만 아니라 관찰자들로부터 부정적 평판, 시쳇말로 '쪽팔림'을 당할 수 있다는 점도 고려하는 것이다.

응답자가 20% 미만의 몫을 거부하는 것은 분배의 공정성 원칙을 위반한다고 판단하기 때문이다. 응답자는 배당되는 몫이 1%가 되더라도 수용하는 것이 합리적이고, 제안을 거부하는 것은 자신의 몫을 포기하기 때문에 비용-편익 분석에 따르면 비합리적이다. 이처럼 본인이 물질적 이해관계에서 손해를 보더라도 불공정한 분배를 응징하는 것은 사람들이 물질적 이해관계보다 평등·공정 가치를 더 중시하고 불공정한 분배에 도덕적 분노를 느끼기 때문이다.

5〉 촛불 항쟁 방정식과 상호성 원칙

촛불 항쟁은 기대-현실의 괴리 상황에서 발발했는데, 박근혜 정부하에서 국정 농단이 진행되던 때가 아니라 이재용·박근혜 게이트로 그 모습이 세상에 알려진 뒤다. 따라서 기대-현실 괴리의 '현실'이란 인지된 현실을 의미한다. 시민들은 이재용·박근혜 게이트 보도를 접하고 정유라의 "억울하면 부모 잘 만나라." 발언을 들으며 불평등 대물림의 '수저 계급 사회'에서 국가 권력이 공동선 실행 사회 계약을 정면으로 위반했음을 확인하게 된 것이다.

시민들의 촛불 항쟁 참여는 불평등과 불공정에 항거하는 행위인데, 기대-현실 괴리의 현실 퇴보형 박탈감에 대한 분노 이상이다. 촛불 항쟁 참여는 일반적 집합 행동 참여에 따르는 시간, 기회비용, 불이익을 넘어서는 위험 부담까지 요구할 수도 있었다. 촛불 항쟁은 국가 권력의 최정점인 현직 대통령의 퇴진을 요구하며 지배 질서에 정면으로 도전했다. 정치군인들이 군사 쿠데타를 일으키고 광주 항쟁 시민들을 폭도로 매도하며 학살한 사건이 불과 30여 년 전이다. 추미애 더불어민주당 대표가 2016년 11월 18일 박근혜 대통령이 계엄령을 준비하고 있다고 발언한 뒤부터 시민들은 촛불 항쟁 진압을 명분으로 내세운 계엄령과 군 병력 투입의 가능성을 우려하기 시작했다.

실제 국회에서 박 대통령 탄핵 소추안이 의결되던 12월 9일 조현천 국군기무사령관이 청와대를 방문하고 이어 합동참모본부를 찾아 계엄 시행 가능성을 상의한 것으로 알려졌다. 이듬해 1월 국군기무사령부 내에 '미래방첩업무 발전방안' 추진 조직이 꾸려져서 "3월 3일 헌법재판소 탄핵 심판을 엿새 앞두고 6쪽짜리 '전시 계엄 및 합수 업무 수행 방안'(현 시국 관련 대비 계획)과 67쪽짜리 '대비 계획 세부 자료'를 완성했다"(한겨레 2018.8.22). 이 계엄령 문건들에 따르면 서울특별시장 등 시·도지사가 치안 유지를 위해 군 병력 출동 지원을 요청하면, 육군참모총장이 대규모 시위 발생 지역을 중심으로 위수령을 발령하고 지역 주둔 부대 지휘관을 위수 사령관으로 임명한다. 서울과 전국 지역별 계엄 임무 수행군의

무장 병력과 탱크·장갑차 숫자와 투입 배치도까지 구체적으로 명시했다.

촛불 항쟁이 계엄령과 정치군인들의 개입으로 이어지지 않은 데는 두 가지 요인이 있다. 하나는 촛불 민중이 군부 개입의 빌미를 줄 수 있는 물리적 충돌을 자제하고 질서를 지키려 했던 의식적 노력이다. 둘째는 김영삼 대통령이 군부 사조직 하나회를 척결하고 쿠데타 주역들을 법정에 세운 것이 정치군인들에게 정치적 준동의 비용을 높여준 배경적 요인이다.

비용-편익 분석에 따르면 촛불 항쟁은 참여가 아니라 불참이 합리적 선택이지만, 시민들은 "박근혜 퇴진" "이게 나라냐"를 외치며 촛불을 들었다. 기대-현실의 괴리에서, 시민들은 현직 대통령에 거는 기대는 철회했지만, '국가'에 대해서는 공동선을 수행하고 공정성을 보장하는 사회 계약을 철저히 이행할 것을 기대하며 거듭 요구했다. 따라서 촛불 항쟁은 국가 재형성 투쟁이라 할 수 있다. 촛불 항쟁이 지배 세력 교체와 변혁적 요구 실현을 이루는 사회 혁명 수준엔 이르지 못했더라도 촛불 항쟁이 지닌 혁명적 성격은 부인할 수 없다.

촛불 민중이 공동선을 위해 상당한 위험 부담까지 감수하는 비합리적 선택을 한 것은 국가 권력과 지배 세력이 사회 계약의 상호성 원칙을 위반한 데 대한 분노 때문이었다. 그런 점에서 촛불 항쟁은 배링턴 무어의 상호성 위반에 대한 의분이나 최후통첩 게임의 불공정한 배분에 대한 응답자의 거부 행위처럼 자신의 이해관계를 희생하며 불공정성에 대해 집합적으로 응징하고 새로운 국가 형성을 요구한 집합 행동이었다.

평등하고 공정한 세상에 거는 기대

1〉 촛불 항쟁 효과, 촛불 정부 기대

문재인 대통령은 대선 후보 시절 "촛불 혁명의 완성"을 다짐하며 부정부패 없는 평등하고 공정한 나라를 만들겠다고 국민에게 약속했다(더불어민주당 2017). 국민은 촛불 정부를 자임한 문재인 정부를 신뢰했고, 기대를 모아줬다.

문재인 정부 출범 100일을 맞아 〈한겨레〉가 실시한 대국민 여론조사 결과를 보면, 8월 2일 부동산 거래 신고제 도입 등 부동산 조치, 재산세·종합 부동산세 등 부동산 보유세 증세, 대기업·자산가·고소득층 증세 세법 개정, 최저 임금 1060원 인상 등 주요 정책 현안들에 대한 찬성률이 모두 70%를 웃돌 정도로 매우 높았다(표 18.1). 이러한 찬성률은 반대율의 3.8배 내지 7.5배에 달할 정도로 사회·경제 개혁은 압도적 지지를 받고 있었다.

한편, 문재인 대통령의 국정 운영에 대한 시민들의 긍정 평가 비율은 78.6%로 부정 평가의 4.8배에 달했다. 문재인 정부가 대선 공약에 따라 추진하기 시작했거나 추진할 것으로 예측되는 사회·경제 정책들에 보여주는 높은 찬성률은 출범 초기 문재인 정부의 높은 지지율을 반영함을 의미한다.

정의로운 세상론과 체제 정당화론이 입증했듯이 사람들은 정서적 안정감과 현실적 이득을 위해 자신들이 사는 세상이 정의로운 세상이라고 믿고 싶어 하는 경향성을 지닌다. 그래서 새로운 대통령이 당선되어 새 정부가 출범하면 출범 초기 높은 국민적 지지를 받는 '밀월 기간'을 보내게 되는데, 정권별 편차도 있다.

취임 100일 시점 대통령의 직무 수행 여론조사를 보면, 긍정 평가가 평균 52.75%로 부정 평가 평균 30%의 1.8배에 달하여 밀월 기간의 존재를 실감하게 한다(표 18.2). 그러나, 이명박 대통령과 윤석열 대통령은 각각 대선 득표율의 절반 수준에 불과한 21%와 28%로 밀월 기간은 거의 정권 출범과 함께 끝났다고 할 수 있다. 반면, 문재인 대통령은 직무 수행 긍정 평가율이 78%로 최곳값을 기록한 김영삼 대통령의 83% 다음으로 높았는데 그 차이는 불과 5%다. 문재인·김영삼 대통령은 이명박·윤석열 대통령보다 대선 득표율은 낮았지만 집권 초기 직무 수행 평가에서 그들보다 50% 이상 더 높은 긍정 평가를 받은 데는 특별한 이유가 있다.

역대 대통령 가운데 취임 100일 시점 가장 높은 지지율을 기록한 김영삼 대통령의 경우 정부가 '변화와 개혁'을 잘 추진한다는 응답이 88.4%인데 잘못한다는 응답은 1.9%에 불과했다. 시민들은 김영삼 정부가 추진한 변화와 개혁 정책들 가운데 가장 잘한 일로 부정부패 척결 66.5%, 공직자 재산 공개 15.5% 순서로 높게 평가했다(갤럽리포트 1993년 5·6월호, 통권 제7호).

군부 사조직 '하나회'는 박정희 대통령 서거 후 1979년 12월 12일 군사 쿠데타로 군부와 정부의 정보 기구들을 장악하고 이듬해 5월 광주 항쟁을 민간인 대량 학살로 진압했다. 이후 국가 권력을 장악하고 하나회 출신 정치군인 전두환과 노태우가 대통령직을 이어가며 정치적 민주화의 최대 위협이 되었다. 김영삼 대통령은 취임 직후 하나회를 전격적으로 해산했는데, 이는 1980년 광주 항쟁, 1987년 6월 항쟁과 7~8월 노동자 대투쟁으로 쟁취한 정치적 민주주의가 지속될 수 있게 하는 결정적 사건이었다. 또한 김영삼 대통령은 자신을 포함한 가족의 재산을 전격적으로 공개했고 뒤이어 국회의원 전원과 사법부 및 행정부 고위 공직자들도 재

〈표 18.1〉 **문재인 정부 100일 국정 운영 평가** (단위: %) (조사 시기: 2017.8.11~12)

설문 문항*	긍정 평가	부정 평가	중립 평가	합계
정권 평가 및 기대감				
① 대통령 국정 운영 평가	잘하고 있음	잘못하고 있음	모름/무응답	
	78.6	16.5	4.9	100.0
② 삶의 질 개선 기대	좋아질 것	나빠질 것	별 차이 없을 것/ 모름/무응답	
	56.5	9.0	34.6	100.0
사회·경제 정책 평가				
③ 부동산 조치	찬성	반대	모름/무응답	
	71.8	19.1	9.1	100.0
④ 부동산 보유세 인상	필요함	불필요함	모름/무응답	
	77.6	18.7	3.7	100.0
⑤ 대기업/자산가/ 고소득층 증세	잘한 일	잘못한 일	모름/무응답	
	85.1	11.3	3.5	100.0
⑥ 최저 임금 인상	긍정 평가	부정 평가	모름/무응답	
	74.4	23.6	4.9	

* 설문 문항: ① "문재인 대통령이 국정 운영을 어떻게 하고 있다고 생각하십니까?"
② "문재인 정부에서 선생님의 삶이 어떻게 될 것으로 기대하십니까?"
③ "지난 8월 2일 정부가 금융 규제 강화, 투기 과열 지구 지정, 부동산 거래 신고제 도입 등 강력한 부동산 조치를 발표했습니다. 이와 관련해 다음 중 어느 의견에 더 공감이 가십니까?"
④ "집을 여러 채 소유하거나 일정 가격이 넘는 부동산을 소유한 경우, 재산세나 종합 부동산세 등 '부동산 보유세'를 올리는 것에 대해서는 어떻게 생각하십니까?"
⑤ "대기업과 자산가, 고소득층에게 세금을 더 부과하도록 세법을 개정하는 것에 대해 어떻게 생각하십니까?"
⑥ "내년도 최저 임금이 시간당 6470원에서 1060원 오른 7530원으로 결정되었습니다. 이에 대해 어떻게 생각하십니까?"

자료: 〈한겨레〉(2017.8), 문 대통령 취임 100일 여론조사표.

산을 공개했다. 이후 김영삼 대통령은 8월 12일 대통령 긴급 특별 명령으로 금융 실명제를 실시하기도 했다.

한편, 문재인 대통령의 취임 100일 시점 대통령 직무 수행에

〈표 18.2〉 역대 대통령 취임 100일 시점 직무 수행 평가(%)

	조사 시점	긍정 평가 (잘하고 있다)	중립 평가(어느 쪽도 아니다/ 모름/무응답)	부정 평가 (잘못하고 있다)	합계	대통령 선거 득표율
제13대 노태우	1988.6	57	27	16	100	36.6
제14대 김영삼	1993.6	83	13	4	100	42.0
제15대 김대중	1998.6	62	27	11	100	40.3
제16대 노무현	2003.5.31	40	19	41	100	48.9
제17대 이명박	2008.5.31	21	10	69	100	48.7
제18대 박근혜	2013.6.3~5	53	27	20	100	51.6
제19대 문재인	2017.8.16~17	78	7	15	100	41.1
제20대 윤석열	2022.8.16~18	28	8	64	100	48.6
평균		52.75	17.25	30	100	

* 한국갤럽 〈데일리 오피니언〉 제508호(2022년 8월 3주).

대해 시민들이 꼽은 긍정 평가 이유는 서민 위한 노력과 복지 확대, 소통과 국민 공감 능력, 열심히 하고 최선을 다함, 개혁 의지 순서로 나타났다(한국갤럽 데일리 오피니언 제272호, 2017년 8월 3주). 김영삼 대통령의 역사에 남을 담대하고 파격적인 결단과 조치들에 비해 문재인 대통령의 긍정 평가 요인들엔 취임 100일 기간의 업적으로 내세울 만한 것이 없다. 문재인 대통령의 높은 긍정 평가율은 직무 수행 성과에 대한 평가가 아니라 향후 직무 수행에 대한 기대감이 표현된 것으로서 촛불 정부를 자임한 정권에 투사된 촛불 항쟁의 '후광 효과'라 할 수 있다.

2〉 복지 증세 부담 의향

시민들의 사회복지 확대 위한 세금 부담 의향은 부침이 매우 심하다(표 18.3). 복지 증세 부담에 대한 찬성-반대 의견은 박근혜 정부 시기 2015년 5월 조사에서 50% 대 50%로 동률을 이루었으나, 촛불 항쟁으로 대통령이 궐위된 2017년 3~4월엔 납부 의향 의견이 65.3%로 크게 상승하여 반대 의견 31.5%의 2배를 넘어섰다. 문재인 정부 출범 100일 시점인 2017년 8월엔 복지 증세 납부 의향이 71.7%로 최고조에 달하며 반대 의견의 3배에 육박했다.

복지 증세 부담 의향이 박근혜 대통령 탄핵 이후 급상승하기 시작해 문재인 정부 출범 직후 최고조에 달한 것은 촛불 항쟁의 성공과 새 정권에 대한 높은 기대감 때문이었다. 법 제도와 정책 변화가 선행되어야 해서 사회 변화는 일정 기간 지체될 수밖에 없는데 기대의 급상승은 기대 고양형 박탈감을 자극하여 사회 불안정을 높일 수 있는 상황이었다. 식민 지배로부터 해방되어 독립을 성취한 사회나 군사 독재가 종식되고 민주화를 이룬 사회에서 시민들의 다양한 요구가 봇물 터지듯 쏟아져 나오며 사회적 불안정을 겪는 사례들이 좋은 예다. 한국 현대사의 1945년 광복 이후 해방 정국이나 1960년 4·19 혁명 이후 사회적 상황을 봐도 기대 고양형 박탈감이 사회적 불안정을 심화하는 현상을 확인할 수 있다. 하지만 촛불 항쟁 이후 시민들은 국가 권력이 정상화되어 공동선 이행에 적극 나설 것을 기대하며 촛불 정부의 성공을 위해 책임과 의무를 다하겠다는 의지를 보여주었다.

시민들은 정부가 부동산 보유세, 법인세와 고소득자 소득세를 인상하여 정부 재원을 더 확보하도록 하되 자신은 증세를 부담하지 않는 것이 비용-편익 분석에 따른 합리적 선택이다. 하지만 그렇게 무임승차를 선택한 시민은 소수에 불과했고 대다수는 본인도 증세를 부담하겠다고 나섰다(표 18.3).

시민들 압도적 다수가 복지 증세를 부담하겠다고 나섰지만, 문재인 정부는 70%가 넘는 대통령 지지율 최정점을 기록하면서도 복지 증세를 단행하지 않았다. 문재인 정부 출범 첫해 시민사회는 종합 부동산세와 금융 종합 소득세의 대폭 강화를 촉구했지만 대통령 직속 정책기획위원회 산하 조세재정 개혁특위는 시민사회 요구에 크게 미달하는 세제 개혁안을 제출했는데, 청와대와 기획재정부는 특위 개혁안조차도 거부했다(내가만드는복지국가 2017.7.22, 2018.6.26/7.30). 문재인 정부는 출범 1년 되는 시점 홍장표 경제 수석을 경질하고 소득 주도 성장 정책을 실질적으로 폐기

〈표 18.3〉 복지 증세 부담 의향 변화 2015~2019: 사회복지 확대 위해 세금을 더 낼 의향 있는가?

복지 증세 납부 의향				대통령 직무 수행 평가(갤럽)			
조사 시점	증세 납부 찬성	증세 납부 반대	모름/무응답	긍정 평가	중립 평가	부정 평가	조사 시점
박근혜 정부							
2015.5.11	50%	50%	-	40%	10%	50%	2015.5.12~14
대통령 궐위*							
2017.3.30~4.1	65.3%	31.5%	4.1%	대통령 궐위			
문재인 정부							
2017.8.11~12	71.7%	26.2%	2.2%	78%	7%	15%	2017.8.16~17
2019.9.25~27	41.7%	58.3%	-	41%	9%	50%	2019.9.24~26
윤석열 정부							
2023.2.3~20	36.3%	63.7%	-	35%	8%	58%	2023.2.14~16

* 2017.3.10 헌법재판소 탄핵 인용 결정으로 대통령 궐위 상태.
자료: 증세 납부 의견 2015~2019년은 각 연도 〈한겨레〉 의뢰 여론조사.
2023년은 노회찬재단·한국비정규노동센터(2023). 대통령 직무 수행 평가는 해당 주간 한국갤럽 〈데일리 오피니언〉(2015.5, 2017.8, 2019.9, 2023.2).

하며 대선 공약으로 약속했던 사회·경제 개혁 정책을 포기했다(지식인선언 네트워크, 2018).

문재인 정부의 사회·경제 개혁 정책 후퇴로 인해 집권 2년 차부터 대통령에 대한 지지율이 하락하기 시작했고, 출범 초기 고양되었던 증세 납부 의향은 2019년 9월엔 30% 포인트나 하락하여 증세 납부 반대 의견이 찬성 의견보다 1.4배나 많아지는 역전 현상이 벌어졌다. 대통령의 직무 수행 평가도 부정 평가가 50%로 긍정 평가 41%보다 9% 포인트나 높았는데, 이는 2015년 5월 박근혜 대통령의 직무 수행 부정 평가 50%, 긍정 평가 40%와 거의 같다. 하지만 2015년 5월 복지 증세 납부 반대 의견은 50%로 박근혜 대통령 부정 평가 비율 50%와 같았지만, 2019년 9월엔 반대 의견 58.3%로 문재인 대통령 부정 평가 비율 50%보다 8.3% 포인트나 더 높았다. 이는 촛불 민중이 문재인 정부 출범 초기 높은 기대감과 함께 절대적 지지를 보냈으나 촛불 명령 불이행에 대한 배신감으로 문재인 정부를 응징하는 것이다. 일종의 '괘씸죄' 정서가 표출된 것이다.

시민들이 문재인 정부 초기 높은 증세 부담 의향을 보인 것은 문재인 정부에 대한 기대감을 반영하기도 하지만 사회·경제 개혁 약속을 이행하라고 압박하는 전략적 행위이기도 하다. 이는 긍정적 상호성의 신뢰와 협력 관계다. 반면 시민들이 문재인 정부의 사회·경제 개혁 후퇴에 실망하여 신뢰와 지지를 철회하고 증세 부담 거부 의사를 보인 것은 불신과 보복의 부정적 상호성에 해당한다.

촛불과 상호적 공정성 원칙

1〉 촛불 항쟁과 촛불 이후의 방정식

촛불 항쟁과 촛불 이후 시기를 보면 시민들이 중대한 선택에 직면했던 세 번의 계기가 있다. 첫째 계기는 시민들의 촛불 항쟁 참여, 둘째 계기는 문재인 정부 출범 직후 증세 부담 찬성, 셋째 계기는 문재인 정부 중반 이후 증세 부담 철회다(표 18.4).

세 번의 계기 모두 기대와 현실의 괴리는 컸는데, 시민들이 느낀 상대적 박탈감의 내용은 달랐다. 첫째와 셋째 계기는 각각 이재용·박근혜 게이트의 국정 농단 사건과 문재인 정부의 사회·경제 개혁 포기로 기대 수준에 비해 현실 조건이 퇴보한 현실 퇴보형 박탈감의 불만이 표현되었다. 하지만, 둘째 계기는 촛불 항쟁의 승리로 나라다운 나라를 만들 기대감에 부푼 기대 고양형 박탈감 상황이었지만, 시민들은 불만 대신 책임감을 표현했다. 상대적 박탈감 이론의 J-곡선은 기대-현실 괴리 상황에서 시민들이 촛불 항쟁에 참여하고 증세 부담을 거부한 저항 행위는 잘 설명한다.

〈표 18.4〉 촛불 항쟁과 촛불 이후의 방정식

계기 \ 방정식	상대적 박탈감 이론	합리적 선택 이론	상호성 원칙론	
	기대-현실 괴리	비용-편익 분석	국가 권력	촛불 민중
촛불 항쟁 참여	현실 퇴보형 박탈감 (불만 표현)	위험 감수 참여 (비합리적 선택)	상호성 위반	위반 응징
증세 부담 찬성	기대 고양형 박탈감 (기대감 표현)	비용 부담 책임감 (비합리적 선택)	상호성 기대	신뢰 게임
증세 부담 거부	현실 퇴보형 박탈감 (불만 표현)	비용 부담 거부 (합리적 선택)	상호성 위반	위반 응징

하지만, 증세 부담 찬성 상황은 J-곡선이 예측하는 시민들의 불만과 사회적 불안정과는 정반대로 성숙한 시민 의식을 보여준다.

비용-편익 분석에서 세 번의 계기 모두 참여 비용은 시민 개인들에게 부과되나 그 혜택은 모두에게 돌아가는 공동선·공공재이기 때문에 항쟁에 불참하고 증세 부담을 거부하는 것이 합리적 선택이다. 셋째 계기에서 시민들이 증세 부담 의향을 철회한 것은 합리적 선택이었다. 하지만, 시민들은 첫째 계기에서 불이익과 위험 부담의 참여 비용을 감수하며 촛불 항쟁에 참여했고, 둘째 계기에서 국가의 조세 수입을 법인세·부자 증세로만 채우지 않고 자신들도 부담하겠다며 책임감을 보여주었다. 첫째와 둘째 계기의 시민 선택은 합리적 선택이 아니었다. 특히 둘째 계기에서 시민들은 비용-편익 분석에서도 성숙한 시민 의식으로 상대적 박탈감 이론처럼 합리적 선택 이론도 부정했다.

시민들의 행위를 설명하기 위해서는 촛불 항쟁과 촛불 이후의 방정식에 상호성 원칙을 도입해야 한다. 촛불 항쟁은 국가 권력이 사회 계약의 상호성 원칙을 위반한 데 대해 시민들이 응징한 부정적 상호성의 실천이고, 문재인 정부 초기 시민들이 촛불 정부에 대한 기대감으로 정부에 신뢰를 보내며 증세 부담의 책임감을 보여준 것은 긍정적 상호성의 실천이다. 물론 시민들의 신뢰 게임은 조건부였다. 문재인 정부가 기대된 사회·경제 개혁 이행을 거부하자 시민들은 증세 부담 의향을 철회하며 상호성 원칙 위반을 응징했다. 시민들은 비용-편익 분석에 기초한 합리적 선택과 함께 체념의 정서로 돌아간 것이다.

2〉 긍정적 상호성과 부정적 상호성: 인간은 '상호적 존재'

상대적 박탈감 이론에서 사람들이란 기대-현실 괴리에 불만을 토로하고, 합리적 선택 이론에선 비용-편익 분석을 통해 개인적 이해관계 피해를 회피하는 합리적 존재다. 두 이론의 인간관이 경험적으로 항상 타당한 것은 아니라는 사실을 촛불 항쟁과 이후 계기들이 보여주었다.

두 이론이 설명하지 못한 부분을 채워준 것은 상호성 원칙론이었다. 촛불 항쟁 참여와 증세 부담 거부는 상호성 위반을 응징한 부정적 상호성이고, 증세 부담 찬성은 상호성 원칙에 따라 기대감에 상응하여 우호적으로 반응한 긍정적 상호성이다. 인간은 상대방이 호의와 신뢰를 보여주면 신뢰와 협력으로 화답하는 반면, 상대방이 악의와 불신을 보여주면 불신과 보복으로 응징하는 경향이 있는데, 그렇게 반응하는 것이 공정하다고 믿기 때문이다. 이처럼 인간은 각자 자신이 공정하다고 판단하는 방식으로 행위하고 상대방 행위의 공정성 여부를 평가하는 기준을 지니고 있다. 그것이 '상호적 공정성' 원칙이다.

인간은 사회적 관계에서 상호적 공정성 원칙에 따라 상대방이 보여준 신뢰-협력과 불신-보복에 상응하는 방식으로 대처하는 전략적 존재다. 심리학과 행태경제학에서는 인간이 물질적 이해관계에 얽매인 이기적 존재 '경제인homo economicus'이 아니라 사회관계의 상호성을 중시하고 상호성 원칙에 따라 행위하는 '상호적 존재homo reciprocans'로 규정되기도 한다.[38]

38 상호적 공정성과 상호적 존재에 관해서는 도멘 외(Dohmen et al., 2009), 페르와 팔크(Fehr & Falk, 2001), 페르와 게흐러(Fehr & Gächrer, 2002), 보울스와 진티스(Bowles & Gintis, 2002)를 참조할 것.

문재인 정부 초기에 시민들이 높은 증세 부담 찬성률을 보인 것은 긍정적 상호성에 기초한 신뢰·협력 게임trust game이고, 문재인 정부의 사회·경제 개혁 후퇴에 증세 부담 거부로 대응한 것은 부정적 상호성에 기초한 불신·보복 게임tit-for-tat game이다. 이처럼 긍정적 상호성과 부정적 상호성은 한번 설정되었다고 고착되는 것이 아니라 상대방의 선택에 따라 변화할 수 있다. 그러한 상호성의 가변성을 문재인 정부는 과소평가했고, 높은 지지율에 자만하며 촛불 민중이 요구한 사회·경제 개혁을 포기하는 과오를 범한 것이다.

19장. 불평등 대한민국, 출구는 없는가?

현재 우리 사회는 불평등의 정당성을 놓고 각축하고 있다. 불평등의 정당성이 부정되어야 평등 사회로 나아갈 수 있다. 그러나 평등 사회를 실현할 가능성이 없다면 시민들은 불만이 있더라도 불평등 체제를 현실적으로 수용하고 적응할 것이라는 사실 또한 부정할 수 없다.

시민들은 우리 사회의 평등 사회 이행 가능성에 대해 매우 회의적이다(제8장 참조). 그렇다면, 시민들에게 전망을 열어줄 수 있는, 불평등 대한민국을 벗어날 수 있는 길은 없을까?

바람직한 국가 모델: 미국 vs 북유럽

바람직한 국가의 성격에 대해 시민들은 2023년 조사에서 빈부격차가 적고 사회복지가 잘 갖추어진 나라를 최우선으로 꼽았다(표 19.1). 안보와 치안 걱정 없는 나라, 서로 신뢰할 수 있는 정직

〈표 19.1〉 바람직한 국가의 성격: "귀하께서/당신이 바라는 국가는 다음 중 어떤 나라인가요?"

바라는 국가	2010년	2023년	2010~23년 증감(%)
① 경제적으로 풍요로운 나라	13.5	13.8	0.3
② 안보와 치안 걱정이 없는 안전한 나라	15.8	16.2	0.4
③ 빈부 격차가 적고 사회복지가 잘 갖추어진 나라	56.0	49.9	-6.1
④ 개성과 다양성이 존중되는 나라	5.5	4.8	-0.7
⑤ 서로 신뢰할 수 있는 정직한 나라	8.8	14.9	6.1
⑥ 기타	0.5	0.5	0
합계	100.0	100.0	

자료: KBS(2010), 노회찬재단·한국비정규노동센터(2023).

한 나라, 경제적으로 풍요한 나라가 비슷한 수준으로 그 뒤를 이었다. 2010년 조사 결과와 비교하면, 지난 13년 동안 경제적 풍요에 대한 선호 수준은 변함 없이 13%대를 유지한 반면, 평등한 복지국가는 선호도가 조금 하락했지만, 여전히 전체 시민의 절반이 가장 중시하는 기준이다.

한편, 우리 사회가 나아갈 바람직한 국가 모델에 대해 미국식 자유민주주의와 북유럽식 사회민주주의가 국민 여론을 반분하고 있는데, 2004년 조사에서는 북유럽식 사회민주주의가 더 높게 나타난 반면, 2023년 조사에서는 상대적 우위가 미국식 자유민주주의로 넘어갔다(표 8.3 참조).

바람직한 국가의 기준별로 보면, 평등한 복지국가 기준에서만 북유럽식 사민주의가 미국식 자유민주주의를 근소하게 앞선다(표 19.2). 다른 기준들에서는 모두 미국 모델이 북유럽 모델을 앞서는데, 경제적 풍요 기준 격차가 가장 크고 그다음으로 안보와 치안 기준 순이다. 그렇다면 이런 시민 인식은 북유럽과 미국의 객관적 실태를 제대로 반영할까?

먼저, 경제적 풍요 기준으로 보면 미국이 북유럽 국가들에 비해 더 낫다고 할 수 없다. 2020~22년 3년간 연평균 1인당 GDP를 보면, 미국은 각각 6만 4267달러, 7만 991달러, 7만 7172달러인데, 북유럽 핵심 스칸디나비아 3국(스웨덴, 노르웨이, 덴마크)의 평균값은 6만 2450달러, 7만 4167달러, 9만 110달러다.[39] 2022년은 석유·가스 값 폭등으로 노르웨이의 1인당 GDP가 급상승한 효과가 반영되어 있다는 점을 고려하더라도, 북유럽은 미국과 비슷한 수준이거나 좀 더 풍요롭다는 사실을 확인할 수 있다.

둘째, 안보와 치안 기준으로 보면 미국에 비해 북유럽이 훨씬 더 안전하다. 인구 10만 명당 감옥 수감자 숫자가 스웨덴은 74명(2022년 1월)인 반면 미국은 505명(2020년 12월)으로 그 7배 정도에 달한다.[40] 이뿐만 아니라 미국은 살인 사건 피해자 숫자도 많고 총기 살상 사고도 빈발한다는 사실은 국내 뉴스에도 자주 보도되고 있다.

반면 평등한 복지국가를 중시하는 시민들은 미국 모델에 비해 북유럽 모델을 더 선호하는데 그 차이는 그리 크지 않다. 북유럽 국가들이 미국에 비해 월등히 더 평등하고 복지제도가 발달했음은 시장경제 모델 비교에서 확인된 바 있다(제4장 참조). 미국과 북유럽 사이의 불평등 수준과 복지제도 발달 정도 차이에 비하면 선호도 차이는 너무 작다.

39 OECD Statistics(https://stats.oecd.org/).

40 세계 교도소 개요(World Prison Brief). https://www.prisonstudies.org/

〈표 19.2〉 바람직한 국가 기준별 희망하는 국가 모델

희망하는 국가 방향						
		① 미국식 자유민주주의	② 북유럽식 사회민주주의	③ 기타	합계	①/② 배율
바람직한 국가 성격	1) 경제적으로 풍요로운 나라	77.5%	21.0%	1.4%	100.0%	3.7
	2) 안보와 치안 걱정이 없는 안전한 나라	63.8%	34.1%	2.2%	100.0%	1.9
	3) 빈부 격차가 적고 사회복지가 잘 갖추어진 나라	42.2%	55.2%	2.6%	100.0%	0.8
	4) 개성과 다양성이 존중되는 나라	56.3%	42.7%	1.0%	100.0%	1.3
	5) 서로 신뢰할 수 있는 정직한 나라	57.4%	35.6%	7.0%	100.0%	1.6
	6) 기타	54.5%	9.1%	36.4%	100.0%	6.0
	전체	53.6%	43.3%	3.2%	100.0%	1.2

자료: 노회찬재단·한국비정규노동센터(2023).

불평등 이데올로기의 승리

불평등한 현실에 불만을 지닌 시민들이 평등한 복지국가를 희망하면서도 그 전형적 모델인 북유럽보다 불평등하고 복지제도가 덜 발달한 미국을 선호한다. 이 모순을 어떻게 이해할 수 있을까?

시민들이 북유럽보다 미국을 더 선호하는 현상은 미국의 실체에 대한 잘못된 인식과 강대국에 대한 막연한 선망, 그리고 북유럽에 대한 지식·정보 부족 탓이 큰 것으로 해석된다. 하지만, 지배계급 이데올로기의 영향력도 상당 정도 반영하는 것으로 의심된

다. 이는 불평등 체제를 둘러싼 이데올로기 투쟁의 수혜자-피해자 대립 구도에서 불평등을 정당화하는 지배계급이 승리하고 있음을 의미한다.

미국은 한국의 역대 정부들이 한결같이 강조해온 최고의 우방국가다. 2022년 8월과 2023년 6월 갤럽 여론조사에서 시민들은 미국을 한반도 평화와 한국 경제를 위해 가장 중요한 외국으로 간주하는 것으로 나타났다(표 19.3). 미국 의존도는 경제보다 평화에서 훨씬 더 강한데, 북핵 등 외부의 안보 위협으로부터 한반도를 방어하기 위해 미국의 막강한 군사력이 절대적으로 필요하다고 여기는 것이다.

북유럽은 갤럽 여론조사에서 응답지로 제시되지도 않았을 정도로 한국과의 교류나 군사적·경제적 관계는 상대적으로 미미한 수준이다. 미국은 지정학적으로 거리가 먼 북유럽에 비해 한국과 긴밀한 관계를 유지하고 있는데 세계 최강의 군사력과 경제력을 보유한 패권 국가로서 한국인은 물론 많은 세계인들에게 선망의 대상이 되기도 한다.

노회찬 의원이 국회 입성하자마자 선배 의원으로부터 들은 첫 번째 충고는 "정치인으로서 긴 수명을 누리려면 미국하고 삼성은 건드리지 마라. 언터처블. 건드리면 안 되는 존재였다는 거죠. 그리고 건드리면 그만큼 본인이 위험해진다는 그런 이야기였습니다"(조현연 2020b)라고 한다. 미국은 군사력과 경제력뿐만 아니라 이데올로기적으로도 한국을 지배하고 있는 것이다.

한국 불평등 체제의 수혜자인 고자산·고소득층과 지배계급은 미국식 자유시장경제 모델의 주창자다. 그것은 미국식 모델이 유럽형 조정 시장경제 모델에 비해 사회적 규제를 최소화하고 시장

〈표 19.3〉 한반도 평화와 한국 경제를 위해 중요한 국가

	한반도 평화		한국 경제	
	2022.8	2023.6	2022.8	2023.6
미국	75	70	52	51
중국	13	20	37	39
일본	1	3	2	5
러시아	1	1	2	1
기타	1	1	1	0
의견 유보	8	5	7	5
합계	100	100	100	100

자료: 한국갤럽(2023: 14-17).

의 자율성과 자본의 지배력을 최대한 보장하기 때문이다. 미국식 자유시장경제 모델의 정책·제도들은 1997~98년 외환 위기와 뒤이은 경제 위기 속에서 IMF 구제 금융을 받으면서 본격적으로 도입·실행되기 시작했다. IMF에 의해 강제된 정책 패키지는 금융 시장 개방, 노동 시장 유연화, 공기업 민영화 같은 신자유주의 경제 정책들이었는데, 현재 한국 시장 질서의 핵심 운영 원리로 되어 있다. 한국 사회에 영미형 자유시장경제 모델이 이미 상당 정도 제도화되어 있다는 사실은 시민들도 자유시장경제 모델에 친화적인 시장·자본의 논리를 내면화하며 적응하고 있음을 의미한다. 그럼에도 지배계급은 좀 더 극단적인 자유시장경제 모델을 원하고 있다.

윤석열 대통령은 신자유주의 경제학과 미국식 자유시장경제 모델의 이론적 지주인 밀턴 프리드먼의 작은 정부론이 자신의 신

념이라고 자랑하며 정부의 시장 개입 최소화를 다짐한 바 있다(매일경제 2021.7.19). 윤 대통령은 미국처럼 노동자 해고를 자유롭게 하고 노동 시간을 포함한 기업 활동 규제를 대폭 철폐하여 시장과 자본의 자율에 맡겨야 한다고 주장한다. 미국식 자유시장경제 모델은 윤석열 대통령뿐만 아니라 보수 정당과 보수 언론들이 적극적으로 설파하며 국민 여론을 유도하고 있다.

시민들이 미국을 한국 사회의 평화와 경제를 위해 가장 중요한 국가로 의존하고 세계 최강의 군사적·경제적 패권 국가로 선망하는 가운데 대통령을 비롯한 지배계급이 미국식 자유시장경제 모델을 적극적으로 추진하며 홍보하고 있다. 그 결과가 한편으로는 시민들의 미국식 모델에 대한 높은 선호도로, 다른 한편으로는 불평등 체제의 정당화 및 불평등 심화로 나타나고 있다.

북유럽 모델과 복지 증세 부담

지배계급은 미국식 자유시장경제 모델을 중심으로 시장과 자본의 자율성을 강조하며 불평등을 정당화했지만, 그에 맞서 불평등 체제 피해자의 이해관계를 대변하는 세력은 불평등 체제를 비판하는 수준을 넘어 현존하는 평등 사회 대안 모델을 중심으로 불평등 불만 세력을 이데올로기적으로 조직하지 못했다. 스칸디나비아형 사회민주주의 모델은 영미형 자유시장경제 모델 등 여타 시장경제 모델들에 비해 훨씬 더 평등한 복지국가임에도 시민들은 스칸디나비아 모델이 어떤 제도들로 어떻게 작동하며 평등과 경제적 효율성을 실현하는지 모른다. 그래서, 불평등에 불만을 갖

〈그림 19.1〉 조세 부담 수준과 소득 재분배 효과(2020년 기준)

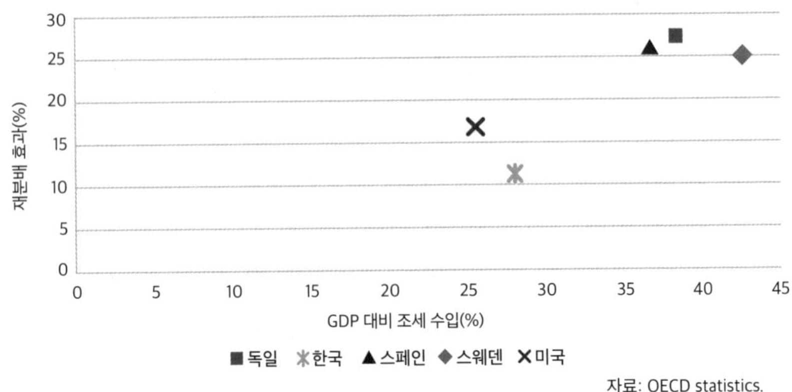

자료: OECD statistics.

고 평등한 복지국가를 바라는 시민들조차 가깝게 느껴지는 선망의 강대국, 미국을 먼저 떠올리게 되는 것이다.

한 사회의 불평등 정도는 정부의 조세·재정 정책의 영향에 의해 크게 좌우된다. 국가의 GDP 대비 조세 부담 비율이 높을수록 소득 재분배 효과가 큰 것으로 확인된다(그림 19.1). 시장경제 모델들을 비교하면, 스웨덴, 독일, 스페인 등 유럽의 조정 시장경제 모델 국가들은 조세 부담 비율이 높고 소득 재분배 효과도 큰 반면, 미국은 조세 부담 비율도 낮고 소득 재분배 효과도 작다. 한국은 미국처럼 유럽 국가들에 비해 조세 부담 비율은 낮고 소득 재분배 효과는 작은 것으로 나타났다.

조세 수입 규모가 클수록 정부가 사회정책에 투입할 재정 자원의 규모도 커진다. 정부가 제공하는 보건 의료 및 교육 등 공공서비스, 공공·사회 주택 등 집합적 소비재, 국민연금과 고용보험 등 사회보험 급여, 생활 보조금, 학교 급식비, 아동 수당, 유족 원호금 등 기타 이전소득은 소득 재분배 기능을 수행한다. 이러한 사회정책에 투입되는 재원은 주로 조세 수입으로 충당되는데, 부가가치세와 같은 간접세가 모든 시민에게 동일한 세율을 적용하는 반면, 소득세·재산세 같은 직접세는 수입·자산 규모에 따라 세율을 차등 적용하기 때문에 소득 재분배 효과가 크다. 스웨덴 등 스칸디나비아 모델 국가는 미국 등 자유시장경제 모델 국가는 물론 독일과 스페인 등 대륙형·지중해형 조정 시장경제 모델 국가들보다도 조세 부담률이 더 높다.

스웨덴이 독일·스페인보다 조세 부담률이 더 높지만 소득 재분배 효과가 비슷하거나 조금 작게 나타나는 것은 스웨덴 등 스칸디나비아 모델 국가들은 각종 수당 같은 현금 급여 방식보다 보건 의료, 교육, 주택, 취업 지원 서비스처럼 현물 급여 방식의 서비스를 더 많이 제공하기 때문이다. 이는 복지국가가 발달할수록 사회 서비스의 공공성을 강화함으로써 현금을 제공하여 시민들이 시장에서 사회 서비스를 구입하도록 하지 않고 정부가 시민들에게 직접 사회 서비스를 제공하는 비중이 커지기 때문이다. 따라서 현물 급여 방식의 사회 서비스 규모를 고려하면 스웨덴의 정부 개입을 통한 불평등 완화 효과는 미국은 물론 독일·스페인보다도 훨씬 더 커진다.

한국은 미국처럼 조세 부담률이 낮기 때문에 조세 수입 증대는 사회정책 확대를 통해 불평등을 완화하기 위한 최우선 과제다. 복지 증세 부담 의향은 북유럽 모델을 선호하는 사람들에게서 높게 나타났다. 북유럽 모델을 선호하는 사람은 그렇지 않은 사람에 비해 증세 부담 의향이 12.4% 포인트만큼 더 높다(표 19.4). 스웨덴 같은 나라를 만들려면 재원을 확보해야 하기 때문에 증세 부담을 기꺼이 감수하겠다는 것이다.

〈표 19.4〉 북유럽 모델 선호 여부에 따른 증세 부담 의향

		북유럽 모델		전체
		선호 않음	선호함	
증세 부담	반대	69.1%	56.7%	63.7%
	찬성	30.9%	43.3%	36.3%
합계		100.0%	100.0%	100.0%

자료: 노회찬재단·한국비정규노동센터(2023).

비개혁주의적 개혁 전략이 출구다

유럽연합은 2000년 미국 모델이 경제적 효율성을 위해 사회 통합 가치를 희생한다고 비판하며 사회 통합과 경제적 효율성을 동시에 구현하는 유럽의 사회적 모델European Social Model을 제시했는데, 그 경험적 준거는 스웨덴 등 스칸디나비아 국가들이었다(조돈문 2016). 세계적 중도 우파 주간지 〈이코노미스트Economist〉(2013.2.2)도 북유럽 특집을 기획하여 2008~09년 세계 금융 위기 이후 시장경제 모델들을 비교했는데, 미국은 극단적 불평등에 시달리고 있지만 북유럽 국가들은 "경제적 경쟁력, 사회적 건강, 행복에 이르기까지 모든 부문에서 최고"라고 평가했다. 이 특집은 주로 스웨덴의 성공 사례를 집중적으로 소개하며 유럽은 물론 세계 각국은 좌파-우파 이념 대립을 폐기하고 스웨덴을 중심으로 한 스칸디나비아 모델을 벤치마킹하라고 독려했다.

오늘날의 스웨덴은 계급 투쟁과 이데올로기 투쟁의 결과물이다. 스웨덴도 20세기 초 노동과 자본의 극단적 계급 갈등을 겪었는데 1930년대 들어 공존의 길을 모색하게 되었다. 1938년 살트

셰바덴 협약이 포지티브섬 게임을 가능하게 한 계급 타협이었다. 스웨덴 노동자들은 70% 이상의 높은 노동조합 조직률과 90% 이상의 단체 협약 적용률로 계급 형성을 성공시키며 사회민주당을 중심으로 정치 세력화를 추진했는데, 스웨덴은 노동계급 정당이 가장 오래 집권한 나라로서 노동계급 정치 세력화의 성공 사례로 평가되고 있다.

스웨덴 사회민주당이 1932년 최초 집권한 시점부터 현재까지 집권한 기간은 70여 년에 달하며, 1915년 이래 줄곧 원내 제1당 지위를 유지하고 있다. 이렇게 사회민주당이 확고한 국민적 지지를 받아온 것은 사회민주당이 수립한 스웨덴 모델에 일반 시민들이 변함없는 지지를 보내고 있기 때문이다. 스웨덴이 20세기 초 미국보다도 더 불평등했었는데 현재 미국은 물론 다른 선진 자본주의 국가들보다 훨씬 더 평등한 사회가 될 수 있었던 것은 높은 조세 부담률로 만든 복지국가 덕분이다.

한국인들은 평등한 복지국가를 희망하면서도 북유럽 모델보다 미국식 모델을 더 선호하고, 사회복지 확대를 위한 증세 부담을 거부하는 비율이 절반 이상이다. 스웨덴도 오늘날의 스웨덴 모델을 만들기까지 100년 이상 걸렸다. 스웨덴을 벤치마킹하되 우리 사회의 객관적 조건을 고려하여 장기적 전망에서 점진적 변화를 추진하는 접근법이 필요하다. 그것이 자본주의 시장지배 체제의 문제점을 해소하기 위한 제도 개혁을 추진하되 개혁의 성과에 안주하지 않고 보다 높은 수준의 변혁을 지향하는 '비개혁주의적 개혁non-reformist reform' 전략이다.

비개혁주의적 개혁 전략은 두 가지 하위 전략으로 구성된다. 하나는 노동자들을 중심으로 한 주체 형성 전략이고, 다른 하나는 평등 사회를 위한 제도 개혁 전략이다.

스웨덴 등 스칸디나비아 국가들이 복지국가를 건설하고 불평등을 완화할 수 있었던 것은 노동자들이 계급 형성을 통해 불평등 체제에 맞서 사회적 약자들의 평등 요구를 조직하고 정치 세력화에 성공했기 때문이다.[41] 현재 한국 노동자들은 정규직-비정규직, 대기업-중소기업, 남성-여성 분절들로 나뉘어 있고 노동조합 조직률은 10% 수준으로 매우 낮아서 하나의 계급적 집합체로 통합되지 못하고 있다. 이렇게 노동계급의 계급 형성은 지지부진하고 진보 정당들이 정치적 존재감을 보이지 못하면서 정치 세력화도 성과를 거둘 수 없게 되었다.

노동계급이 계급 형성을 유의미하게 진전시켜야 현재의 계급 갈등 함정을 벗어나 스칸디나비아형 사회민주주의 모델처럼 노동과 자본이 상생하는 포지티브섬 게임 단계로 나아갈 수 있다(그림 4.2 참조). 또한 노동계급이 사회적 약자들의 구심점이 되어 지배계급의 불평등 이데올로기에 맞서 불평등 체제에 대한 불만 속에서 평등 사회를 위한 국민적 합의를 형성하고 정부의 불평등 완화 정책을 압박할 수 있다. 이렇게 불평등 체제의 피해자들이 결집되어 주체로 형성되면 제도 개혁을 추진하며 시장경제 모델의 전환을 가능하게 하는 한편 진행된 제도 개혁과 사회 진보가 후퇴할 수 없도록 만드는 사회 세력 동맹이 구축된다.

노동계급 계급 형성은 조직된 노동자들의 총연맹 조직체가 주도해야 하는데, 현재 일반 시민은 물론 소속 노동조합원들로부

41 이 책 제4장과 코르피(1978, 2006)의 권력 자원 이론 설명을 참조할 것.

42 일반 시민들의 노동조합에 대한 부정적 인식 및 노조원들의 상급 단체에 대한 평가에 대해서는 조돈문(2023)을 참조할 것.

터 상실한 신뢰와 존경을 복구하는 노력부터 시작해야 한다.[42] 이를 위해 노동조합들이 전체 노동계급의 보편적 계급 이익을 대변하며 계급 내 연대를 강화하는 활동을 전개해야 한다. 무엇보다도 생산 현장의 비정규직·여성·중소 영세 사업장 노동자들에 대한 차별 처우를 없애고, '동일 가치 노동 동일 임금' 원칙을 확립하고 하후상박下厚上薄형 임금 교섭 전략으로 연대 임금 정책을 실천하고, 노동 관계법의 보호를 받지 못하는 간접 고용·특수 고용 비정규직 노동자들도 노동3권을 온전히 보장받을 수 있게 하고, 산별 노조 차원의 초기업 교섭 체계를 강화하여 미조직 노동자들도 단체 협약의 보호를 받을 수 있도록 하고, 적극적 노동 시장 정책을 강화하여 초기업 수준의 취업 보장 방식으로 고용 안정성을 보장하고, 고용보험 등 4대 사회보험의 사각지대를 해소하여 모든 일하는 사람들을 사회적 위험으로부터 보호하고, 성별 임금 등 노동 조건 격차를 해소하고 성별 직무 분리 구조를 분쇄하는 활동을 본격적으로 추진할 필요가 있다. 이러한 활동이 법 제도 개혁으로 성과를 낼 때 노동3권 보장 강화 등 노동계급 계급 형성을 위한 유리한 조건이 형성된다는 점에서 비개혁주의적 개혁 전략의 우선적 제도 개혁 과제라 할 수 있다.

제도 개혁 전략은 노동계급 계급 형성 조건 조성 과제 외에도 소득 재분배 과제와 시장경제 모델 이행 과제도 수행해야 한다. 소득 재분배 정책은 주로 보건·의료, 돌봄, 교육, 주거, 사회보험, 저소득층 소득 지원 등 사회정책을 중심으로 시행되는데, 불평등 체제의 피해자에게 실질적 혜택을 제공하며 삶의 질을 개선하고 불평등을 완화한다. 소득 재분배 정책의 효과는 사회정책의 재정 지출 규모에 의해 결정된다는 점에서 국민의 조세 부담률이 핵심

관건이 된다.

〈이코노미스트〉(2013.2.2)는 스웨덴 모델을 격찬하며 스웨덴 사람들이 미국인들보다 더 많은 세금을 기꺼이 납부하는 것은 좋은 교육과 무료 보건 의료 서비스를 받기 때문이라고 설명한다. 스웨덴인들은 복지국가에서 누리는 혜택에 감사하며 기꺼이 높은 부담의 조세를 납부하고, 복지 동맹을 구축하여 극우 세력의 공세로부터 스웨덴 모델을 지켜내고 있다.

문재인 정부 초기 한국인들이 높은 복지 증세 부담 의향을 보여준 것은 문재인 정부가 사회·경제 개혁으로 '나라다운 나라'를 만들고 자신들도 혜택을 누릴 수 있다는 기대감 때문이었다. 단순한 기대감보다 실제 소득 재분배 정책의 효능감을 경험하면 복지국가 모델에 대한 헌신성이 훨씬 더 강화되면서 증세 부담 의향도 더 높아질 것이다.

사회적 약자들은 제도 개혁의 수혜자로서 개혁 정책을 옹호하며 다음 단계의 더 수준 높은 변혁적 개혁 정책에도 지지를 보내고 평등한 복지국가로 이행하기 위한 증세 부담 이상의 비용과 희생도 감수하게 된다. 이렇게 소득 재분배 정책은 평등 사회 대안 모델에 대한 광범한 지지층을 형성하며 사회적 약자 동맹으로 세력화할 수 있다.

제도 개혁의 또 다른 과제는 영미형 자유시장경제 모델에서 스칸디나비아형 사회민주주의모델로 이행하는 것이다. 이는 소득 재분배를 위한 사회정책 수준을 넘어 사회·경제의 운영 방식까지 바꾸는 개혁이다. 현재 시장·자본의 자율성이 날로 강화되어 거의 독재 수준에 이르고 있는데 이를 시장·자본에 대한 사회적 규제 방식으로 전환해야 한다(표 3.2 참조).

사회 서비스의 상품화가 아니라 공공성을 강화하여 사회적으로 제공하고, 공기업을 사유화하지 않고 공공재를 위한 국가·지자체의 정책 수단으로 적극 활용하며, 기업 지배 구조를 주주 지배 방식이 아니라 노동자, 협력 업체와 지역 공동체 등 이해 당사자가 지배하는 방식으로 바꾸고, 원청·대기업의 전횡을 막고 원·하청이 이익을 공유하도록 하여 중소기업의 이윤율을 정상화하고, 재벌이 지배·경영권을 독점·세습하지 못하도록 하고 전문 경영인 체제를 정착시키는 한편 공동 결정제와 임노동자 기금제 같은 경제민주주의 장치들도 도입·강화해야 한다.

노동자 중심 주체 형성 전략과 소득 재분배 과제가 잘 진행되어야 이행 주체와 폭넓은 지지 기반이 형성될 수 있어서 시장경제 모델의 제도 개혁도 수월하게 진행될 수 있다.

20장. 99%가 1%에게 묻는다. "당신들의 잠은 편안한가?"

한국 불평등 체제의 불안정성

자본주의 사회는 불평등 현상이 개선되지 않고 악화되는 경향이 있는데, 서구 자본주의나 한국이나 다를 바 없다. 시장에서 소득 불평등이 발생하고 재생산되는 메커니즘은 피케티(Piketty 2014)가 잘 보여주었다. 자산 수익률이 항상 국민소득 증가율보다 높기 때문에 국민소득에서 노동에 비해 자본이 차지하는 비율, 즉 자본소득 분배율은 떨어지지 않는다. 그 결과 자본가·고소득자의 소득과 자산은 점점 더 많아지고 노동자·저소득자의 소득과 자산은 점점 더 적어진다. 선진 자본주의 국가들은 저성장 단계로 접어들어 자산 수익률과 국민소득 증가율의 격차가 커지며 소득 불평등 심화 추세가 지속될 전망인데, 한국도 이제 저성장 단계에 진입하고 있다.

불평등이 심화 혹은 완화되는 정도는 국가별로, 시기별로 상당한 차이가 있는데, 포드주의 시기와 신자유주의 시기 사이, 시장경제 모델들 사이의 차이에서도 잘 나타난다. 20세기가 시작될 무렵 스웨덴은 미국보다 더 불평등했지만, 현재 미국에 비해 훨씬 더 평등한 사회가 되었다. 이러한 변화를 설명하는 변인이 계급 역학관계인데, 마르크스주의 연구자들에 의해 꾸준히 연구되었으며 라이트의 계급 이익 곡선 이론으로 정교화되었다(그림 4.2 참조). 계급 역학관계가 시장의 소득 분배 방식과 국가의 소득 재분배 정책을 결정하기 때문에 스웨덴에 비해 노동계급의 계급 형성과 정치 세력화에 뒤진 한국과 미국은 노동자·저소득자의 몫이 작다. 인류 역사를 '계급 투쟁의 역사'로 규정한 마르크스의 〈공산당 선언〉이 여전히 유효함을 확인해준다.

여기에서 이 책의 물음이 시작되었다. 소수의 고소득자가 다수의 저소득자를 지배하는 불평등 체제가 어떻게 유지될 수 있을까? 그것은 절대다수를 구성하는 피지배자들이 불평등 체제의 피해자면서도 불평등 체제를 정당한 것으로 수용하기 때문이다. 피지배자들이 불평등 체제를 정당하다고 인정하면 불평등 체제는 안정성을 유지하지만, 피지배자들이 불만을 지니고 평등을 요구하면 불평등 체제는 불안정하게 된다. 불평등 체제의 정당성을 둘러싼 지배계급과 피지배계급 사이의 이데올로기 다툼 결과에 따라 불평등이 심화될 수도 있고 완화될 수도 있다. 피케티가 마르크스 '계급 투쟁의 역사' 관점의 유효성을 인정하면서도 인류 역사를 이데올로기 투쟁의 역사로 규정하는 이유가 여기에 있다.

미국은 지배계급의 불평등 이데올로기가 막강한 사회적 영향력을 행사하고 있지만 스웨덴은 도리어 노동계급의 평등 이데올로기 영향력이 더 강하다. 한국은 독일·스페인처럼 미국과 스웨덴 사이에 있다. 불평등 이데올로기가 상당한 사회적 영향력을 행사하고 있지만 피지배계급의 평등 이데올로기를 압도하는 수준엔 이르지 못했다. 그래서 한국의 불평등 체제는 불안정성을 벗어나기 어렵다.

불평등 이데올로기, 절반의 성공

지배계급이 이데올로기 투쟁에서 승리하면 불평등 이데올로기가 사회를 지배하게 된다. 불평등 이데올로기의 세 가지 단계적 기본 명제들을 검증한 결과 한국에서는 제2명제 단계에서 각축 중인 것으로 나타났다.

제1명제 "불평등은 없다"에 대해, 시민들은 불평등이 존재하고, 불평등 수준은 심각하며, 불평등이 심화되는 추세임을 인지하고 있어 세 하위 명제는 모두 거부되고 있다.

제2명제 "불평등이 있다 하더라도, 불평등은 정당하다"에 대해, 시민들은 다양한 사회·경제적 자원 배분에서 낙수효과가 없고, 불평등이 사회 갈등을 빚으면서 사회 통합은 실패했다고 평가한다. 이처럼 제2명제의 하위 명제 두 개, 즉 불평등 낙수효과 명제와 불평등 순기능 명제는 거부되었지만, 세 번째 하위 명제 '상승 이동 기회 보장'은 수용도 거부도 되지 않은 상태다.

제3명제 "불평등이 정당화될 수 없다 하더라도, 대안적 평등 사회는 실현 불가능하다"에 대해 시민들은 대체로 지배계급 이데올로기를 거부하기보다 수용하는 것으로 나타났다. '평등 사회 대안 부재'라는 하위 명제에 대해, 시민들은 바람직한 위계 구조 유형으로 피라미드형보다 다이아몬드형을 선호하지만 구체적 사회 발전 방향에서는 스칸디나비아 모델보다 미국식 모델을 선택하는 모순적 태도를 보여준다. 한편, 시민들이 평등 사회로 이행하기 위한 책임과 부담을 기피하고 있어 '평등 사회 이행 불가'라는 하위 명제가 실질적으로 수용되고 있다고 할 수 있다.

이처럼 한국 사회에서 지배계급의 불평등 이데올로기가 제1명제 단계에서는 실패했지만 제2명제 단계에서 불평등 체제를 방어하고 있고, 제3명제는 아직 첨예한 쟁점으로 부각되지 않은 상태다. 현재 지배계급 이데올로기는 제2명제의 세 번째 하위 명제 '상승 이동 기회 보장'으로 불평등을 정당화하고 국민 여론을 설득하며 평등 이데올로기와 각축을 벌이고 있다.

한국도 서구 자본주의 국가들처럼 인생 성공 조건으로 본인 노력이 중요하게 인식되고 있지만, 출신 배경은 서구 국가들에 비해 한국에서 훨씬 더 중요하게 평가되고 있다. 서구에서는 출신 배경과 본인 노력 사이의 상대적 비중에 큰 변화가 없지만, 한국에서는 출신 배경의 중요성이 상승하고 본인 노력의 중요성은 하락하는 추세다. 그 결과 경미한 차이지만 출신 배경이 본인 노력보다 조금 더 중요하게 평가되고 있는데, 출신 배경의 상대적 우위는 점점 더 강화될 것으로 전망된다.

이처럼 우리 사회는 명실상부한 금수저-흙수저의 '수저 계급 사회'로서 서구 국가들보다 세습 자본주의 특성을 더 강하게 보여준다. 서구 국가들은 봉건시대의 지위 세습을 대체한 자본주의 실력주의의 특성을 보여주지만, 한국 사회는 아직 실력주의가 제대로 구현되지 않은 상태에서 세습 자본주의 성격까지 보여준다. 우리 사회는 봉건시대 지위 세습과는 달리 소득·자산과 교육을 매개로 불평등이 대물림되면서 세습 자본주의와 실력주의가 혼재하며 경합하는 양상이다. 따라서 한국에서는 지배계급이 서구처럼 실력주의가 상승 이동 기회를 보장한다며 불평등을 정당화하기 어렵다.

기계적 평등도 공정이 아니다

지배계급 이데올로기가 불평등을 정당화하기 위해 공정성 가치를 끌어들이면서 불평등의 이데올로기 공방은 공정성 담론을 중심으로 진행되고 있다. 문재인 대통령이 "평등과 공정" 원칙을 선언하며 촛불 정부를 출범시킨 반면, 윤석열 대통령은 "자유와 공정" 원칙을 표방하며 촛불 항쟁과 문재인 정부의 평등 가치를 기득권 세력의 '자본과 시장의 자유' 개념으로 대체했다.

지배 세력은 불평등 현상을 해석하는 프레임으로 공정성을 제시하며 이데올로기 투쟁의 무기로 활용했는데, 이러한 시도는 문재인 정부의 정규직 전환 정책을 공격하면서 본격적으로 시작되었다(이명호 2021; 곽영신·류웅재 2021). '인국공' 사태에서 반대론자들은 비정규직 정규직 전환 정책을 취준생의 취업 기회를 제한하는 불공정한 정책이라 비판했다. 정규직 전환 정책은 비정규직 노동자가 맡은 직무를 계속 수행하도록 하되 고용 형태만 간접 고용에서 직접 고용으로 바꾸는 조치로서 취준생의 취업 기회에 영향을 주지 않는다. 그럼에도 비판론은 인국공 사태를 전환 비정규직과 취준생의 이해관계 충돌로 프레이밍하며 비정규직 오남용과 비정규직 차별 대우라는 노동 시장의 구조적 문제를 은폐했다.

불평등 이데올로기는 우리 사회가 기회를 균등하게 보장한다고 전제하기 때문에 저소득자와 비정규직 등 사회적 약자들은 능력과 노력의 경쟁에서 낙오한 패배자로 규정된다. 그래서 불평등 체제의 피해자들은 사회를 탓하지 말고 불평등·불공정 현실을 수용해야 한다는 논리다.

대표적 공정성 기준으로 꼽히는 공리주의의 '최대 다수의 최대 행복'이나 존 롤스의 공정성 원칙들에 비춰봐도 한국 사회는 공정한 사회로 보기 어렵다. 우리 사회는 최대 다수의 최대 행복 실현을 포기하고 소수의 행복을 위해 다수의 희생을 강요한다. 또한 정치적 자유를 보편적으로 보장하지 않고 경제적 기회도 충분하게 제공하지 않기 때문에 존 롤스의 평등한 자유의 원칙과 기회 균등 보장의 원칙을 이행하는 데도 실패하고 있다.

한국 사회의 불평등 체제는 공정하지도 않기 때문에 시민들은 불만을 느낀다. 10명 가운데 아홉 명은 불평등 수준이 심각하다고 보고 있어 불평등에 대한 불만이 매우 높다. 한편 능력·노력에 견줘 자신이 받아야 할 몫보다 더 적게 받는다는 의견이 더 많이 받는다는 의견의 10배 이상 된다는 것은 불공정 배분에 대한 불만도 널리 확산되어 있음을 의미한다.

시민들은 저소득이나 비정규직을 개인의 책임이 아니라 전체 사회가 책임져야 할 사회 구조적 문제로 인식하고, 부패 구조와 결탁하지 않으면 사회적으로 성공하기 어렵다고 느낀다. 봉건시대의 지위 세습 전통을 대체하는 자본주의의 실력주의조차 제대로 실행되지 않는다고 판단하는 것이다.

시민들이 원하는 것은 무조건적인 기계적 평등이 아니다. 그것은 공정하지 않다고 보기 때문이다. 시민들은 기여에 상응하여 차별적으로 보상하는 형평의 원칙을 지지하는데, 이는 기계적 평등을 부정하는 '수직적 형평 원칙'이다. 한편, 시민들은 정규직과 비정규직의 임금 격차를 불공정한 것으로 보고 '동일 가치 노동 동일 임금'을 요구하는데, 이는 '수평적 형평 원칙'이다. 수직적 형평과 수평적 형평을 동시에 구현하는 분배 방식은 정당한 보상의 차이는 인정하되 부당한 차별 처우는 허용하지 않는 방식이다. 이처럼 기여에 상응하여 보상하는 형평 원칙이 바로 한국인이 판단하는 공정한 분배 방식으로서, 능력과 함께 노력도 중시한다.

불평등과 불공정에 대한 시민들의 불만은 불평등하고 불공정한 현실에 뿌리를 두고 있다. 한편, 경험 속에서 형성된 시민들의 평등 감수성과 공정 감수성은 불평등 이데올로기가 불평등을 공정한 것으로 정당화하기 어렵게 한다. 평등하고 공정한 사회에 대한 기대와 불평등하고 불공정한 현실 사이의 괴리는 시민들에게 박탈감을 안겨주며 시민들의 불만을 증폭시킨다.

국가와 재벌의 상호성 원칙 위반

인간은 이기적 존재라서 모두 개인적 이해관계를 추구하면 자연 상태의 시장은 "만인의 만인에 대한 투쟁" 상태가 되어 사회 구성원 모두 피해자가 된다. 이런 최악의 상황을 피하려면 생존, 안전, 자유, 평화 같은 모든 구성원에게 필요한 공동선을 실현하는 역할이 요구되고, 그래서 국가가 만들어졌다.

국가가 특정 개인 혹은 집단의 특수 이익이 아니라 전체 사회의 보편 이익을 위한 공동선을 실행하는 대가로 시민들은 국가에

권한을 부여하고 납세와 국방 등 의무를 이행한다. 평등과 공정의 가치도 국가가 보장해야 할 공동선이다. 자연 상태의 시장은 소득과 자원을 불평등하게 배분하기 때문에 국가는 시장에 개입하여 좀 더 평등하게 배분하고 조세·재정 정책을 통해 소득 재분배를 실시하며 불평등을 완화하는 역할을 한다. 문재인 정부는 평등하고 공정한 사회 건설을 약속했지만 출범한 지 1년도 안 되어 포기했고, 윤석열 정부는 자유와 공정의 원칙을 내세워 자본과 시장의 자유를 중시하며 불평등 문제는 외면한다.

고속 경제 성장 과정에서 출현한 재벌 그룹 대기업들은 수출 주도 경제 성장을 견인하며 일자리를 창출할 뿐만 아니라 수출 시장 점유율을 확대하고 막대한 이윤을 축적하며 경제 성장의 과실을 챙겼다. 하지만, 경제 성장의 동반자인 협력 업체 중소기업들과 노동자들에게 기대되었던 낙수효과는 따라오지 않았다. 재벌은 불평등 체제의 최대 수혜자로서 시장 지배력을 이용하여 막강한 정치·사회적 권력을 행사하지만, 상응하는 노블레스 오블리주나 기업의 사회적 책임은 이행하지 않는다. 정주영 같은 재벌 그룹 창업주가 보여준 기업가 정신과 창의성이 재벌 3·4세들에서 찾기 어려워지면서 각종 불법·비리·악행을 일삼는 일탈 행태들만 부각되고 있다. 그 결과, 자본이 사회적 책임은 다하지 않으면서 노동자와 소비자를 희생시키며 이윤만 추구한다고 보는 시민 인식은 바뀌지 않는다.

국가가 공동선 실행을 외면하고 재벌이 사회적 책임을 거부하는 것은 상호성의 사회 계약을 위반하는 행위다. 사회 계약 위반의 책임이 국가와 재벌에 있기 때문에 시민들은 상호성 원칙 위반을 응징한다. 촛불 항쟁은 불평등에 대한 불만이 누적된 가운데 국정 농단 사건으로 드러난 불공정성에 분노하여 국가 권력의 최고 책임자를 축출한 집합 행동이다.

체제 정당화론이 입증했듯이, 공정하고 정의롭지 않더라도 사람들은 심리적 불안감과 현실적 불이익을 피하기 위해 불공정하고 불의한 권력도 정당한 것으로 수용하는 경향이 있다. 이러한 체제 정당화 경향성을 극복한 사례가 촛불 항쟁이다.

상호적 공정성 원칙은 한국 사회의 계급 역학관계에도 적용된다. 자본이 공존·상생을 거부하고 일방적 계급 지배 방식을 고수하는 데 대해 노동은 강력하게 저항하고 있다. 현재 한국 사회의 노동-자본 계급 관계는 라이트 계급 이익 곡선의 계급 갈등 함정에 빠져 있는데, 이는 민주 노동운동이 자본의 일방적 지배 방식이 관철되지 못하도록 저지하는 최소한의 거부 권력은 보유하고 있음을 의미한다.

민주 노동운동의 저지 투쟁은 자본의 상호성 원칙 위반에 대한 응징, 즉 부정적 상호성이다. 이러한 부정적 상호성의 응징은 투쟁 노동자들에게 임금 등 물질적 피해는 물론 해고, 구속, 생명의 손실 같은 희생을 요구한다. 투쟁의 피해와 희생은 투쟁 참여 노동자들에게 돌아가지만 투쟁의 성과는 노동 기본권 보장과 상생의 계급 관계처럼 모든 노동자에게 혜택을 준다. 따라서 개별 노동자 입장에서는 공동선·공공재를 위한 투쟁에 참여하지 않고 투쟁의 혜택만 누리는 것이 합리적 선택인데, 민주 노동운동과 참여 노동자들은 촛불 민중처럼 비합리적 선택을 한 것이다.

사회 계약의 상호성 원칙이 위반되면, 시민들은 촛불 민중과 민주 노동운동처럼 위험 부담을 감수하며 응징에 나선다. 계급 역학관계는 자본의 일방적 지배 시도와 민주 노동운동의 부정적 상호성 응징으로 계급 갈등 함정에 빠져 있어서 불안정이 일상화되어 있다. 국가-시민 관계도 문재인 정부 시기 긍정적 상호성과 부정적 상호성 사이를 오갔지만, 윤석열 정부 시기는 촛불 항쟁 이전 상황과 유사하다.

정권이 바뀌었어도 시민들은 여전히 국가의 공동선 실행을 기대한다. 자본과 시장의 자유를 중시하는 윤석열 정부하에서 시민들은 불평등이 심화되고 공정성이 훼손되는 경험을 한다. 기대와 현실의 괴리가 확대되면서 불만이 누적되다가 시민들의 불만이 촉발 요인을 만나면 촛불 항쟁처럼 의분으로 폭발할 수 있다.

촛불 항쟁과 반사실적 실험

시민의 상호적 공정성 원칙은 양면성을 지닌다. 지배 세력이 사회 계약의 상호성 원칙을 위반하면 응징하고, 지배 세력이 사회 계약의 상호성 원칙에 충실하면 신뢰를 주고 협력한다. 전자는 부정적 상호성이고, 후자는 긍정적 상호성이다.

촛불 항쟁은 부정적 상호성의 표현이지만, 문재인 정부 초기 시민들이 금융 규제 강화, 부동산 거래 신고제 도입, 부동산 보유세 증세, 대기업과 부자 증세, 최저 임금 인상 등 사회·경제 개혁 정책에 지지를 보내고 증세 부담에 찬성한 것은 새 정부에 대한 기대감에서 비롯된 긍정적 상호성의 발현이다. 그러나, 문재인 정부가 사회·경제 개혁을 포기하자 시민들이 정권에 대한 기대와 신뢰를 철회하고 증세 납부에 반대하는 입장으로 전환했다. 이처럼 긍정적 상호성과 부정적 상호성은 지배 세력의 행태에 따라 바뀔 수 있는 가변적 입장이다.

촛불 항쟁과 촛불 이후는 우리 사회가 불평등하고 불공정한 사회에서 평등하고 공정한 사회, '나라다운 나라'로 이행할 가능성이 매우 컸던 시기다. 촛불 항쟁과 문재인 정부 사회·경제 개혁 포기의 역사적 의미는 '반사실적 실험'으로 확인할 수 있다.

촛불 항쟁이 없었다면, 우리 사회는 어떻게 되었을까? 국가와 시민, 지배 세력과 피지배 세력 사이 사회 계약의 위반 상황은 지속되었을 것이다. 불평등과 불공정은 심화되고 불만은 더 커졌을 것이다. 노동-자본 계급 관계는 계급 갈등 함정의 수렁으로 더 깊게 빠져들어가고 사회 갈등은 더 격화되어 네거티브섬 게임이 우리 사회 구석구석을 지배하게 되었을 것이다. 시민들은 불평등하고 불공정한 지배 질서의 위력을 인정하고 체념하며 불평등 이데올로기를 점점 더 내면화하게 되었을 것이다.

촛불 항쟁은 국가와 지배 세력이 상호성 원칙의 사회 계약을 위반한 데 대해 도덕적으로 분노하며 응징한 집합 행동이다. 촛불 항쟁은 예전과 다른 사회 발전 경로의 가능성을 열어주었다. 박근혜 퇴진 이후 치러진 대통령 선거에서 평등하고 공정한 사회 실현을 약속하는 파격적 대선 공약들이 경쟁적으로 제출되었고, 소득 주도 성장 전략과 함께 평등하고 공정한 사회를 수립할 대안적 정책 패키지를 제시한 정치 세력이 집권하게 되었다. 보다 평등하고 공정한 사회의 가능성은 현실이 될 수 있었다. 촛불 항쟁의 역사적 의의는 여기에 있다.

문재인 정부는 출범 1년 만에 국민과 약속했던 소득 주도 성장 전략을 폐기하며 사회·경제 개혁 추진을 포기했고, 마침내 국가 권력을 극우 정치 세력에 넘겨줬다. 그 후과로 우리 사회는 촛불 이전 상황으로 돌아갔다.

노동-자본의 계급 관계와 시장의 소득 분배 방식은 〈모던 타임스〉 시대를 방불케 하고, 현 대통령은 소득 주도 성장 정책 폐기를 최고의 치적으로 자랑하고 자유시장경제 모델에 대한 절대적 믿음을 과시하며 "정부와 기업은 하나"를 강조한다. 노동조합 탄압으로 한국의 현 상황을 계급 이익 곡선에서 계급 갈등 함정의 좌측 국면으로 되돌리려 한다.

미국은 시장 경쟁을 제약하는 자본 집중 문제를 해결하기 위해 셔먼법Sherman Act, 1890년과 클레이튼법Clayton Act, 1914년 같은 반독점법을 제정하고, 상업은행의 비금융 기업 주식 소유를 금지하는 금융-산업 분리법인 글래스-스티걸법Glass-Steagall Act, 1933~1999년을 제정했다. 이렇게 산업과 금융에 독점적 지배력을 행사하는 카네기, 록펠러, 모건 같은 거대 자본들을 규제하는 조치를 미국은 이미 100년 전에 시행했다. 한국은 유럽 국가들에 비해 경제민주주의가 훨씬 더 취약한 미국과 비교해도 100년 정도 뒤져 있건만, 이마저도 다시 역주행을 시작한 것이다.

문재인 정부가 촛불 대선 공약을 파기하지 않고 소득 주도 성장 전략과 함께 국민에게 약속했던 사회·경제 개혁을 실행했었더라면, 한국 사회는 어떻게 되었을까?

서구 자본주의 국가들이 제2차 세계 대전 이후 포드주의 계급 타협에 기초하여 자본주의 황금기를 구가할 때, 한국은 권위주의 국가와 자본의 일방적 계급 지배 방식으로 고속 경제 성장을 추진하는 '개발 독재' 시대를 살고 있었다. 한국 현대사에 없었던 포드주의 계급 타협과 자본주의 황금기가 문재인 정부 시기에 현실적 가능성으로 다가왔던 것이다. 촛불 공약의 소득 주도 성장 전략은

이 절호의 기회를 살리는 듯했다.

계급 역학관계의 동학과 경제 정책 패러다임의 교체 가능성을 보면 촛불 항쟁과 촛불 이후 시기는 100년 전 스웨덴 상황과 유사하다(조돈문 2019). 20세기 초 스웨덴의 노동과 자본은 서로 상대를 제압하기 위해 계급 역량을 최대한 동원하며 첨예하게 대립했다. 노동의 총파업과 자본의 직장 폐쇄가 반복되는 악순환으로 스웨덴은 계급 갈등 함정에 빠져 네거티브섬 게임을 벗어나지 못했다. 장기화된 경제 침체 속에서 고용 위기가 심화되며 자본과 노동 모두 피해자가 되어 있었다. 스웨덴 사민당은 정치가이자 사상가인 비그포르스를 중심으로 경제 위기와 고용 위기의 원인을 과소 수요로 진단하고 소득 주도 성장 정책을 해법으로 제시했다.

사민당은 1932년 집권하면서 소득 주도 성장 전략으로 공적 지출을 증대하고 임금을 인상하여 내수 시장을 강화하고 소비를 증대함으로써 경제 위기와 고용 위기를 동시에 해결했다. 한편 노동과 자본은 모두 일방적 계급 지배가 불가능하다는 현실을 인정하고 1938년 살트셰바덴 협약을 체결했다. 노동은 자본의 소유권과 경영 특권을 인정하고, 자본은 노동의 생존권과 노동 기본권을 인정한 역사적 계급 타협이었다. 이렇게 노동과 자본은 계급 갈등 함정을 벗어나 포지티브섬 게임으로 윈윈하며 공존·상생할 수 있게 되었다.

문재인 정부가 소득 주도 성장 전략과 사회·경제 개혁을 포기함으로써 촛불 시민의 전폭적 지지에 힘입어 스웨덴처럼 평등하고 공정한 '나라다운 나라'를 실현할 기회를 살리지 못하고 불평등하고 불공정한 나라로 주저앉게 만든 것이다. 이로써 경제 정책 패러다임은 이윤 주도 성장 전략으로 돌아갔고, 계급 역학관계는 계급 타협에 기초한 공존·상생의 포지티브섬 게임의 가능성을 실현하지 못하고 자본의 일방적 계급 지배 국면으로 후퇴하고 있다. 결국 불평등 체제는 불평등과 불공정을 완화할 기회를 잃어버렸고, 지배-피지배 관계는 긍정적 상호성의 신뢰·협력 관계 대신 부정적 상호성의 불신·보복 관계로 돌아가게 되었다.

그들에게 묻는다. "당신들의 잠은 편안한가?"

서구 자본주의 시장경제 모델 전형 국가들 가운데 미국이 가장 불평등하고 스웨덴이 가장 평등하다. 그런데 스웨덴은 물론 미국의 불평등 체제도 한국에 비해 더 안정적인 것으로 확인되었다.

스웨덴은 서구 자본주의 국가들 가운데 평등과 공정의 가치를 가장 잘 실현하고 있다. 평등한 자유의 원칙은 물론 기회균등 원칙과 차등의 원칙 실천에서도 상대적으로 모범을 보이며 '최대 다수의 최대 행복'에 가깝게 다가가고 있다. 반면, 미국은 한국처럼 불평등이 심하고 소수의 행복을 위해 다수를 희생시키지만, 시민들이 한국에 비해 불평등 수준을 덜 심각하게 인식하는 한편 기회 보장 정도는 더 긍정적으로 평가한다. 그런 점에서 지배계급의 불평등 이데올로기가 한국보다 미국에서 영향력이 훨씬 더 강하다고 할 수 있다.

계급 역학관계에서도 세 나라는 좋은 대조를 이룬다. 스웨덴은 노동과 자본이 공존·상생하는 계급 타협의 포지티브섬 게임을 실천하는 반면, 미국과 한국은 자본이 일방적 계급 지배 방식을 고집하고 있다. 한국과 미국의 차이는 한국이 미국보다 노동계급의 계급 역량이 좀 더 강하여 거부 권력을 행사할 수준이 된다는 점이다. 그래서 미국은 자본이 힘의 우위로 제로섬 게임을 지속하며 유리한 자본소득 분배율을 유지하지만, 한국은 노동도 자본도 상대를 제압하지 못하는 계급 갈등 함정의 네거티브섬 게임에 빠져 있다.

한국 사회가 불평등 체제의 안정성을 확보하려면 스웨덴 모델이나 미국 모델로 이행해야 한다. 한국의 지배 세력은 불평등을 완화하고 계급 타협을 이뤄 평등하고 공정한 스웨덴 모델로 나아가지 않고 불평등하고 불공정하되 지배계급 이데올로기의 지배력이 강하고 노동의 거부 권력이 취약한 미국 모델을 관철시키려 한다.

하지만 한국 사회를 불평등하고 불공정하다고 평가하는 시민이 평등하고 공정하다고 평가하는 시민보다 9배나 더 많다(표 14.6). 미국 모델을 정착시키기 위해서는 노동계급의 일방적 자본지배에 대한 저항과 시민들의 불평등 체제에 대한 불만을 제압해야 하는데, 이 과정에서 불평등 체제의 불안정성은 극대화될 수 있다.

한국 사회 지배 세력은 불평등 체제의 불안정성을 인지하고 있을까? 불안정성을 인지한다면, 어떻게 받아들이고 있을까?

지배 세력이 피지배 민중을 보는 시각을 파악하는 것은 어렵지 않다. 정부 부처 고위 관료는 자신을 포함한 우리 사회의 1%가 99%를 "개돼지"로 본다고 실토했다. 지배 세력이 99% 민중의 불만을 두려워하지 않는 이유는 2022년 말 방영된 인기 드라마 〈재벌집 막내아들〉의 대사에서 잘 드러난다. 드라마 최종회에서 삼성으로 추정되는 순양그룹 가신의 명대사 "복수는 억울한 사람이 하는 게 아니다. 힘 있는 사람이 하는 거다"가 나온다.

삼성 재벌 총수 일가는 대통령을 매수하여 국정 농단을 해도 성매매 동영상 유포자보다 더 가벼운 처벌을 받고, 삼성 재벌의 불법 비자금을 조성한 공금 횡령 범죄자나 불법 비자금을 수수한 정치인, 검찰, 사법부의 고위급 뇌물 수령 범죄자들은 처벌받지 않고 불법 비자금 수령 검사 명단을 공개한 국회의원은 유죄 판결로 의원직을 상실했다. 삼성 재벌이 우리 사회 구석구석을 철저하게 지배하고 있어 어떤 불법, 비리, 악행을 저지르더라도 범죄의 죄질에 상응하는 처벌을 받지 않고, 정경 유착으로 국가 권력의 최정점까지 좌지우지한다. 하지만, 그것은 지배 세력의 내부 정치에 불과하다. 시민들이 상호성 원칙 위반에 분노하여 응징에 나선다면 얘기는 달라진다. 그것이 촛불 항쟁이다. 낮과 밤의 차이는 극명하다.

한국 사회는 불평등과 불공정 수준이 높고 시민들의 불만도 강하며, 자본의 일방적 계급 지배 방식에 대한 노동의 저항도 강력하다. 또한 시민들의 상대적 공정성 원칙에 대한 헌신도가 높고 공정성 원칙 위반에 대한 응징 의지도 강하다. 한국의 불평등 체제는 소수의 최대 수혜자들이 불만이 누적된 압도적 다수의 피해자들에 둘러싸여 언제든 갈등이 폭발할 수 있는 상황이다. 촛불 항쟁이 우연히 발발한 일회적 사건이 아닌 것도 한국의 불평등 체제가 구조적으로 불안정성을 지니고 있기 때문이다.

불평등 체제가 개선되지 않은 채 시민들 불만이 촉발 요인을 만나면 또다시 제2, 제3의 촛불 항쟁으로 분출할 수 있다. 한편, 비개혁주의적 개혁 전략은 주체 형성과 제도 개혁을 통해 촉발 요인 없이도 평등 사회 이행을 추진해나갈 수 있다.

지배 세력은 불안한 가운데 상생을 거부하고 상당한 사회적 손실을 감수하면서도 네거티브섬 게임을 고집하고 있다.

그래서, 99% 민중이 1% 엘리트에게 묻는다. "당신들의 잠은 편안합니까?"

참고 자료

한글 자료

고용노동부(2019), '공공 부문 비정규직의 정규직 전환 결정 17만 5천명: '18년 말 기준, 각 기관별 실적 공개', 2019.1.25.

고용노동부(2020), "공공 부문 정규직 전환 현황('19.12.31 기준)", 2020.1.

고용노동부(2021), "'17년 7월 이후 공공 부문 상시·지속 업무 종사 비정규직 199,538명 정규직 전환", 2021.3.6.

곽영신 & 류웅재(2021), "불평등 사회 속 공정 담론의 다차원성: 청년 공정 관련 신문사설에 대한 비판적 담론분석", 한국언론학보, 2021년 65권 5호, 5~45쪽.

관계 부처 합동(2017a), 공공 부문 비정규직 근로자 정규직 전환 가이드라인, 2017.7.20.

김낙년(2020), "가계조사의 행정자료에 의한 보정: 2016년 가계금융복지조사를 중심으로", 한국 사회정책, 27:1, 39-61.

김낙년(2023), WID 한국 불평등 자료의 산정방법 관련 인터뷰(조돈문), 2023.1.29.

김동춘(2022), 《시험능력주의: 한국형 능력주의는 어떻게 불평등을 강화하는가》, 창비.

김민주(2017), "비정규직 가슴에 대못질하는 인천공항 정규직들에게: 23일 '인천공항 정규직 전환 공청회' 참가 후기", 오마이뉴스, 2017.11.27.

김성희 외(2012), 〈인천국제공항공사 연구보고서〉, 한국비정규노동센터.

김성희(2015), 〈인천국제공항공사 간접 고용 비정규직의 고용구조 개편 시도와 대안: 공사의 2014, 2015 인력개편 연구용역 방안과 실행과정의 평가를 중심으로〉, 고려대학교 노동대학원,

김용철(2010), 《삼성을 생각한다》, 사회평론.

김은아 외(2019), 〈반도체 제조공정 근로자에 대한 건강실태 역학조사: 암 질환 중심〉, 산업안전보건연구원.

김은하·이상길·서희경·전교연·박순우(2019), 〈반도체 제조공정 근로자에 대한 건강실태 역학조사: 암질환 중심〉, 안전보건공단 산업안전보건연구원.

김주일(2014), "삼성의 하도급, 과연 상생인가?", 조돈문·이병천·송원근·이창곤(편저)(2014), 《위기의 삼성과 한국 사회의 선택》, 후마니타스.

내가만드는복지국가(2017), "문재인 대통령의 증세 기조에 대한 비판", 2017.7.22,

내가만드는복지국가(2018a), "재정개혁특위의 빈약한 부동산 보유세 개혁방안: 공정시장가액비율과 실거래가 반영률은 시급히 정상화하고, 토지에 대한 종합 부동산세 대폭 강화해야", 2018.6.26.

내가만드는복지국가(2018b), "2018년 정부 세법개정안-이리 빈약한 세법개정안으로 나라다운 나라를 만들겠는가? 세수감소 방치·종부세 빈약·대기업 법인세 감면", 2018.7.30.

노회찬 의원실(2017) 보도 자료, "이재용 판결, 미국이라면 최소 징역 24년 4개월", 2017.8.25.

노회찬(2017), "공정하고 평등한 대한민국으로 나아갑시다", 2017.2.9. 정의당 원내대표 비교섭단체 대표 연설.

노회찬(2018), 《우리가 꿈꾸는 나라》, 창비.

노회찬재단·한국비정규노동센터(2023), 국민인식조사. 2023.2.

대한민국 정책 브리핑(2022), "대한민국, 유엔무역개발회의(UNCTAD) 선진국 그룹 진출". 2022.1.19.

더불어민주당(2017), 제19대 대통령 선거 정책공약집 《나라를 나라답게》, 더불어민주당.

롤스, 존(2003), 《정의론》(황경식 옮김), 이학사.

롤스, 존(2016), 《공정으로서의 정의: 재서술》(김주휘 옮김), 이학사.

류동민·주상영(2014), "피케티 이후의 마르크스 비율", 사회경제평론, 제45호, 161-183.

명로진(2020), 《전지적 불평등 시점》, 더퀘스천.

박갑주(2014), "삼성 엑스 파일 사건을 통해 본 삼성의 사회적 지배", 조돈문·이병천·송원근·이창곤(편저)(2014), 《위기의 삼성과 한국 사회의 선택》, 후마니타스.

박권일(2021), 《한국의 능력주의: 한국인이 기꺼이 참거나 죽어도 못 참는 것에 대하여》, 이데아.

박상인(2019), "청년에게 '재벌 개혁'이란?", 민주화운동기념사업회.

박상인(2022), 〈재벌 공화국: 대한민국을 쥐고 흔드는 재벌, 민주주의와 시장경제는 무사할 수 있는가?〉, 세창미디어.

박수경 · 조재환(2022), "한국 사회의 능력주의에 대한 믿음, 사회공정성 인식, 재분배 정책 선호의 유형화와 관련 요인 탐색", 사회복지정책, 49:4, 139-163.

반올림(2013), "삼성 직업병 대책 마련을 위한 요구안", 2013.12.17.

배규식(2017), "새 정부의 공공 부문 일자리 정책: 공공 부문 비정규직의 정규직화 등", 한국노동연구원, 2017.6.

송원근(2016a), "경제민주화 출발점으로서 재벌 개혁의 방향", 동향과전망, 98호, 9-45.

송원근(2016b), "삼성물산 합병의 지배 구조 효과와 재벌 개혁", 삼성노동인권지킴이 토론회《이재용 시대의 삼성: 다시 삼성을 묻는다》, 2016.12.8, 국회 본관 223호.

송호근(2006),《한국의 평등주의, 그 마음의 습관》, 삼성경제연구소.

송호근(2014), "평등주의 나라의 일등기업", 중앙일보, 2014.02.11.

신광영(2021), "지속 가능한 경제 성장과 사회적 연대는 어떻게 가능한가?", 공공상생연대기금, 2021.12.10.

신광영(2023), "능력주의, 사회적 아노미, 개인적 자유", 네이버 열린연단, 2013.1.28.

신유정(2023), "대법원 인정 뇌물·횡령죄, 미국 양형 기준 적용 시 형량", 2023.7.30.

윤태호(2022), "한국의 건강 불평등 현황과 정책과제", 김윤태 편집(2022),《한국의 불평등: 현황, 이론, 대안》, 한울아카데미, 259-297.

윤평중(2021), "열린 능력주의가 옳다", 조선일보, 2021.06.25.

이명호(2021), "한국 사회의 공정과 능력주의 담론 다시 보기: 사회 정의(사회복지 가치)의 관점에서", 사회사상과문화, 24권 4호(2021), pp. 123-153.

이병천(2020),《한국 자본주의 만들기: 압축과 불균형의 이중주》, 해남.

이용득(2018), "공공 부문 비정규직 정규직 전환, 파견·용역 근로자 절반이 자회사행", 국회의원 이용득 보도 자료, 2018.10.11.

이은환·김욱(2023), "코로나19 팬데믹은 우리에게 평등하지 않았다!", 경기연구원 이슈&진단, #525, (2023.3.17).

이정우(2021),《왜 우리는 불평등한가》, EBS Books.

이정우(2023), "이정우의 우문우답: 아, 홍범도", 무등일보, 2023.9.19.

이정전(2017),《주적은 불평등이다: 금수저-흙수저의 정치경제학》, 개마고원.

이현(2021), "서평: 마이클 샌델 '공정하다는 착각'과 능력주의 그리고 불평등 문제", 교육비평, 제48호, 298-337.

인천국제공항공사(2017a), 인천국제공항공사 좋은 일자리 창출 추진현황 보고.

인천국제공항공사(2017b). 인천국제공항공사 노·사·전문가 협의회 합의 사항.

2017.12.26.

인천국제공항공사(2020). 인천국제공항공사 제3기 노·사·전문가 협의회 합의 사항. 2020.2.28.

인천지방법원(2024). 인천지방법원 제11민사부 판결 2020가합53414 근로자 지위 확인 등.

장승규(2014), "스웨덴 발렌베리의 기업 지배 구조와 경영방식", 한국스칸디나비아학회·삼성노동인권지킴이, [쟁점토론회] 삼성과 발렌베리의 기업 지배 구조 및 경영방식 비교, 프란치스코교육회관, 2014.10.28.

장은주(2021), 《공정의 배신: 능력주의에 갇힌 한국의 공정》, 피어나.

전성인(2021), "공정경제와 재벌 개혁", 이병천·김태동·조돈문·전강수 편저(2021), 《다시 촛불이 묻는다: 포스트코로나 시대의 사회 경제개혁》, 동녘, 219-243.

정태석(2021), "능력주의와 공정의 딜레마: 경합하는 가치판단 기준들", 경제와사회, 통권 132호, 12-46.

조돈문(2003), "계급 형성과 계급연합", 신광영·조돈문·조은, 《한국 사회의 계급론적 이해》, 한울, 176-207.

조돈문(2011), 《노동계급 형성과 민주노조운동의 사회학》, 후마니타스.

조돈문(2016), 《노동 시장의 유연성-안정성 균형을 위한 유럽의 실험: 유럽연합의 유연안정성 모델과 비정규직 지침》, 후마니타스.

조돈문(2017), "한국 사회와 삼성의 사회적 지배력", 2017.5.26., 삼성노동인권지킴이.

조돈문(2019), 《함께 잘사는 나라 스웨덴: 노동과 자본, 상생의 길을 찾다》, 사회평론.

조돈문(2023), "불평등 시대 비정규직 문제에 대한 시민 의식", 한국비정규노동센터 〈불평등 사회 국민인식조사 결과발표회 개최: 노동문제를 중심으로〉, 프란치스코 교육관, 2023.4.11.

조정위원회(2018), 〈삼성전자 반도체 등 사업장에서의 백혈병 등 질환 발병과 관련한 문제 해결을 위한 조정위원회 중재 판정서〉, 2018.11.1.

조현연(2020a), "검사들 방앗간 차릴 일 있냐… 삼성 X파일 깐 노회찬의 일갈", 오마이뉴스, 2020.12.14.

조현연(2020b), "노회찬, '언터처블 삼성공화국'을 건드리다", 프레시안, 2020.12.24.

주상영 · 류동민(2014), "한국 경제의 피케티 비율: 불편할 진실 한국판 '불평등 연구보고서'", 한겨레21, 제1017호.

지식인선언네트워크(2018), "문재인 정부의 담대한 사회 경제개혁을 촉구하는 지식인 선언", 2018.7.18, 지식인선언네트워크.

참여연대(2002), "참여연대, 하버드대에 김우중 전 회장 불법 기부금 반환 요청: 하버드대 반환조치, 기업 투명성과 책임성에 대한 강한 메시지 될 것", 2002.5.29.

최규진(2023), "재난불평등과 건강: 코로나19 팬데믹을 되짚어 보며", 복지동향, 2023.3, 11-18.

최정규(2009),《이타적 인간의 출현》, 뿌리와 이파리.

통계청(2021),〈2021년 사회 조사 결과〉, 통계청.

피케티, 토마 외 25인(2017),《애프터 피케티(After Piketty): '21세기 자본' 이후 3년》, 유엔제이 옮김, 율리시즈.

피케티, 토마(2014),《21세기 자본》(장경덕 외 옮김), 글항아리.

피케티, 토마(2020),《자본과 이데올로기》(안준범 옮김), 문학동네.

한국갤럽(1993),〈갤럽리포트〉, 1993년 5·6월호, 통권 제7호, 발행일 1993.6.30.

한국비정규노동센터(2017), "'공공 부문 비정규직 제로 시대'가 성공하기 위한 조건", 이슈페이퍼, 2017-02, 한국비정규노동센터, 2017.7.

홍순탁(2016), "삼성물산-제일모직 합병 과정과 국민연금의 역할", 삼성노동인권지킴이 토론회〈이재용 시대의 삼성: 다시 삼성을 묻는다〉, 2016.12.8, 국회 본관 223호.

황선웅(2017), 인천공항 비정규직 정규직 전환 진행 상황과 쟁점 점검, 한국비정규노동센터, 2017.8.

Byanima, Winnie(2017), "한국 촛불집회, 불평등에 대한 분노…정치 아닌 경제 사건", 중앙일보, 2017.02.01.

KBS(2012), "경제 현안에 대한 여론조사", KBS 방송문화연구소.

KBS(2018), "2019년 신년 특집 한국 사회 전반에 대한 여론조사", KBS 공영미디어연구소.

외국 자료

Abercrombie, Nicholas, Stephen Hill & Bryan Turner(1980). *The Dominant Ideology Thesis*. (London: George Allen & Unwin).

Alesina, Alberto, Stefanie Stantcheva, and Edoardo Teso(2018). "Intergenerational Mobility and Preferences for Redistribution." *American Economic Review* 108, No.2.

Althusser, Louis (1971). "Ideology and Ideological State Apparatuses" in *Lenin and Philosophy and Other Essays*. (N.Y.: Monthly Review). 127 – 188.

Badaan, Vivienne(2018). "Social Protest and Its Discontents: A System Justification Perspective". *The Multidisciplinary Journal of Social Protest*(6: 1).

Bartholomaeus, Jonathan, Nicholas Burns & Peter Strelan(2023). "The Empowering Function of the Belief in a Just World for the Self: Trait–Level and Experimental Tests of Its Association With Positive and Negative Affect". *Personality & Social Psychology Bulletin*. April, 2023. Vol. 49 Issue 4.

Baumard, N., Mascaro, O. & Chevallier, C.(2012) Preschoolers are able to take merit into account when distributing goods". *Dev Psychol*. 48, 492–498.

Bentham, Jeremy(1780[2000]). *An Introduction to the Principles of Morals and Legislation*. (Kitchener: Batoche Books).

Bharti, Nitin Kumar, Sehyun Hong, Thanasak Jenmana & Zhexun Mo(2023). *2023 DINA Update for ASIA*. (World Inequality Lab). 2023.11.

Billing, Anders(2014). "Tronföljare på väg". *Fokus*. 2013.12.2.

Blanchet, Thomas, Lucas Chancel, Ignacio Flores & Marc Morgan(2021). *Distributional National Accounts Guidelines: Methods and Concepts used in the World Inequality Database*. (World Inequality Lab). 2021.6.28.

Blanchet, Thomas, Lucas Chancel, Ignacio Flores & Marc Morgan(2024). *Distributional National Accounts Guidelines: Methods and Concepts used in the World Inequality Database*. (World Inequality Lab). 2024.2.27.

Bowles, S. & H. Gintis(2002). "Homo reciprocans". *Nature* 415. 125–128.

Brosnan, S. & de Waal, F.(2003). "Monkeys reject unequal pay". *Nature* 425, 297–299.

Burja, Samo(2022), "The Family That Finances Sweden". *Medium*. May 4, 2022.

Davies, James C. "Toward a Theory of Revolution," *American Sociological Review*. xxvii (February 1962). 5–19.

Dohmen, Thomas, Armin Falk & David Huffman(2009). "Homo Reciprocans: Survey Evidence on Behavioural Outcomes". *The Economic Journal*, Mar 01, 2009, 119(536). 592–612.

Elster J(1982). "Belief, bias, and ideology". *Rationality and Relativism*. Edited by Hollis M, Lukes S. Oxford: Basil Blackwell; 1982:123–148.

Fehr, Ernst and Armin Falk(2001). "Chapter 2: Reciprocal Fairness, Cooperation And Limits To Competition". *Intersubjectivity in Economics*. Edward Fullbrook. p28–42.

Fehr, Ernst & Simon Gächrer(2002), "Altruistic punishment in Humans", *Nature* 415. 137–140.

GIA(2023). 75 Anniversary Survey. Gallup International Association.

Glyn, Andrew, Alan Hughes, Alain Lipietz & Ajit Singh(1990). "The Rise and Fall of the Golden Age" in Stephen A. Marglin & Juliet B. Schor (eds). *The Golden Age of Capitalism: Reinterpreting the Postwar Experience*. (Oxford: Clarendon). pp.39 – 125.

Goldthorpe, J.H. et al.(1969). *The Affluent Worker in the Class Structure*. (Cambridge: Cambridge Univ).

Grosskopf, B. & R. Nagel(2021). "An experimental analysis of ultimatum bargaining (By Werner Güth, Rolf Schmittberger, and Bernd Schwarze)" *The Art of Experimental Economics: Twenty Top Papers Reviewed*. 37 – 52.

Gurr, Ted R(1970). *Why Men Rebel. Princeton*. (NJ: Princeton University Press).

Güth, W. & Kocher, M.(2014). More than thirty years of ultimatum bargaining experiments: Motives, variations, and a survey of the recent literature. *Journal of Economic Behavior and Organization* 108. 396 – 409.

Henley, Jon(2019), "'The mystery must be resolved': what befell Swede who saved Hungarian Jews?". *The Guardian*. 2019.9.23.

Hong, Sehyun & Zhexun Mo(2022). *2022 DINA Regional Update for East Asia*. (World Inequality Lab). 2022.11.

ITUC(2022). *2020 ITUC Global Rights Index: The World's Worst Countries for Workers*. (Brussels, Belgium: ITUC).

Jost, J. T., & Banaji, M. R.(1994). "The role of stereotyping in system-justification and the production of false consciousness". *British Journal of Social Psychology* 33. 1 – 27.

Jost, John T.(2017). "Working class conservatism: A system justification perspective". *Current Opinion in Psychology* 18. 73 – 78.

Jost, John T.(2019). "A quarter century of system justification theory: Questions, answers, criticisms, and societal applications". *British Journal of Social Psychology* 58. 263 – 314.

Kahneman, D., J. Knetsch & R. Thaler(1986). "Fairness and the assumptions of economics". *Journal of Business* 59. 285 – 300.

Kelley, J., & Zagorski, K.(2005). Economic change and the legitimation of economic inequality: the transformation from socialism to the free market in central-eastern europe. *Research in Social Stratification and Mobility* 22. 321 – 366.

KGSS(2023). 2003-2021 KGSS Cumulative Codebook. https://kgss.skku.edu/

Korpi, Walter(2006). "Power resources and employer-centered approaches in explanations of welfare states and varieties of capitalism: Protagonists, consenters, and antagonists". *World politics*. 58:2. 167 – 206.

Korpi. Walter(1978) *The working class in welfare capitalism: work, unions, and politics in Sweden*. (London: RKP).

Lakatos, Imre(1978). *The methodology of scientific research programmes*. John Worrall and Gregory Currie(ed.). (Cambridge: Cambridge University Press).

Le Bon, Gustave(1947[1895]). *The Crowd*. (New York: Macmillan).

Lerner, Melvin J.(1980). *The Belief in a Just World: A Fundamental Delusion*. (New York: Plenum).

Lockwood, David (1966), "Sources of variation in working-class images of society". *Sociological Review*. vol.14. 244 – 267.

Lockwood, David(1959). *The Black Coated Worker*. (London: Allen & Unwin).

Meidner, Rudolf 면담(1998). 스웨덴 LO 정책연구원. 1998.1.27.

Mill, John Stuart(1861[2002]). *Utilitarianism*. (Cambridge: Hackett Publishing Co.).

Moore, Barrington Jr.(1978). *Injustice: The Social Bases of Obedience and Revolt*. White Plains. (NY: M. E. Sharpe).

Noushey, Heather et al(eds)(2017). *After Piketty: The Agenda for Economics and Inequality*. (Cambridge: Harvard University Press).

Olson, Mancur(1965). *The Logic of Collective Action: Public Goods and the Theory of Groups*. (Cambridge, MA: Harvard University Press).

Opp, Karl-Dieter(1989). *The Rationality of Political Protest: A Comparative Analysis of Rational Choice Theory*. (Boulder, CO: Westview Press).

Parkin, Frank(1967). "Working-class conservatives: a theory of political deviance". *The British Journal of Sociology*. vol.18. 287 – 290.

Peterburs, Jutta, Rolf Voegler & Roman Liepelt(2017), "Processing of fair and unfair offers in the ultimatum game under social observation". *Nature*. article number 44062.

PEW research center(https://www.pewresearch.org/).

Piketty, Thomas(2014). *Capital in the Twenty-First Century*. (Cambridge: The Belknap Press of Harvard University Press).

Piketty, Thomas(2020). *Capital and Ideology*. (Cambridge: The Belknap Press of Harvard University Press).

Rawls, John(1999). *A Theory of Justice* (Revised Edition). (Cambridge: The Belknap Press of Harvard University Press).

Rawls, John(2001). *Justice as Fairness: A Restatement*. edited by Erin Kelly. (Cambridge: The Belknap Press of Harvard University Press).

Saez, Emmanuel(2017). "The research agenda after Capital in the Twenty-First Century", Noushey, Heather et al(eds), *After Piketty: The Agenda for Economics and Inequality*. (Cambridge: Harvard University Press). 304 - 321.

Sandel, Michael J.(2020). *The Tyranny of Merit*. (N.Y.: Farrar, Straus and Giroux).

Schröder, Martin(2017), "Is Income Inequality Related to Tolerance for Inequality?", *Social Justice Research*. #30. 23 - 47.

Schult, Tanja(2010). "Whose Raoul Wallenberg is it?". *Culture Unbound* Volume 2. 2010: 669 - 797.

Sloane, S., Baillargeon, R. & Premack, D.(2012) "Do infants have a sense of fairness?" *Psychol Sci* 23. 196 - 204.

Smelser(1963[2022]). *Theory of Collective Behaviour*. (London: Legare Street Press).

Starmans, Christina, Mark Sheskin, and Paul Bloom(2017). "Why People Prefer Unequal Societies." *Nature Human Behaviour* 1. No.4. pp.1 - 7.

Therborn, Göran(1980). *The Power of Ideology and the Ideology of Power*. (London: Verso).

Tilly, Charles(1978). *From Mobilization to Revolution*. (Mass.: Addison-Wesley).

Wallenbergstiftelserna. https://www.wallenberg.org/

Weil, David(2017) "Income inequality, wage determination, and the fissured workplace". Noushey, Heather et al(eds). *After Piketty: The Agenda for Economics and Inequality*. (Cambridge: Harvard University Press). 209 - 231.

WID(2022), *World Inequality Report 2022*. (WID).

Willis, G. B., Rodríguez-Bailón, R., López-Rodrıíguez, L., & Garcıía-Sánchez, E.(2015). "Legitimacy moderates the relation between perceived and ideal economic inequalities". *Social Justice Research* 28(4). 493 - 508.

Wright, Erik Olin(1994). Interrogating Inequality: Essays on Class Analysis. *Socialism and Marxism*. (London: Verso).

Wright, Erik Olin(1997). *Class Counts: Comparative Studies in Class Analysis*. (Massachusetts: Cambridge University).

Wright, Erik Olin(2000). "Working Class Power, Capitalist Class Interests, and Class Compromise". *American Journal of Sociology*. 105:4. 957 – 1002.

Wright, Erik Olin(2010). *Envisioning Real Utopias*. (London: Verso).

Young, Michael(1958). *The Rise of the Meritocracy*. (London: Thames & Hudson).

Zald, Mayer N. & John D. McCarthy(1979). *The Dynamics of Social Movements: Resource Mobilization, Social Control, and Tactics*. (Mass.: Winthrop Publishers).

사전류

Brown, Garrett W, Iain McLean & Alistair McMillan(2018). *A Concise Oxford Dictionary of Politics and International Relations*(4 ed.). (Oxford: Oxford University Press).

Buchanan, Ian(2018). *A Dictionary of Critical Theory*. (Oxford: Oxford University Press).

Calhoun, Craig(ed)(2002). *Dictionary of the Social Sciences*. (Oxford University Press).

Costa, Daniel(2023). *Encyclopaedia Britannica*. www.britannica.com.

Hashimzade, Nigar, Gareth Myles & John Black(2017). *A Dictionary of Economics*(5 ed.). (Oxford: Oxford University Press).

Heery, Edmund & Mike Noon(2017). *A Dictionary of Human Resource Management*(3 ed.). (Oxford: Oxford University Press).

Oxford University Press(2006). *The Oxford Dictionary of Phrase and Fable*(2 ed.) (Oxford: Oxford University Press).

Scott, John(2015). *Oxford Dictionary of Sociology*(4 ed.). (Oxford University Press).

Speake, Jennifer & Mark LaFlaur(2002). *The Oxford Essential Dictionary of Foreign Terms in English*. (Oxford: Oxford University Press).